Brennpunkt Bibel 4

Karl-Wolfgang Tröger

Bibel und Koran

Was sie verbindet und unterscheidet

Mit einer Einführung in Mohammeds Wirken und in die Entstehung des Islam

Deutsche Bibelgesellschaft

Mit dem Kauf dieses Buches unterstützen Sie die Arbeit der Deutschen Bibelgesellschaft. Vielen Dank!

Die Deutsche Bibelgesellschaft ist eine gemeinnützige kirchliche Stiftung. Gemeinsam mit dem Weltbund der Bibelgesellschaften (United Bible Societies) fördert sie die weltweite Übersetzung und die Verbreitung der Bibel – damit alle Menschen die Bibel in ihrer Sprache lesen können.

www.weltbibelhilfe.de

Überarbeitete Neuauflage der 2004 bei der
Evangelischen Haupt-Bibelgesellschaft und von Cansteinsche Bibelanstalt
erschienenen Erstausgabe

ISBN 978-3-438-06037-2

Bibeltexte: Einheitsübersetzung der Heiligen Schrift

Gestaltung: Matthias Frach
Titelabbildung: »Henoch und sein Sohn«, Abbildung aus der islamischen Handschrift
»Rosenkranz der Nachrichten« von Mahmûd ibn Ramadân
© Foto: ÖNB, Wien: Cod. A. F. 50, fol. 5r
Gesamtherstellung: Offizin Chr. Scheufele, Stuttgart

www.bibelgesellschaft.de

I. Zur Einführung

II. »Die Religion bei Gott ist der Islam« (Sure 3,19) – Mohammeds Wirken in Mekka und Medina

IV. Gott, Propheten und Menschen – Theologie, Prophetologie, Anthropologie und Ethik

V. Adam, Abraham und Mose – Jüdische Traditionen im Koran

VII. Epilog

INFORMATIONSTAFELN

Abkürzungen der biblischen Bücher

Am	Amos	Klgl	Klagelieder
Apg	Apostelgeschichte	1. Kön	1. Könige
Bar	Baruch	2. Kön	2. Könige
1. Chr	1. Chronik	Kol	Kolosser
2. Chr	2. Chronik	1. Kor	1. Korinther
Dan	Daniel	2. Kor	2. Korinther
Eph	Epheser	Lk	Lukas
Esra	Esra	1. Makk	1. Makkabäer
Est	Ester	2. Makk	2. Makkabäer
Gal	Galater	Mal	Maleachi
Geb.Man	Gebet Manasses	Mi	Micha
Hab	Habakuk	Mk	Markus
Hag	Haggai	Mt	Matthäus
Hebr	Hebräer	1. Mose	1. Mose (Genesis)
Hes	Hesekiel (Ezechiel)	2. Mose	2. Mose (Exodus)
Hiob	Hiob (Ijob)	3. Mose	3. Mose (Levitikus)
Hld	Hoheslied	4. Mose	4. Mose (Numeri)
Hos	Hosea	5. Mose	5. Mose (Deuteronomium)
Jak	Jakobus		
Jdt	Judit	Nah	Nahum
Jer	Jeremia	Neh	Nehemia
Jes	Jesaja	Obd	Obadja
Joel	Joel	Offb	Offenbarung
Joh	Johannes	1. Petr	1. Petrus
1. Joh	1. Johannes	2. Petr	2. Petrus
2. Joh	2. Johannes	Phil	Philipper
3. Joh	3. Johannes	Phlm	Philemon
Jona	Jona	Pred	Prediger
Jos	Josua	Ps	Psalm(en)
Jud	Judas	Ri	Richter

Röm	Römer
Rut	Rut
Sach	Sacharja
1. Sam	1. Samuel
2. Sam	2. Samuel
Sir	Sirach
Spr	Sprüche (Sprichwörter)
St zu Dan	Stücke zu Daniel
St zu Est	Stücke zu Ester
1. Thess	1. Thessalonicher
2. Thess	2. Thessalonicher
1. Tim	1. Timotheus
2. Tim	2. Timotheus
Tit	Titus
Tob	Tobias
Weish	Weisheit
Zef	Zefanja

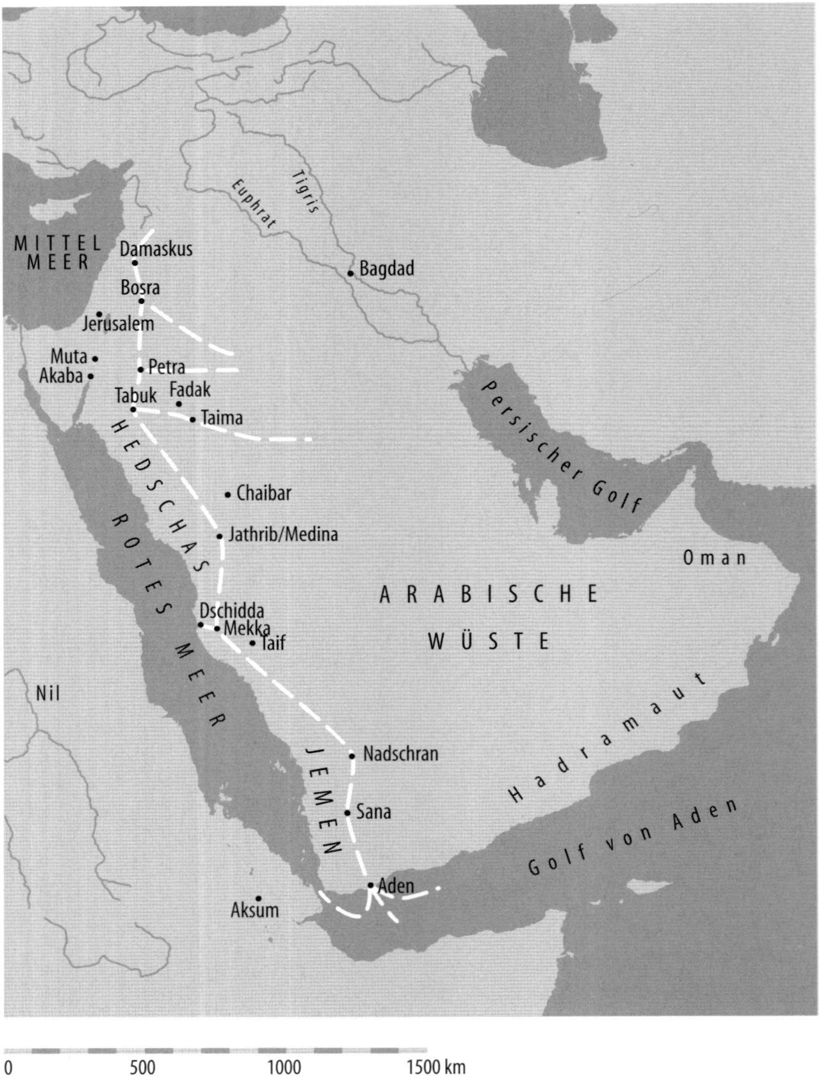

Die Arabische Halbinsel
Die Strichlinien markieren die Haupt-Karawanenwege

I. Zur Einführung

1. Unser Nachbar Abu Hassan

Abu Hassan ist ein freundlicher und hilfsbereiter Nachbar. Wir sagen uns Guten Tag, und einer hält dem anderen die Haustür auf, wenn er mit schweren Taschen vom Einkauf kommt. Manchmal ergibt sich auch ein kleines Gespräch, übers Wetter, unsere Hausverwaltung oder die Lebensmittelpreise. Abu Hassans Frau und seine beiden Töchter tragen Kopftücher. Ihn selbst habe ich schon am Eingang der kleinen Moschee gesehen. Er ist Muslim und seine Familie islamisch. Mehr weiß ich nicht von diesen Leuten. Sie sind freundlich und manchmal etwas laut, wenn sie Feste feiern. Man müsste sie einmal einladen, um mehr über sie zu erfahren – und sie über uns. Aber das will gut überlegt sein.

Das ist für viele Menschen, in deren Umgebung Muslime leben, eine Alltagsgeschichte. Mitunter finden solche gegenseitigen Besuche zu Geburtstagen oder an Festen statt, aber sie sind eher selten, denn gegenseitige Zurückhaltung und Berührungsängste überwiegen. Man ist sich fremd, und viele Menschen haben das Bedürfnis, sich abzugrenzen, um die eigene Identität nicht aufs Spiel zu setzen.

Erfreulicherweise sind in den christlichen Gemeinden die Kontakte zu Muslimen gewachsen und es besteht das Bedürfnis, sich besser kennenzulernen. Vor allem gibt es viele Fragen zur islamischen Religion und Lebensweise, seit in den Medien ständig davon die Rede ist. Man will wissen, was dahintersteckt, was die Anhänger des Islam wirklich glauben, was im Koran steht, was es mit dem »heiligen Krieg« auf sich hat, ob die Meldungen stimmen, die über den Islam verbreitet werden. Dabei sind die Interessen und Motive der Fragenden durchaus verschieden. Den einen geht es mehr um Politik und Geschichte, den anderen mehr um die Religion. Misstrauen und Vorurteile wollen bestätigt oder widerlegt werden. Abneigung und Sympathie, Ignoranz und Verständnis stoßen in Diskussionen oft hart aufeinander. Deshalb ist es nötig, genauer hinzuschauen, die Quellen des islamischen Glaubens zu befragen und sich für das Gespräch kundig zu machen.

2. Das Anliegen der Publikation

Der Wunsch, über den Islam, die Person Mohammeds und den Koran informiert zu werden, kommt von Christen und aus christlichen Gemeinden und ist der unmittelbare Anlass für die vorliegende Publikation. Sie ist deshalb ganz auf dieses Anliegen zugeschnitten und hat zum Ziel, den Koran und seine Bedeutung für die Muslime sowie die Gemeinsamkeiten und Unterschiede von Bibel und Koran, von christlichem und muslimischem Glauben vorzustellen, um so zu einer angemessenen, fairen Beurteilung und Haltung gegenüber Koran und Islam beizutragen. Eine apologetische Haltung liegt dem Buch fern! Es will zum Verstehen einer anderen Religion beitragen, die Verständigung zwischen Christen und Muslimen fördern und Brücken schlagen, wo es noch tiefe Gräben gibt.

3. Zur Anlage des Buches

Dem Anliegen entspricht die Anlage des Buches.

Auf diese Einleitung (I) folgt ein Kapitel, das die geschichtliche Entstehung des Islam, also Mohammeds Wirken in Mekka und Medina behandelt, wobei die Frage nach Juden und Christen in Altarabien und Mohammeds Beziehung zu ihnen besonders berücksichtigt wird (II). Anschließend geht es um den Vergleich von Bibel und Koran, den Charakter und die Entstehung des Koran und seine Stellung gegenüber den heiligen Schriften der Juden und Christen (III). In Kapitel IV werden die Inhalte von Mohammeds Verkündigung hinsichtlich der Gottesvorstellung, der Funktion von Propheten und Gesandten und der Stellung des Menschen vor Gott im Vergleich mit biblischen Aussagen betrachtet.

Gemeinsame Traditionen von Koran und hebräischer Bibel (dem Alten Testament) und ihre beachtenswerten Unterschiede bilden den Inhalt von Kapitel V, während Kapitel VI Maria und Jesus (Maryam und ʿIsā) gewidmet ist und der Christologie besondere Aufmerksamkeit schenkt. Ein Epilog (VII) und eine Literaturauswahl beschließen den Band.

4. Glauben und Verstehen

Dieses Buch setzt auf Glauben *und* Verstehen.

Es gibt einen Glauben voller Gottvertrauen, der sich selbst genügt und keine Rückfragen stellt, und es gibt einen Glauben, der auch verstehen will, worauf er sich einlässt, der nachfragt und um Antworten ringt.

Das bezieht sich zunächst auf den eigenen Glauben, hat aber seine Konsequenzen auch für den Umgang mit dem Glauben anderer, mit anderen Religionen. Es ist ein wesentlicher Unterschied, ob wir ihnen mit Gleichgültigkeit, vielleicht sogar mit Ignoranz und Abwehr begegnen oder mit Interesse und dem Wunsch, sie zu verstehen. Woran glauben sie eigentlich? Worauf haben sie sich eingelassen und ihr Vertrauen gesetzt? Wie äußert sich ihr Glaube im Denken und Handeln?

Wer so fragt, hat bereits den Schlüssel zum Verstehen: die Wahrnehmung des Neuen, Anderen, Fremden, die unvoreingenommene Neugier und den Drang nach Erfahrung. Diese grundsätzliche Bereitschaft, auf anderes und andere zuzugehen, um zu verstehen, ist zugleich das beste Mittel, sich selbst besser kennenzulernen – wie es bei André Gide heißt. Das führt letztlich auch zur Vertiefung des eigenen Glaubens. In diesem Falle haben Vorurteile keine Chance, bleiben Ignoranz und Arroganz auf der Strecke.

5. Standpunkt und Begegnung

Aus diesem Ansatz ergibt sich eine Grundhaltung für die Begegnung mit anderen Religionen und ihren Gläubigen, die von Offenheit und Respekt geprägt ist. Sie steht dafür, Vorurteile beiseite zu lassen, das Selbstverständnis des anderen zu respektieren und aufmerksam auf das zu hören, was er über seinen Glauben und seine heilige Schrift zu sagen hat.

Eine solche offene, vorurteilsfreie und verstehensbereite Haltung schließt den eigenen festen Standpunkt nicht etwa aus, sondern hat ihn zur Voraussetzung! Denn nur wer eine fest umrissene, klar erkennbare Position hat, wird von anderen auch deutlich wahrgenommen (und ernst genommen!) und verliert auch selbst die Orientierung nicht. Aus diesen Gründen ist die Verwurzelung im eigenen Glauben – gepaart mit Offenheit und Toleranz – die beste Voraussetzung für ein fruchtbares Gespräch, – in unserem Fall zwischen Christen und Muslimen, Bibel und Koran.

Der an der Bibel orientierte Glaube soll uns daher auf den folgenden Seiten als Kompass durch die Glaubenswelt der Muslime dienen. Wer offenen Auges durch die Welt geht, entdeckt Neues, Interessantes, Schönes und Wertvolles und kann es mit dem vergleichen, was er bereits kennt und was seine eigene Glaubenswelt ausmacht. Vielleicht erfährt er dabei auch neue Einsichten in seinen eigenen Glauben, sieht ihn mit neuen Augen und versteht manches sogar besser. Es könnte auch sein, dass er manches aufgrund seiner Erkenntnisse korrigiert und sich auf diese Weise im Prozess des Verstehens verändert.

»Bibel und Koran« will solches Verstehen fördern, auch und gerade wenn es die Unterschiede der beiden Glaubenswelten aufzeigt. Es will Vorurteile ausräumen, anstatt Gräben zu vertiefen. Es möchte dazu beitragen, das gegenseitige Verständnis von Christen und Muslimen zu verbessern, was letztlich allen zugute kommt, die in einer ethnisch und religiös gemischten Gesellschaft miteinander leben. Sich an diesem Glaubensdialog zu beteiligen, möchte das Buch den Leser/die Leserin einladen.

6. Hinweise

Zu den Anmerkungen
Da das Buch für einen breiteren Leserkreis bestimmt ist, wurde auf Anmerkungen und einen wissenschaftlichen Apparat verzichtet. Vom Autor benutzte Literatur ist in der Auswahl-Bibliographie mit enthalten.

Zu den Übersetzungen
Die Übersetzungen von Passagen der hebräischen Bibel und des Neuen Testaments sind, wenn nicht anders vermerkt, der Einheitsübersetzung der Bibel entnommen (siehe Angabe im Impressum). Die Schreibweise »hebräische Bibel« folgt Martin Buber.

Die Wiedergabe von Texten aus dem Koran geschieht unter der Benutzung der Koranübersetzungen von Max Henning, Adel-Theodor Khoury und Rudi Paret. Wichtige Übersetzungsvarianten und eigene Textversionen sind besonders gekennzeichnet.

Zur Umschrift
Die Umschrift arabischer Namen und Begriffe wurde vereinfacht und so gestaltet, dass die Worte leicht lesbar sind. Wo diakritische Zeichen (Punkte und Längenstriche) entbehrlich scheinen, ist auf sie verzichtet worden. Das betrifft auch die Wiedergabe von Alif und ʿAin. Für Qāf steht nur bei einigen arabischen Ausdrücken q, sonst k. Mit ḥ wird ein scharfer Reibelaut, mit ḍ ein emphatisches, stimmhaftes d bezeichnet.

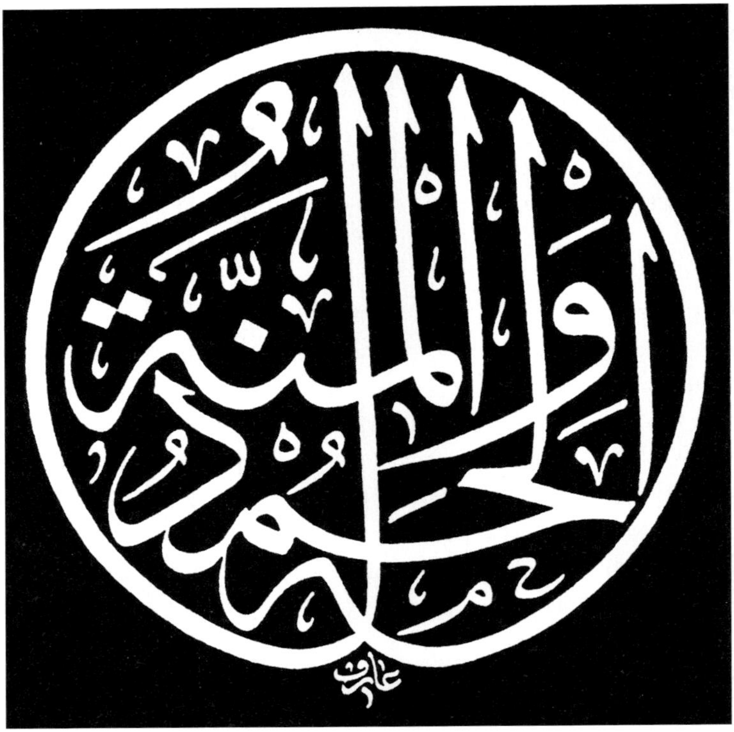

»Ihm gebührt Lob und Dank!«
geschrieben von dem Kalligraphen Arif
aus dem Derwischorden Mevlevīye

II. »Die Religion bei Gott ist der Islam« (Sure 3, 19) – Mohammeds Wirken in Mekka und Medina

1. Was bedeutet »Islam«? Definition und Charakteristik

Das Wort »Islam« bedeutet Hingabe, Hingabe an Gott, den Allmächtigen und Barmherzigen. »*Sei* (mir) *ergeben*«, spricht Gott zu Abraham (Sure 2,131), und wer sich wie Abraham Gott ganz und gar hingibt, ist ein Gottergebener, ein **Muslim** (2,131ff; 29,46). So lautet die Selbstbezeichnung der Gläubigen des Islam. Die Fremdbezeichnung **Mohammedaner**, abgeleitet von Mohammed, dem Sprachrohr Gottes, entspricht nicht dem Selbstverständnis der Muslime (oder: Moslems) und sollte vermieden werden. Christen wollen ja auch mit ihrem richtigen Namen bezeichnet und nicht »Jesuaner« genannt werden.

Wenn bei »Islam« von Abraham die Rede ist, stellt sich sogleich die Vorstellung vom Gehorsam gegenüber Gott ein, und zwar in einem das ganze Leben umfassenden Sinne. Dieser Gottesgehorsam Abrahams ist gleichermaßen exemplarisch für Juden, Christen und Muslime. Auf die islamische Religion bezogen, bedeutet das die Unterwerfung unter Gottes Willen im privaten wie im gesellschaftlichen Leben, denn der Islam kennt im Prinzip keine Trennung zwischen Religion und Staat, heilig und profan, Kultus und Politik; alles gehört zusammen und alles gehört unter Gottes Willen.

Demnach hat »Islam« mehrere Bedeutungen, die sich aus dem Zusammenhang erschließen. Es ist zum einen die schöpfungsgemäße Religion, die Gott allen Menschen gegeben hat und die in allen (wahren) Offenbarungen zu ihnen gelangt (Sure 30,30; vgl. S. 83–86). Sodann ist »Islam« der rechte und vorbildliche Glaube Abrahams (s.o. und Sure 2,135.131; 3,67; 16,123). Drittens ist »Islam« die Summe der Offenbarungen, die Gott den Menschen durch den Mund Mohammeds als »Religion der Wahrheit« übermittelt hat. Als letztgültige Offenbarung steht sie über »jeder anderen Religion« (61,9; 3,85), und darauf fußt der Islam als heutige Weltreligion im Bekenntnis, Kultus und Recht.

Eine kurze und prägnante Definition dieser Religion mit den wesentlichen Merkmalen des historischen Phänomens Islam hat Adel

Theodor Khoury gegeben: »Der Islam ist eine monotheistische Religion prophetischen Ursprungs, biblischer Tradition, arabischer Prägung«. Dieser Charakteristik ist im Folgenden nachzugehen.

2. Mekka und das alte Arabien

Um das Jahr 570 christlicher Zeitrechnung wurde Mohammed (arabisch: Muhammad, d.h. der »Hochgelobte«) in Mekka geboren. Diese Stadt lebte vom Handel und war durch ihn reich geworden. Etwa in der Mitte der »Weihrauchstraße«, dem Karawanenweg zwischen Südarabien (Aden) und dem Mittelmeer (Petra, Gaza, Damaskus) gelegen, war Mekka ein idealer Ort für Karawansereien, den Austausch von Waren und einen lukrativen Markt. Zu Beginn des 7. Jahrhunderts hatten die Mekkaner den Transithandel fest in ihren Händen. Durch ihre Verträge mit den sie umgebenden Beduinen boten sie den Karawanen Schutz. Zur Sicherheit der Handelsleute trug auch der in vier Monaten des Jahres herrschende »Gottesfriede« bei, an dem Blutrachefehden ruhten. Zudem war ein weites Gebiet um die mekkanischen Heiligtümer und Pilgerstätten Kaaba und Zemzem-Brunnen geheiligter Ort, wo keine Fehden ausgetragen werden durften. So konnten Händler und Pilger ungestört ihren Geschäften und religiösen Bedürfnissen nachgehen. Oft genug war auch beides miteinander verquickt. Jedenfalls war Mekka zu einem bedeutenden Handelsplatz und viel besuchten Wallfahrtsort in Mittelarabien aufgestiegen.

Mittel- und Nordarabien wurde vom Nomadentum (und der Viehzucht) bestimmt. Nur ein Teil der Stämme war sesshaft, lebte in den Oasen und betrieb, wo es möglich war, auch Ackerbau. Das gilt besonders für die jüdischen Gruppen, die nach den Katastrophen der Jahre 70 (Eroberung Jerusalems durch die Römer) und 135 (Niederschlagung des Bar-Kochba-Aufstandes) nach Arabien ausgewandert waren. Sie lebten teils in eigenen Gemeinden wie in Chaibar und Taima, teils wie in Jathrib zusammen mit arabischen Stämmen, mit denen sie auf vielfältige Weise verflochten, von denen sie aber häufig auch abhängig waren. Im religiösen Bereich bewahrten sich die Juden ihre Eigenständigkeit, und es gab auch viele Araber, die den jüdischen Glauben angenommen hatten.

Zwischen den Nomaden einerseits, den Oasenbewohnern und Nachbarstaaten andererseits gab es schon vor Mohammed mehr oder weniger enge Beziehungen, die auch zu Verträgen und Bündnissen führten. In nördlicher Richtung gingen Kontakte nach Syrien, Palästina und in den Irak, wie es umgekehrt schon lange wirtschaftliche, politische und religiöse Einflüsse (vgl. S. 22–27) auf Nordarabien gab. Die große internationale Politik, das »Weltgeschehen« ging jedoch an der arabischen Halbinsel vorbei. Das gilt auch für Südarabien, obwohl es noch stärker als der Norden in der Interessensphäre der rivalisierenden Großmächte Byzanz und Persien lag, die hier ihren Einfluss ausübten.

Anders als der Norden hatte der Süden Arabiens im 6. Jahrhundert schon eine lange und bewegte Geschichte hinter sich und befand sich kulturell, wirtschaftlich und technisch (Staudamm von Marib!) auf beachtlichem Niveau. Die sesshaften Bewohner lebten in verschiedenen Staaten, von denen das Sabäische Reich besonderes Ansehen erlangte. Es pflegte schon im 10. Jahrhundert vor Christus Beziehungen zu Altisrael, die es durch ansehnliche »Geschenke« festigte. Davon und von einem Besuch der Königin von Saba bei König Salomo berichtet sowohl die Bibel (1.Kön 10) als auch der Koran (Sure 27,20-44). Nach assyrischen Urkunden lieferten die Sabäer im 8./7. Jahrhundert vor Christus den Assyrern Spezereien, Gold und Kamele als Tribut. Sie selbst kontrollierten jahrhundertelang ihre Nachbarstaaten Hadramaut, Kataban, Maʿin und Ausan und setzten sich im 1. Jahrhundert vor Christus (25/24) erfolgreich gegen die Großmacht Rom zur Wehr.

Südarabiens Reichtum stammte – wie der Mekkas – vorwiegend aus dem Transithandel, der in den Küstenstädten mit Indien und Ost-

Afrika abgewickelt wurde und über die »Weihrauchstraße« weiter zum Mittelmeer führte. Zu den begehrten Waren gehörten außer Gold und Edelsteinen die Gewürze und die in Südarabien (Dofar/Hadramaut) selbst gewonnenen Duftstoffe »Weihrauch und Myrrhe«, die für den Kultus unentbehrlich waren. Da der Transport dieser Waren weit und gefährlich war, war ihr Preis entsprechend hoch, und mit dem Risiko stieg auch der Gewinn.

Im dritten nachchristlichen Jahrhundert war Südarabien im Großreich Himyar vereinigt, geriet aber zunehmend in wirtschaftliche Probleme im Innern und unter politischen Druck von außen. Die weitere Geschichte Arabiens ist über weite Strecken durch Fremdbestimmung, vor allem durch die Äthiopier, gekennzeichnet. Sie besetzten Mitte des 4. Jahrhunderts Südarabien, das nun unter christlichem Einfluss stand. Um 375 konnte das Land seine Selbständigkeit zurückgewinnen. Nun kamen die nach Persien orientierten jüdischen Gruppierungen zum Zuge. Zum Judentum übergetretene Herrscher konnten ihre Herrschaft festigen und erweitern. Ab 518 regierte der jüdische König Dhu Nuwas über ganz Südarabien, was die auf Byzanz ausgerichteten Christen beunruhigte, die zudem hart bedrängt und verfolgt wurden – wie der Chronist Ibn Ishak (bei Ibn Hischam) berichtet. Da Byzanz um seinen Einfluss am Roten Meer fürchtete, griff es schließlich ein und ließ Südarabien 525 durch die Äthiopier wieder besetzen. Diese bestimmten einen Vizekönig und hielten das Land etwa ein halbes Jahrhundert unter Kontrolle. Gegen Ende dieser Zeit zog der äthiopisch-jemenitische Vizekönig Abraha gegen Mekka, jedoch ohne Erfolg. Um das Jahr 570 wurden die Äthiopier durch die persischen Sassaniden verdrängt, wodurch die Juden wieder eine Chance erhielten. In den 90er Jahren des 6. Jahrhunderts schließlich versuchten die Byzantiner, Mekka an sich zu binden, und zwar durch Verträge, wurden aber durch die Mekkaner abgewiesen.

Diese wechselhaften politischen Verhältnisse, die wachsende Einflussnahme fremder Mächte, wirtschaftliche Krisen und soziale Spannungen, das Ausufern der Blutrachefehden und andere, auch religiöse Faktoren waren die Vorboten für eine neue Ära auf der arabischen Halbinsel, die mit der Geburtsstunde des Islam ein festes Datum hat. Diese neue Religion und Gesellschaftskonzeption sollte nicht nur ganz Arabien, sondern weithin auch die damalige und heutige Welt verändern.

3. Juden, Christen und Polytheisten im alten Arabien. Die religiösen Verhältnisse zur Zeit Mohammeds

Zum Verständnis der Verkündigung Mohammeds, der Botschaft des Koran, der Ausbreitung des Islam und seiner Akzeptanz in weiten Gebieten des Mittelmeerraumes und Asiens ist es nötig, die geschichtlichen und gesellschaftlichen Bedingungen zu kennen, die dabei eine Rolle spielen und für den großen Wandel Arabiens und seinen Eintritt in die Weltgeschichte verantwortlich sind. Der Historiker kann nur feststellen, welche politischen, ökonomischen und religiösen Faktoren gegeben sind, ineinandergreifen und den Wandel verursachen. Eine andere Ebene ist die göttliche Offenbarung, mit der ein neues Zeitalter beginnt. Sie ist zuerst eine Glaubensaussage, die von den Zeitgenossen unterschiedlich bewertet wird, hat aber zugleich ihre gesellschaftliche Relevanz und erweist sich im Falle des Islam als geschichtsmächtiges Potenzial. Welche religiösen Verhältnisse sie im alten Arabien vorfindet, ist des Näheren zu betrachten.

Von den Juden in Arabien war schon die Rede. Sie lebten in den nördlichen Oasenstädten (Chaibar, Taima, Fadak, Jathrib) und ebenso in Südarabien (nachweislich ab dem 4. Jahrhundert nach Christus), wo sie im 6. Jahrhundert nicht geringen Einfluss hatten und zeitweilig die Macht ausübten (vgl. S. 19–21). In diese Zeit fällt der Übertritt des Herrschers von Himyar, Dhu Nuwas, zum Judentum. So sehr die Juden in Arabien heimisch geworden und mit arabischen Gruppen (Stämmen) liiert waren, hielten sie doch beständig am Glauben der Väter und den religiösen Riten fest und waren von ihrer besonderen Erwählung überzeugt (Sure 62,6). Vielen Arabern war somit das Judentum vertraut, und sie kannten auch manches Detail der jüdischen Glaubenswelt.

Das Christentum in Arabien war von den äußeren Bedingungen her in einer günstigeren Lage. Arabische Christen im Norden lebten größtenteils als Nomaden in Nachbarschaft zu den christlichen Ländern Syrien/Palästina und Ägypten, vereinzelt auch in Städten. Im Hedschas gab es eine Reihe von Ansiedlungen christlicher Mönche. Das Christentum in Südarabien lag im Ausstrahlungsbereich des christlichen Ägypten und stand während der Besetzung des Jemen durch die Äthiopier (525–ca. 570) unter deren Schutz und Förderung. Es blieb auch danach, unter den persischen Sassaniden, offizielle Religion. Besonders in Nadschran lebten viele Christen. Persische Zoroastrier, Anhänger des Zarathustra, gab es auch schon vorher in Arabien, allerdings in geringer Zahl (vgl. Sure 22,17).

Das Christentum im byzantinischen Reich stellte keine kirchliche Einheit dar und war durch dogmatisch-christologische Unterschiede gespalten. Das wirkte sich auch auf Arabien aus. Während die Reichskirche die Zwei-Naturen-Lehre (nach der Formel von Chalcedon von 451: Christus ist vollkommener Gott und vollkommener Mensch) vertrat, hielten die Monophysiten in Syrien und Ägypten an der einen, göttlichen Natur des Erlösers fest, widersetzten sich den Byzantinern und kämpften um ihre nationale Unabhängigkeit. Bei der Ausbreitung des Islam sollte das von großer Bedeutung werden! Aus dem Zweistromland kamen die Nestorianer nach Ost- und Südarabien, Anhänger einer seit 484 von Byzanz unabhängigen Kirche. Sie betonten die menschliche Natur des Erlösers und die Scheidung zwischen Gott und Mensch (antiochenische Schule) und gaben die von ihnen geschätzte antike Philosophie an die muslimischen Araber weiter.

Hinzu kam das gnostische Christentum, das in den ersten Jahrhunderten nach Christus im ganzen Mittelmeerraum, so auch in Syrien und Ägypten, verbreitet war und noch lange eine starke Ausstrahlung hatte.

Die christlichen Gnostiker vertraten einen schroffen Dualismus von Licht und Finsternis, Geist und Materie, einen obersten guten Gott und einen Welt-Schöpfer (Demiurg). Nach ihrer Ansicht ist das Licht durch das Fehlverhalten eines himmlischen Wesens in die Finsterniswelt geraten und wird dort in der Materie gefangengehalten. Es kann daraus nur durch eine Rettungsaktion der Lichtwelt befreit werden. Dazu steigt der himmlische Erlöser – in der christlichen Gnosis ist es Christus – herab in die Welt und vermittelt den pneumatischen Menschen, die einen Lichtfunken bzw. Pneuma in sich haben, das Wissen (= Gnosis) über ihre Herkunft aus der Lichtwelt und den göttlichen Lichtfunken in ihrem Innersten. Auf diese Weise werden sie erweckt und von der Unwissenheit über sich selbst, über ihr Selbst befreit.

Der gnostische Erlöser kann aufgrund seiner göttlichen Natur nicht leiden und sterben. Demzufolge hat er auch nicht wirklich gelitten und ist nicht wirklich gestorben. Für die Ablehnung der Passion Jesu Christi kennt die Gnosis mehrere Varianten: Der Erlöser hat weder gelitten, noch ist er gekreuzigt worden, oder: Leiden und Kreuzigung geschahen nur »scheinbar«, oder: »ein anderer« ist an seiner Stelle gekreuzigt worden. Eine pneumatische Auslegung der Passion besagt, dass nur der Leib des Soter Leiden und Tod unterworfen sein konnte, nicht der Geist, also nur der irdische Jesus und nicht der himmlische Christus (vgl. S. 247–250).

Die Gnostiker benutzten nicht nur jüdische und christliche Traditionen, wie sie in der Bibel zu finden sind, und legten sie in ihrem Sinne aus, sondern schufen auch zahlreiche neue Offenbarungsschriften, die weit verbreitet waren, z.B. das Thomas- und das Philippus-Evangelium, das Evangelium nach Maria und den Brief des Petrus an Philippus. Weit verbreitet und beliebt waren auch die apokryphen christlichen Schriften wie die Kindheitsevangelien Jesu. Durch die Einflüsse Persiens und des Vorderen Orients auf Arabien war zudem die Religion Manis (216–276), der Manichäismus mit seinen gnostischen und altiranischen Vorstellungen, gut bekannt.

Bei den Juden waren es neben der Tora und den Propheten, den Geschichtsbüchern und Psalmen der Talmud (Mischna- und Gemara-Texte) und vor allem die beliebten Midraschim als volktümliche Vermittlung biblischer Geschichten, die sich weiter Verbreitung erfreuten. Das gilt auch für Arabien, wo es genügend Juden, auch jüdische Gelehrte (Rabbinen) gab, die als Quelle des Wissens jüdischer Traditionen auch für Nichtjuden in Frage kamen (vgl. Sure 3,79; 5,44.63 u. ö.). In Medina gab es sogar ein jüdisches Lehrhaus.

Wer über das Christentum informiert sein wollte, war von Bekenntnis und Bildungsstand seines Gesprächspartners abhängig, und so waren die Kenntnisse über Judentum und Christentum in Arabien sehr unterschiedlich. Manche Araber waren vielleicht auch eher mit den Riten als mit den Glaubensvorstellungen der Juden und Christen in Berührung gekommen. Dass Mohammed vieles davon kannte, zeigt der Koran.

Neben den jüdisch-biblischen Traditionen scheint vor allem das Judenchristentum seine Spuren im Koran hinterlassen zu haben (u.a. Jesus als Prophet). Das ist in der Forschung vielfach betont worden. Die Parallelen springen jedenfalls ins Auge, auch wenn bei der Konstatierung direkter Abhängigkeit Zurückhaltung geboten ist.

Altarabien hatte natürlich auch seine eigenen religiösen Traditionen, die zu Mohammeds Zeit noch lebendig waren. In seinem Geburtsort Mekka gab es den Stadtgott Hubal und die schon erwähnten heiligen Stätten Kaaba und Zemzem-Brunnen. Das Standbild des Hubal befand sich im Inneren der Kaaba. Älter als diese Gottheit war der in die Kaabawand an der östlichen Ecke eingefügte schwarze Stein. Besondere Steine (baetyle; vgl. beth-ēl, Bethel, d.h. Haus Gottes) waren häufig die Wohn- und Kultstätten von lokalen arabischen Gottheiten.

Für die Völker und Kulturen der alten Welt spielten Sonne, Mond und Sterne eine bedeutende Rolle. Das gilt auch für Altarabien. Im Koran findet sich in Sure 6,76-79 bei der Beschreibung von Abrahams

Durchbruch zum wahren Gottesglauben eine unmittelbare Erinnerung an die göttliche Qualität der Gestirne (vgl. S. 173f.). Unter die Gottheiten Altarabiens mit astralen Funktionen gehören auch die drei Göttinnen von Sure 53, die – jede für sich – ihre lokale oder überregionale Bedeutung besaßen. Al-Lāt, die »Göttin« (feminine Form von Allah), war als Himmelsgöttin weithin, auch außerhalb Arabiens bekannt. Ein Ort ihrer Verehrung war at-Ta'if südlich von Mekka. In der Nähe von Mekka, in Nachla, hatte al-'Uzzā, die Gewaltige, Starke, Mächtige ihr Heiligtum, das sich in der Obhut des Stammes der Kuraisch befand. Manāt schließlich, »die Dritte« im Bunde (Sure 53,20), eine Schicksalsgöttin, besaß ihren Hauptkultort in Kudayd nördlich von Mekka. Alle drei hatten somit für das Herrschaftsgebiet der Kuraischiten in Mekka eine besondere Bedeutung. Nach Sure 53 wurden sie auch als »Töchter« Allahs angesehen, der um diese Zeit als »Hochgott« verehrt wurde, als Herr über Himmel und Erde, die Naturgewalten und das Schicksal der Menschen. Manche sahen in ihm auch den Herrn der Kaaba.

Nach der Überlieferung hatte Mohammed diese drei Göttinnen zunächst als »die erhabenen Schwäne« bezeichnet, wohl um den Kuraischiten (vgl. S. 27) entgegenzukommen, dann aber ihre Nichtigkeit betont (Sure 53,19ff.). Eine solche Korrektur (Abrogation) ist im Koran nichts Ungewöhnliches. Denn nach islamischer Tradition hat Gott getilgt, was Satan (hier) dem Propheten untergeschoben hat (Sure 22,52f.). Die Rede von den »Satanischen Versen« und die Kontroverse um das Buch von Salman Rushdie gehören formal in diesen Zusammenhang.

Als Mohammed auf den Plan trat, hatte die altarabische Religion und mit ihr der Polytheismus vielerorts schon an Bedeutung verloren. Wie sich bald zeigen sollte, konnte sie den Menschen einer im Umbruch befindlichen Gesellschaft auch nicht mehr die nötige Orientierung und Stütze bieten. Neue religiöse Kräfte – wie Juden- und Christentum – standen bereit, und eine genuin arabische monotheistische Religion kündigte sich gerade an. Viele Menschen tendierten zu dieser Zeit bereits zum Glauben an nur einen Gott, obwohl sie noch am Polytheismus festhielten (= Henotheismus; vgl. Sure 12,106), andere aber verehrten bereits einen einzigen Gott, »der Himmel und Erde geschaffen hat«, ohne Juden oder Christen geworden zu sein. Man rechnet sie zu den sogenannten Hanifen, die wie Abraham den einzig wahren Gottesglauben vertraten, denn *Abraham war weder Jude noch Christ, sondern Vertreter des reinen Glaubens* (ein Hanif), *ein Gottergebener* (Muslim) *und keiner von denen, die* (Gott andere Götter) *beigesellen* (kein Polytheist) (Sure 3,67).

In diese religiöse Situation und wirtschaftspolitische Lage Mekkas zu Beginn des 7. Jahrhunderts fällt die Verkündigung Mohammeds und der Beginn des Islam. Damit ist nach muslimischer Ansicht »die Zeit der Unwissenheit«, die Dschahiliya, zu Ende – so wie nach christlicher Überzeugung mit dem Kommen Jesu Christi »die Zeit der Unwissenheit« vorüber war (Apg 17,22-31: Areopagrede des Paulus, bes. Vers 30).

4. Mohammed und seine Berufung

Als Geburtsjahr Mohammeds gilt das Jahr 570. Es wird mit dem gescheiterten Feldzug des äthiopisch-jemenitischen Vizekönigs Abraha gegen Mekka in Verbindung gebracht (vgl. S. 21), bei dem Elefanten mitgeführt worden sein sollen. Deshalb ist vom »Elefantenjahr« die Rede (vgl. die Sure 105 »Der Elefant«), was aber vermutlich früher anzusetzen ist. Quellen für eine Biographie Mohammeds sind der Koran, die Sunna und die Prophetenbiographie (Sira; vgl. S. 73).

Mohammeds Kindheit war schwer. Sein Vater Abd-Allah, ein mekkanischer Kaufmann, starb kurz vor Mohammeds Geburt. Seine Mutter Amina starb, als er sechs Jahre alt war. So kam er zu seinem Großvater Abd-al-Muttalib, dem Oberhaupt des Geschlechts der Haschim aus dem Stamm der Kuraisch, nach dessen Tod (579) zu seinem Onkel Abu-Talib, ebenfalls ein Kaufmann, der nun an der Spitze der Haschim stand. Mit ihm reiste Mohammed gelegentlich in das nördliche Kulturland und lernte dadurch schon früh andere Länder, Menschen und Verhältnisse kennen, so auch den christlichen Mönch Bahira in Syrien. Bei solchen Gelegenheiten zeigte Mohammed Interesse am Handel, erwarb sich kaufmännische Kenntnisse und war schon auf dem besten Wege, den Beruf seiner familiären Vorbilder einzuschlagen, als ihn die reiche Kaufmannswitwe Chadidscha damit beauftragte, Kamelkarawanen nach Syrien zu begleiten. Im Jahre 595 heiratete der fünfundzwanzigjährige Mohammed die, wie es heißt, vierzigjährige Chadidscha, die ihm zwei oder drei Söhne, die früh verstarben, und vier Mädchen, unter ihnen Fatima, gebar. Diese Verbindung war ein Glücksfall für Mohammed. Chadidscha brachte dem mittellosen jungen Mann nicht nur finanzielle Sicherheit, um sich dem Kaufmannsberuf zu widmen, sondern sie war auch eine verständnisvolle, gute Gefährtin, die in allen Lebenslagen und Krisenzeiten treu zu ihm hielt. Ihr Tod im Jahre 619 war für Mohammed ein schwerer Schlag. Bis zu ihrem Tod hatte er keine weitere Frau geehelicht.

Um Mohammeds Kindheit ranken sich allerlei Legenden, wie es auch bei den Kindheitsgeschichten Jesu der Fall ist. Berichtet wird von wunderbaren Zeichen, die den großen Propheten ankündigen. Besonders hervorzuheben ist die Geschichte von der Reinigung des Herzens, wonach dem kleinen, etwa fünfjährigen Mohammed durch zwei weiße Gestalten (Engel) das Herz herausgenommen, von einem schwarzen Klumpen Blut befreit, gewaschen und wieder eingesetzt wurde (vgl. Sure 94,1ff.).

Um 609 oder 610 hatte Mohammed ein tiefes religiöses Erlebnis, das als sein Berufungserlebnis überliefert ist und den eigentlichen Beginn der islamischen Religion darstellt. Der Überlieferung nach stehen am Anfang ungewöhnliche Visionen, und nach einer Reihe von nächtlichen Meditationen in einer Höhle des Berges Hira, wohin sich Mohammed zurückgezogen hatte, hört er die (himmlische) Stimme sagen: »Du bist der Gesandte Gottes«. Das ist der entscheidende Satz der ersten Offenbarung.

Von zwei Visionen berichtet Sure 53,2-12 und 13-18. Als Berichte vom Berufungserlebnis werden die Suren 96 und 74 angesehen. Nach Sure 96 kommt ein Bote (Gottes) zu dem schlafenden Mohammed – nach islamischer Tradition ist es der Engel Gabriel (vgl. Sure 2,97) – weckt ihn unsanft, hält ihm eine Schriftrolle vor und fordert ihn zum Lesen auf:

Lies! (Trag vor!) *Im Namen deines Herrn, der erschaffen hat, den Menschen aus einem Embryo erschaffen hat. Lies! Dein Herr ist der Edelmütigste,* (er), *der durch das Schreibrohr gelehrt hat, den Menschen gelehrt hat, was er* (zuvor) *nicht wusste.* (96,1-5)

Die Schriftrolle, aus der Mohammed vorlesen soll, hat nach islamischer Überlieferung der Engel Gabriel in der Nacht el-Kadr im Monat Ramadan vom Himmel gebracht (2,97. 185; 97,1; vgl. 16,102: der hl. Geist). Es ist der Koran.

Nach dem Offenbarungserlebnis im Berge Hira eilt Mohammed nach Hause zu Chadidscha und ruft, erregt und erschüttert: »Hüllt mich ein!« Seine Frau vertraut ihm, glaubt an das von ihm Berichtete, bestärkt ihn in dem Erlebten und ermuntert ihn, Gott zu vertrauen und sich zu freuen. In dieser Situation sollen ihm die ersten Verse von Sure 74 (1-3) offenbart worden sein:

Der du dich zugedeckt hast,
stehe auf und warne (vgl. 87,9)
und preise deinen Herrn …

Mit diesen Offenbarungsworten wird Mohammed ausgesendet zu den Menschen, um sie zum rechten, gottgefälligen Lebenswandel zu ermahnen und vor Gottes Gericht zu warnen. Zunächst richtet er jedoch seine Botschaft noch nicht an die Öffentlichkeit, sondern wirkt etwa drei Jahre lang innerhalb der Familie und im privaten Bereich. Zu seinen frühen »Anhängern« gehören sein Vetter und späterer Schwiegersohn Ali, sein Vertrauter Abu Bakr, sein Adoptivsohn Zaid und sein Schwiegersohn Osman.

Zwischen dem Empfang der frühen Offenbarungen und dem öffentlichen Wirken liegt die fatra, die Unterbrechung der göttlichen Offenbarungen, die Mohammed in Zweifel über seine Berufung und Mission treibt. In dieser Situation soll er sogar mit Selbstmordgedanken gespielt haben. Wieder ist es Chadidscha, die ihn ermutigt, an seine Sendung zu glauben. Und dann kommt die erlösende Bestätigung von oben:

Im Namen Gottes, des Erbarmers, des Barmherzigen. Beim lichten Tag und bei der Nacht, wenn sie still ist. Dein Herr hat dir nicht den Abschied gegeben (oder: dich nicht verlassen) *und hasst* (dich) *nicht.*

Wahrlich, das Jenseits ist besser für dich als das Diesseits. Dein Herr wird (dir) *einst geben, dass du zufrieden sein wirst.*

Hat er dich nicht als Waise gefunden und dich aufgenommen, dich auf dem Irrweg gefunden und recht geleitet und dich bedürftig gefunden und reich gemacht?! Drum, was die Waise angeht, unterdrücke sie nicht und den Bettler sollst du nicht anfahren, erzähle aber von der Gnade deines Herrn! (Sure 93)

Große Bedeutung für Mohammeds prophetisches Selbstbewusstsein hatte seine Begegnung mit Waraqa ibn-Nawfal ibn-Asad, einem Cousin Chadidschas und Onkel Mohammeds. Waraqa, inzwischen alt und erblindet, war Christ geworden und hatte sich mit der Bibel (in syrischer Sprache) beschäftigt. Als Mohammed ihn aufsuchte und von seinem aufregenden Erlebnis am Berg Hira berichtete, bestärkte ihn Waraqa darin, eine göttliche Offenbarung erhalten zu haben und zum Propheten berufen worden zu sein mit den Worten: »Das ist der nāmūs (der Nomos, das Gesetz), der dem Musa (Mose) herabgesandt wurde« (Tradition bei al-Buchari und at-Tabari, 9. Jahrh.). So konnte sich Mohammed in der prophetischen Kontinuität mit der jüdischen und christlichen Tradition verstehen (vgl. Sure 7,157!).

An dieser Stelle ist noch ein Wort über die Christen und Juden in Mohammeds Heimatstadt Mekka zu sagen. Letztere gab es zweifellos, vor allem unter den durchreisenden Handelsleuten. Allerdings hören wir nichts von einer festen jüdischen Gemeinde in Mekka. Durch den regen Handel und die Wallfahrten gab es jedoch einen regen Gedankenaustausch. Außerdem war Mekka zu dieser Zeit von mehreren Orten mit jüdischer Bevölkerung umgeben (vgl. S. 22). Jüdisches Gedankengut ist also bekannt gewesen. Eine Bibelübersetzung ins Arabische hat es jedoch noch nicht gegeben.

Unter den Besuchern des Handels- und Wallfahrtsortes Mekka waren auch Christen. In der Kaaba soll es u.a. Bildnisse von Abraham und sogar von Maria mit Jesus gegeben haben, was auf einen multireligiösen Kultort zu dieser Zeit weist. Zudem lebten nicht wenige Christen als Sklaven oder Freigekaufte, Handwerker und Händler in Mekka, auch in Mohammeds Umgebung (Waraqa, Bilal, später die Koptin Maria). Es waren vielfach Fremde, keine Araber. Jedenfalls ist mit jüdischem und christlichem Einfluss auf die Bevölkerung Mekkas zu rechnen. Es wird dort auch Perser zoroastrischen oder manichäischen Glaubens gegeben haben.

In diese multikulturelle Situation hinein kam Mohammeds Botschaft. Von den sozialen und politischen Verhältnissen ist gleich noch zu reden. Dies sind die Rahmenbedingungen, in denen sich das Offenbarungsgeschehen ereignete.

Von daher stellt sich die Frage, wie Mohammed und seine Verkündigung mit den zeitgeschichtlichen Verhältnissen in Beziehung zu setzen ist. Was nimmt er an Traditionen in seine Botschaft auf, wogegen grenzt er sich ab? Was hat er den Mekkanern Neues zu sagen und auf welche Ansichten und Haltungen treffen seine Worte? Das sind die Fragen des Historikers. Doch zugleich gilt für die Muslime, dass Mohammed Gottes Sprachrohr ist und Gottes Wort nur weiterzugeben hat. So gesehen spielt es keine Rolle, wie viel oder wenig er von den jüdischen und christlichen Überlieferungen kannte und aus welcher Quelle sie stammen.

5. Die Botschaft Mohammeds

Die frühen Offenbarungen fordern die Menschen auf, sich zu Gott, dem Schöpfer und Lenker der Geschichte zu halten, seinen Geboten zu gehorchen, seines kommenden Gerichts stets gegenwärtig zu sein und dementsprechend zu leben und zu handeln. Gottesfurcht und Menschenliebe lauten die Maximen (vgl. z. B. die Suren 84. 87. 90. 92).

In dieser Zeit steht die Gerichtspredigt im Vordergrund. Es geht darin um den Unglauben der Menschen, ihre Gottlosigkeit und Hybris, ihren Frevel an Gott und den Mitmenschen. Gott wird über alle zu Gericht sitzen, alles Böse bestrafen und alles Gute belohnen (Sure 99) und so die Gerechtigkeit im *Jenseits* wiederherstellen, derer es im *Diesseits* ermangelt. Im Angesicht dieses drohenden, nahen Gerichts sollen die Menschen umkehren (Sure 102. 103).

Mohammeds Appell, sich Gott, dem Allerhöchsten, *und* dem Nächsten (dem »Bedürftigen« vor allem) zuzuwenden, dokumentiert sein Ringen um religiöse Erneuerung und seinen Protest gegen die unsozialen Zustände in Mekka. Unter diesen Doppelaspekt lässt sich seine frühe Verkündigung stellen.

Im Namen Gottes, des Erbarmers, des Barmherzigen.
Preise den Namen deines Herrn, des Höchsten,
der geschaffen und geformt hat
und der das Maß setzt und rechtleitet …
Ermahne nun, wenn (denn) *die Ermahnung nützt.*
Ermahnen lässt sich, wer gottesfürchtig ist,
dagegen wird sie meiden der Unselige (Übeltäter),
er wird im großen Feuer schmoren
und darin weder sterben noch leben.
Wohl ergehen wird es dem, der sich reinigt,
der des Namens seines Herrn gedenkt und betet.
Ihr aber zieht das irdische Leben vor,
wo doch das Jenseits besser und beständiger ist … (Sure 87,1-3.9-17)

Fürwahr! Der Mensch ist wirklich überaus frevelhaft,
indem er sich für selbstherrlich hält.
Zu deinem Herrn ist die Rückkehr!
(Sure 96,6-8)

Starken Ausdruck verleihen dem sozialen Protest folgende Verse: *Die Sucht nach Mehr lenkt euch ab* (von Gottesfurcht und Mitmenschlichkeit), *bis ihr die Gräber besucht* ... (d.h. lebenslang)
Ihr werdet bestimmt die Hölle sehen ... (und nicht das Paradies!)
(Sure 102,1-2.6)

Wehe jedem Stichler und Nörgler, der (viel) *Vermögen zusammenscharrt und* (immer wieder) *zählt und meint, sein Besitz würde ihn unsterblich machen. Nein! Er wird bestimmt in al-Hutama* (die alles »zermalmende« Hölle) *geworfen werden* ... *Das ist das angefachte Feuer Gottes, das durch die Herzen* (der Verdammten) *dringt.* (Sure 104,1-7)

Hast du den gesehen, der das Gericht (oder auch: die Religion) *für Lüge erklärt? Das ist der, der die Waise verlässt und nicht zur Speisung des Armen anhält. Wehe den Betenden, die auf ihr Gebet nicht achtgeben, die nur gesehen sein wollen und die Hilfeleistung* (oder: den Beistand) *versagen!* (Sure 107; vgl. Mt 6,5ff.)

Er glaubte nicht an Gott, den Großen, und hat nicht zur Speisung des Armen angehalten. (Sure 69,33f.)

Das sind deutliche Worte. Nicht der Mensch, sondern Gott ist der Herr über diese Welt und alle Menschen. »Die Sucht nach Mehr«, nach grenzenlosem Reichtum auf Kosten der Schwächeren ist gottlos. Soziale Gerechtigkeit ist angesagt – auch und gerade in einer »Kaufmannsrepublik« wie Mekka. Die Witwen und Waisen und die Bedürftigen dürfen nicht vernachlässigt werden. Wahrer Gottesglaube ruft zur sozialen Solidarität – wie sie unter Nomaden selbstverständlich ist! Man erinnert sich bei diesen Forderungen an Jesu Doppelgebot der Liebe (Mt 22, 36-39; Lk 10,25-37) und seine Worte über Reichtum und Nachfolge (Mt 19,16ff.).

Es sind zunächst nur wenige, die Mohammeds Botschaft annehmen, als er um 613 mit seinem öffentlichen Wirken beginnt. Doch seine Anhängerschaft wächst zusehends, und so bildet sich eine Gemeinde von Muslimen, d.h. von Menschen, die Gott und seinen Geboten ergeben sind. Es sind vor allem jüngere Leute aus den wohlhabenden (und Mohammed zunehmend feindselig gesonnenen) Kreisen und aus den Mittelschichten der selbstständigen Handwerker und Händler, weniger die von der Oberschicht unmittelbar abhängigen Menschen.

Immer klarer artikuliert sich in den Offenbarungen das Bekenntnis zu dem einen und einzigen Gott, dem keine anderen Gottheiten »beigesellt« werden dürfen (vgl. Sure 4,48.116 u.ö.). Das betrifft auch die Göttinnen und »Töchter Allahs« al-Lāt, al-'Uzzā und Manāt (Sure 53,19ff.).

Besonders deutlich wird der absolute Monotheismus schließlich in Sure 112:

Sprich! Er ist Gott, ein Einziger, Gott, der Alleinige (oder: Feststehende; Nothelfer). *Er hat nicht gezeugt und ist nicht gezeugt worden, und niemand ist Ihm ebenbürtig.*

Damit ist die Ablehnung aller polytheistischen Frömmigkeit perfekt, und Mohammed bekräftigt das mit klaren Worten an die Adresse der Mekkaner:

Sprich: O ihr Ungläubigen, ich diene nicht dem, dem ihr dient, und ihr dient nicht dem, dem ich diene. Ich werde (will) *nicht dem dienen, dem ihr gedient habt, und ihr werdet* (wollt) *nicht dem dienen, dem ich diene. Ihr habt eure Religion, und ich habe meine Religion!* (109,1-6)

6. Die Reaktion der mekkanischen Oberschicht: Ablehnung und Verfolgung

Das alles ist noch kein Angriff auf die herrschenden Besitzverhältnisse, wohl aber auf die Väterreligion (vgl. Sure 11,62; 14,10 u.ö.), also auf die religiöse Pluralität, aber auch auf die Verquickung von Religion und Kommerz und auf die Diesseits-Orientierung der Mekkaner. Mohammed hingegen lenkt den Blick auf das kommende Gericht und das jenseitige Leben nach dem Tod. Er beschwört die Mekkaner, seine Botschaft – Gottes Botschaft! – ernst zu nehmen, und so wird er in den Augen der mekkanischen Oberschicht zum Störfaktor und allmählich auch zur Gefahr für ihre Herrschaft. Denkt man einmal an die Machtansprüche, die von denselben Kreisen später erhoben wurden, nachdem sich der Islam durchgesetzt hatte, so ist es verwunderlich, dass sie zunächst jede politische und ökonomische Weitsicht vermissen lassen. Sie fürchten die Sprengkraft von Mohammeds Botschaft, erkennen aber ihre programmatische Bedeutung und Chance nicht.

Mohammed erntet von denen, die seine Botschaft ablehnen, nicht nur Spott, sondern bekommt auch massiven Widerstand zu spüren. Er sei nichts als ein Wahrsager und erdichte Geschichten, wobei ihm andere noch geholfen hätten (Sure 69,40ff.; 52,29f.; 25,4f.), er sei ein Lügner (11,27; 25,4), ein Besessener (81,19) und Verzauberter (25,8), einer, dem nur das niedere Volk glaubt und nachfolgt (11,27). Ja, man droht ihm – sogar mit Steinigung (11,91) – und will ihn und seine Anhänger vertreiben, falls sie nicht wieder zur alten Religion zurückkehren (7,88ff.). Diese Drohung bedeutet vor allem für die ökonomisch Schwachen und Abhängigen unter den Gläubigen eine akute Gefahr, während Mohammed und einige wohlhabende Gefolgsleute durch ihren Clan und materielle Sicherung (noch) geschützt sind.

Mohammed nimmt nichts zurück. Im Gegenteil: Er droht denen, die nicht hören und umkehren wollen, Gottes Strafe an und bedient sich dabei drastischer Beispiele aus der arabischen und jüdischen Geschichte (Sure 50,36): Gott strafte die Völker der Ad und Tamud wegen ihres Unglaubens, die einen durch einen Sturm, die anderen durch ein Erdbeben. Er bestrafte Sodom und Gomorra für ihre Sünden, desgleichen Noahs Zeitgenossen und den Pharao, den er mit seinem Heer im Roten Meer untergehen ließ (Sure 29, bes. 14-43; 51, 38ff. 53,50ff.; 69,4ff.).

Das sind Strafgerichte an den Unbelehrbaren und Ungehorsamen, und so, wie es den Früheren erging, die die Propheten verspotteten und sie der Lüge bezichtigten (23,44), wird es auch den Spöttern und Feinden des Propheten in Mekka ergehen. Davon ist Mohammed überzeugt. Im Übrigen hat Gott immer zu seinen Gesandten gestanden und sie beschützt (43,5-8). Er steht stets an der Seite der »Rechtschaffenen«, wie man an Abraham, Isaak und Jakob, Lot und Noah und vielen anderen sehen kann, die Gott aus Trübsal und Gefahr errettet hat (Sure 21 und 37).

Die Ablehnung seiner Botschaft kann sich Mohammed nur als Folge einer Verstockung vorstellen, und er versteht Glaube und Unglaube als von Gott vorgegeben, als »doppelte Prädestination«, wie ja der Gedanke der Vorherbestimmung auch sonst im Koran eine große Rolle spielt (vgl. S. 134–136).

Wen Gott rechtleiten will, dem weitet Er die Brust für den Islam, und wen Er irreführen will, dem macht Er die Brust eng und bedrückt … So legt Gott Strafe (oder: Gräuel) *auf die, die nicht glauben.* (6,125)

Als der wirtschaftliche Druck auf Mohammeds Anhänger wächst und die Feindschaft gegen die Muslime zunimmt, kommt es zu einer ersten Auswanderung von etwa 100 Personen in das christliche Äthiopien im Jahre 615. Möglicherweise hatte Mohammed Äthiopien zunächst als Exil für seine Anhänger ins Auge gefasst, bevor sich mit Jathrib eine andere, günstigere Gelegenheit bot.

Auch nach der ersten Emigration hält die Verfolgung an. Um das Jahr 616 drängt Abu Dschahl die einflussreichen Mekkaner zum Boykott gegen die Haschim, der bis 619 anhält, aber den Betroffenen nur mäßig schadet. Besonders kritisch wird die Situation aber für Mohammed, als sein Onkel Abu Talib 619 stirbt und Abu Lahab, ein anderer Onkel, neuer Clan-Chef der Haschim wird und sich gegen Mohammed stellt (vgl. Sure 111). Zuvor hatte der Tod Chadidschas, seiner treuen Gefährtin, Mohammed schwer getroffen. So wird das Jahr 619 (oder: 620) zum »Jahr der Trauer«.

Mit alledem kündigt sich eine Wende für den Propheten und seine Anhänger an, die im Jahre 622 in der Hidschra, der Auswanderung von Mekka nach Jathrib (Medina), kulminiert.

7. Die Nacht- und Himmelsreise Mohammeds

Als besonderes Ereignis im Leben Mohammeds gilt die »Nachtreise« am Ende der mekkanischen Zeit, datiert auf das Jahr 620. Von ihr berichtet die gleichnamige Sure 17:

Preis sei dem, der Seinen Diener bei Nacht von der heiligen Moschee zur fernsten Moschee, deren Umgebung Wir gesegnet haben, reisen ließ, um ihn etwas von Unseren Zeichen sehen zu lassen … (Sure 17,1)

Die »heilige Moschee« steht für die Kaaba in Mekka, die »fernste Moschee« für einen Ort im Himmel oder für Jerusalem mit dem Tempelberg und der al-Aksa-Moschee. Der »heilige Felsen« im Felsendom gilt als Stätte der Entrückung Mohammeds in den Himmel. Schon in der Prophetenbiographie des Ibn Hischam sind die Visionen der Nacht- und Himmelsreise miteinander kombiniert (No. 263-266). In der Tradition (Sunna) bei al-Buchari wird zudem die Reinigung von Mohammeds Herz im Zusammenhang mit der Himmelsreise erwähnt.

Der Prophet erzählte ihnen von der Nacht, in der er entrückt wurde, folgendermaßen:

Während ich mich in dem Hatim (einem Raum an der Kaaba) *befand und dalag, kam jemand heran, machte zwischen hier, d.h. seiner Halsgrube, und hier, d.h. seiner Scham, einen Schnitt und nahm mein Herz heraus. Dann brachte man mir einen goldenen, mit Glauben gefüllten Napf heran, wusch mein Herz* (darin), *füllte es* (damit) *und setzte es* (mir) *wieder ein. Dann brachte man mir ein weißes Reittier, kleiner als das Maultier und größer als der Esel – das ist der Burak –, das seine Schritte soweit setzte, wie es sehen konnte. Auf das wurde ich gesetzt und Gabriel brachte mich fort, bis er zum untersten Himmel gelangte …* (J. Schacht, Der Islam, S. 5)

Hier begegnen sie Adam, im zweiten Himmel Johannes und Jesus, in den Himmeln drei bis sieben Josef, Idris, Aaron, Mose und Abraham. Dann wird Mohammed zum Sidra(Lotos)-Baum erhoben, der im siebten Himmel zur Rechten von Allahs Thron steht (vgl. Sure 53,13-18). Hier nimmt Mohammed ein Gefäß mit Milch, was Gabriel mit den Worten kommentiert: *Das ist die religiöse Anlage, die du und deine Gemeinde haben sollst.* Der Rest der Geschichte handelt von den täglichen Pflicht-Gebeten und ihrer mit Gott ausgehandelten Anzahl. Hiernach hat Mohammed seiner Gemeinde das Gebet als göttliche Gabe von dieser Himmelsreise und Gottesbegegnung mitgebracht.

Zusammen mit den Berufungsvisionen stellt die Nacht- und Himmelsreise Mohammeds Bedeutung und Würde als »Siegel der Propheten« (Sure 33,40) nachdrücklich heraus: Er hat nicht nur Zugang zur göttlichen Sphäre, sondern ist den voraufgegangenen Gottesgesandten auch direkt begegnet.

8. Die Hidschra

Nacht- und Himmelsreise haben noch einmal Mohammeds Berufung als Gottesgesandter bestätigt. Er selbst und seine Anhängerschaft befinden sich aber nach wie vor in Bedrängnis. Die Mekkaner sind weiterhin nicht bereit, sich mit dem neuen Glauben anzufreunden und die Muslime zu akzeptieren. Deshalb versucht Mohammed, in den benachbarten Orten Unterstützung zu finden, doch zunächst ohne Erfolg, bis sich schließlich ein Lichtblick zeigt und ein Ausweg andeutet.

Schon seit einiger Zeit hat Mohammed in Mekka Beziehungen zu Wallfahrts- und Marktbesuchern aus Jathrib angebahnt. Einige von ihnen kann er für den Islam gewinnen, die dafür ihrerseits in Jathrib werben. Das tun auch jene Muslime, die bereits vor der Hidschra von Mekka nach Jathrib übersiedeln, und so kann sich dort die von Mohammed verkündete Religion allmählich entfalten. Im Jahre 621 kommen anlässlich der Wallfahrt zwölf Männer aus Jathrib zu Mohammed, nehmen den Islam an und geloben Mohammed die Treue. Dabei wird auch die Übersiedlung Mohammeds nach Jathrib besprochen. Diesem ersten »Abkommen« am Hügel al-Akaba bei Mekka folgt ein zweites Akaba-Abkommen während der Wallfahrt 622, bei dem 73 Männer aus Jathrib, die sich zum Islam bekennen, Mohammed Aufnahme und Schutz garantieren. Damit wird eine Hidschra, ein Abbruch der bisherigen Stammesbeziehungen und die Auswanderung in ein anderes Stammesgebiet ermöglicht. Als Gegenleistung wird von Mohammed Hilfe bei der Befriedung und Einigung der zerstrittenen Stämme Jathribs erwartet.

Mohammeds Anhänger gelangen nun in kleinen Gruppen und heimlich nach Jathrib, insgesamt etwa 70 Personen. Er selbst geht als letzter, zusammen mit Abu Bakr. Beide kommen unbemerkt am 24. September 622 in Kuba, einem Dorf bei Jathrib, an, wo auch Ali eintrifft. Am Freitag darauf betritt Mohammed Jathrib, das später madinat annabi, »Stadt des Propheten«, kurz Medina, heißen wird.

Damit beginnt nicht nur eine neue Phase im Frühislam, sondern aus islamischer Sicht auch eine neue Zeit. Der spätere Kalif Omar (634–644) würdigt das welthistorische Ereignis der Hidschra, indem er mit ihr eine neue Zeitrechnung beginnen lässt. Sie wird auf den 1. Moharrem, den ersten Tag im Jahr der Hidschra nach dem altarabischen Kalender festgelegt. Das ist fortan und bis heute das Jahr 1. Nach dem Julianischen Kalender hat es am 16. Juli 622 begonnen.

9. Die Situation in Medina (Jathrib)

In Jathrib, das von hier an mit seinem Ehrennamen Medina genannt werden soll, leben mehrere jüdische und arabische Stämme. Die von

Einwanderern aus Palästina abstammenden jüdischen und jüdisch-arabischen Einwohner bilden die drei Stämme der Kainuka, Kuraiza und Nadir. Erst nach ihnen haben sich die arabischen Stämme Aus und Chazradsch in Jathrib niedergelassen und dominieren schon bald über die Alteingesessenen. Daraus entwickeln sich sowohl Auseinandersetzungen zwischen den alten und neuen Bewohnern als auch Differenzen unter den beiden nichtjüdischen Stämmen. Die Verhältnisse komplizieren sich noch dadurch, dass die jüdischen Kuraiza und Nadir zeitweilig mit den Ausiten, die Kainuka dagegen mit den Chazradschiten kooperieren. Was in dieser instabilen und die Entwicklung lähmenden Lage fehlt, ist eine starke Kraft und fähige Persönlichkeit, die die zerstrittenen Gruppen versöhnen und zu einem einheitlichen Gemeinwesen zusammenführen kann.

In Mohammed ist diese Persönlichkeit gefunden. Er bringt nicht nur außergewöhnliche diplomatische Fähigkeiten mit, sondern auch die nötige Autorität. Als Künder der neuen islamischen Religion, die in Medina schnell Fuß gefasst hat, verbindet er zunächst die muslimischen Auswanderer aus Mekka, die muhādschirūn, mit den medinensischen Muslimen, die als »Helfer« (anṣār) gelten, durch ein Bruderschaftsverhältnis. Das ist die Keimzelle der künftigen Umma (Gemeinde). Manche Medinenser schließen sich Mohammed allerdings nur zögerlich an und bilden als »Wankelmütige« (munāfiqūn) einen Unsicherheitsfaktor in kritischen Zeiten (vgl. Sure 63 »Die Heuchler«), manche bleiben ihm auch feindlich gesinnt.

Ein Kapitel für sich ist das Verhältnis Mohammeds zu den Juden in Medina, die immerhin die Mehrheit der Bevölkerung ausmachen und über ökonomische Potenz verfügen. Ihre Religion ist im Laufe der Zeit auch den Nichtjuden in Medina bekannt geworden und hat dem Islam den Boden bereitet. Mohammed ist der Überzeugung, dass der jüdische Glaube im Wesentlichen mit seiner Verkündigung übereinstimmt. Deshalb geht er davon aus, in den medinensischen Juden nicht nur Glaubensbrüder, sondern auch Verbündete zu finden. In dieser Hoffnung wird er allerdings bitter enttäuscht. Christen spielen in Medina keine große Rolle. Auch ihnen tritt Mohammed zunächst wohlwollend gegenüber.

10. Die Gemeindeordnung von Medina

Die sogenannte Gemeindeordnung wird nicht im Koran, sondern in der Prophetenbiographie von Ibn Ishak (bei Ibn Hischam) überliefert und ist ein aufschlussreiches Zeugnis aus der frühen Wirksamkeit Mohammeds in Medina. Wahrscheinlich ist die überlieferte Fassung dieses Dokuments erst um das Jahr 627 anzusetzen, als die drei jüdischen Stämme schon aus Medina vertrieben waren, aber es gewährt Einblick in die Situation um 623 und erhellt die Anfänge einer bedeutsamen religionspolitischen Entwicklung. Die Gemeindeordnung beginnt mit den Worten:

Im Namen Gottes, des Gnädigen und Barmherzigen. Dies ist der Vertrag von Mohammed, dem Propheten, zwischen den Gläubigen von Kuraisch (d.h. den aus Mekka stammenden Muslimen) *und* (jenen aus) *Medina und denen, die ihnen* (politisch) *folgen und sich ihnen anschließen und mit ihnen kämpfen. Sie bilden nur ein Volk* (umma), *geschieden von allen anderen Menschen.* (Ibn Hischam, No. 341)

Das Dokument, das weniger ein Vertrag als ein Edikt ist, enthält vor allem zwei wichtige Positionen:

Zum Ersten geht es um die Vereinigung der muslimischen Einwanderer aus Mekka, denen Mohammed vorsteht, mit den medinensischen Muslimen aus acht verschiedenen Clans. Diese bilden nun eine gemeinsame Umma zusammen mit denen, die sich den Muslimen »anschließen und mit ihnen kämpfen«. »Wer Medina angreift, soll von allen zurückgeschlagen werden!« (No. 343) »Gott und Mohammed« sind die Garanten dieser Gemeindeordnung und sollen bei Streitigkeiten angerufen werden. Gegenseitiger Beistand wird von allen erwartet.

Zum Zweiten werden die jüdischen Bevölkerungsgruppen, die unterschiedliche Bindungen zu den nichtjüdischen Clans haben, besonders angesprochen. Den Juden wird ihr eigener Glaube ausdrücklich zugestanden: *Die Juden behalten ihren Glauben und die Muslime den ihrigen* (No. 342). Auffällig ist, dass die Rechte und Pflichten der jüdischen Bevölkerungsgruppen besonders für kriegerische Anlässe festgelegt werden (in Sonderheit finanzielle Beteiligung!). Obwohl den Juden in dieser »Gemeindeordnung« viel Raum gewidmet ist, nehmen sie faktisch schon eine Sonderstellung ein, denn der Kern des Gemeinwesens sind die Muslime aus Mekka und Medina, zu deren geistigem und politischem Oberhaupt Mohammed in den folgenden Jahren aufsteigt. Als sich dann die Situation ändert und Mohammed sich von den jüdischen Stämmen trennt, wird diese Umma zu einer religiöspolitischen Gemeinde von Muslimen. Für sie gilt: *Ihr seid die beste Gemeinschaft* (umma), *die den Menschen entstanden ist. Ihr gebietet, was recht ist, verbietet, was verwerflich ist, und glaubt an Gott.* (Sure 3,110) Der künftige islamische Universalismus, nach dem alle Menschen Muslime werden können und sollen, ist hier schon angelegt, auch wenn es zunächst um die Angehörigen der arabischen Stämme geht und das transnationale islamische »Weltreich« erst mit den Abbasiden nach 750 beginnt. Den Grundstein zu einer islamischen Umma hat Mohammed jedenfalls schon früh in Medina gelegt.

11. Die Theokratie von Medina: Modell einer islamischen Gesellschaft? Zum Verhältnis von Staat und Religion im Islam

Will man die heutige, durchaus nicht einheitliche Haltung der Muslime zum Verhältnis von Staat und Religion verstehen, empfiehlt es sich, Mohammeds Wirken in Mekka und Medina unter dieser Fragestellung nochmals näher zu betrachten.

In Mekka ist Mohammed der allmählich in seinen göttlichen Auftrag hineinwachsende Mittler von Gottes Offenbarungen, ein leidenschaftlicher Prediger und »Rufer in der Wüste«. Er erweist sich gegen Ende der mekkanischen Zeit zwar durchaus als kluger Gemeindeleiter und fähiger Diplomat, im politischen Geschäft ist er aber nicht. In dieser Hinsicht ist sein Auftreten mit dem Wirken Jesu vergleichbar, dessen Gerichtsworte und Ruf zur Umkehr zwar politische Auswirkungen haben, der aber kein politischer Messias sein will und sich politisch nicht betätigt.

Ein Teil der Muslime hält die mekkanische Phase des Frühislam für die Idealzeit und sieht im Islam in erster Linie die Religion im Sinne von Gottes letztem und verbindlichem Wort für die Menschheit.

In Medina hingegen fallen Mohammed von Anfang an auch politische Aufgaben zu, die er mit Umsicht löst. Zwar sollte man Mohammeds Wirken nicht einfach auf das prophetische in Mekka und das politische in Medina aufteilen, aber die Akzentverschiebung in diese Richtung ergibt sich aus den Umständen und ist deutlich aus den medinensischen Suren abzulesen. Aus dem Gerichtsprediger und Sozialethiker Mohammed wird in Medina darüber hinaus ein Krisenmanager, Politiker und militärischer Stratege. Bei diesem Entwicklungsprozess entsteht und erstarkt die islamische Umma, deren eigentliche Führung in Gottes Hand liegt, wie schon die »Gemeindeordnung« zeigt. Bei allem Streit und unvorhergesehenem Ereignis *wende man sich zu Gott und Mohammed. Gott sorgt am besten für die Reinheit und Erhaltung des Inhalts dieses Blattes* (d.h. Edikts) (No. 343). Am Ende heißt es: *Gott und Mohammed, sein Gesandter, beschützen den Reinen und Gottesfürchtigen* (No. 344). Die Umma von Medina, die zugleich Muslimgemeinde und Bürgergemeinde ist, ist der Ort, wo sich Gottes Wort und Wille konkret verwirklichen soll. Das ist der Anfang und Urtyp jener Gottesherrschaft, in der viele Muslime das Ideal einer islamischen Gesellschaft sehen.

Mit der Eroberung Mekkas (630) und der Gewinnung seiner Einwohner und weiterer Stämme für den Islam erhält die Umma über

Medina und dann auch über Mekka hinaus eine immer breitere Basis. Das Kalifat kann darauf aufbauen, politische und geistliche Macht und Führung liegen in einer Hand. Religion und Gesellschaft gehören zusammen. Glaube und Politik bedingen einander. Religion und Staat sind eine Einheit. Das gilt seit dem 12. Jahrhundert als Dogma. Der islamische Herrscher ist allein Gott verantwortlich und steht im Dienste Gottes. Er hat die Religion und die Gläubigen zu schützen und Gottes Willen in der Welt durchzusetzen. Durch ihn regiert Gott die Welt. Deshalb bedarf es auch keiner speziellen religiösen Institution und Hierarchie (was allerdings nur für den sunnitischen, nicht für den schiitischen Islam gilt!). Im Kalifen vereinigen sich alle drei Gewalten (Legislative, Exekutive und Jurisdiktion). Zur Grundlage allen Handelns und Bindeglied aller Muslime und islamischen Staaten wird die Scharia, das islamische Gesetz, das alle Bereiche des Lebens regelt: den Kultus und die Politik, Moral und Ökonomie, Handelsrecht und Strafrecht, Ehe- und Erbrecht. Kenner und Ausleger der Scharia sind die Rechtsgelehrten (ulema), die dadurch eine außerordentliche Bedeutung in islamischen Staaten haben. So erweist sich der Islam als eine umfassende Lebensordnung, in der Religion keine Privatsache ist!

Aus dieser geschichtlich gewachsenen Grundposition der Einheit von Religion und Staat (Politik) ergeben sich – vor allem in der Neuzeit – eine Fülle von Problemen und Konflikten, die Muslime wie Nicht-Muslime berühren. Dazu gehört für die Muslime die zentrale Frage, wie sie ihre Religion und Lebensordnung in nicht-islamischen und vor allem säkularen Gesellschaften praktizieren sollen und können. Ob sie nicht besser in einem islamischen Staat leben sollten, sofern sie das können. Ob jene islamischen Staaten, die infolge des Umbruchs im 19. Jahrhundert weitgehend europäische Verfassungen übernahmen, nicht zur Scharia zurückkehren sollten. Die iranische Revolution (1979) gab solchen Überlegungen starken Auftrieb, denn der mit der Säkularisierung und »Verwestlichung« einsetzende Identitätsverlust führte viele Gesellschaften und Individuen in schwere religiöse Krisen. Zudem erwies sich der »Westen« nicht gerade als segensreich. Ökonomischer Eigennutz, kulturelle Dominanz und religiös-moralischer Verfall wiegen in den Augen vieler Muslime das technische Know-how und den höheren Lebensstandard nicht auf. Zudem blieb nach dem Ende der Kolonialzeit Mitte des 20. Jahrhunderts der kulturelle, wirtschaftliche und soziale Aufschwung in den islamischen Ländern weithin aus. Nicht nur die Bevölkerung dieser Länder, auch die islamischen Reformer sehen sich in ihren Hoffnungen getäuscht.

Diese und weitere Faktoren haben eine erneute und bewusste Hinwendung zum Islam als integrierendem Faktor der Gesellschaft in den traditionell islamisch geprägten Ländern, aber auch bei den Muslimen in der Diaspora forciert. Viele Muslime glauben, ihre nationale und kulturelle Identität, ihre Wertmaßstäbe und ethischen Normen und ihre religiöse Geborgenheit nur im Islam bzw. in einem islamischen Staat finden zu können. Sie sehen im Islam ein bewährtes Wert- und Orientierungssystem für den Einzelnen in einer Zeit stetig wachsender Globalisierung, Verunsicherung und Vereinsamung. So ist auf eine Periode der De-Islamisierung im 19. und 20. Jahrhundert eine Re-Islamisierung, eine Rückbesinnung auf die islamischen Werte und Modelle gefolgt. Da der »Westen« mit dem Christentum und der »christlichen Gesellschaft« identifiziert wird, sind gewisse Vorbehalte schon von daher gegeben.

Im Grunde genommen befinden sich die Christen in den westlichen Gesellschaften in einem ähnlichen Dilemma. Sie bejahen einerseits die europäische Aufklärung und verteidigen sie gegenüber den Muslimen, sie bejahen die Trennung von Kirche und Staat und bekennen sich zur parlamentarischen Demokratie. Die Einheit von Staat und Religion wie im christlichen Mittelalter und ein Königtum »von Gottes Gnaden« erscheint den meisten Christen heute als anachronistisch. Andererseits wird der Identitäts- und Werteverlust im »christlichen« Europa durchaus wahrgenommen und beklagt. So gesehen ist das Verständnis für die Muslime, die sich nachdrücklich für die islamischen Werte und Normen einsetzen, christlicherseits eigentlich gegeben, was den sachlichen Dialog befördern kann.

12. Die Auseinandersetzungen mit den Juden

Das Kapitel »Mohammed und die Juden« ist nicht nur vielschichtig, sondern auch brisant, handelt es sich dabei doch um Vorgänge von großer Tragweite, die ihre Auswirkungen bis in die Gegenwart haben.

In der »Gemeindeordnung« hält Mohammed zunächst am Status quo der medinensischen Stämme und wechselseitigen Bindungen fest. Er regelt Rechte und Pflichten innerhalb des Gemeinwesens, um ein friedliches Miteinander zu gewährleisten. Den Kern der Umma bilden zwar die Muslime, doch bindet er die Juden mit ein und garantiert ihnen ausdrücklich ihren Glauben (vgl. S. 41–42). Das fällt ihm insofern nicht schwer, als er von den Juden in Medina Zustimmung zu seiner Botschaft und Unterstützung seines Wirkens erwartet. Ausdruck seiner Grundhaltung gegenüber Juden und Christen sind diese Worte am Ende der mekkanischen Zeit:

Und streitet mit den Leuten des Buches (d.h. den Schriftbesitzern) *nur auf die beste Art … und sagt: ›Wir glauben an das, was zu uns herabgesandt und was zu euch herabgesandt wurde. Unser Gott und euer Gott ist einer. Ihm sind wir ergeben‹.* (Sure 29,46)

Davon geht Mohammed auch und gerade in Medina aus. Nicht nur im theologischen, sondern auch im kultischen Bereich meint er, den Juden nahe zu sein. Seine Verkündigung an die »heidnischen« Araber ist doch die gleiche Botschaft, die der eine Gott durch seine Gesandten und Propheten immer wieder an die Völker gerichtet hat. In der ersten aus medinensischer Zeit stammenden Sure wird das nochmals nachdrücklich ausgesprochen: Es geht um den Glauben an das, was Gott jetzt an Offenbarung herabsendet und was er zuvor zu Abraham, Isaak, Jakob und zu den »Stämmen«, zu Mose und Jesus und zu den »anderen Propheten« herabgesandt hat (Sure 2,136; Text vgl. S. 85f.). Es ist nichts anderes als die eine, einheitliche Botschaft des einen und einzigen Gottes, die er, Mohammed, verkündet, und er ist einer dieser Propheten, durch die Gott redet. Durch seine Verkündigung wird letztlich nur bestätigt, was den Juden schon vorzeiten offenbart worden ist. Mohammed ist überzeugt, dass die Juden von Medina das auch so sehen und akzeptieren. Hinzu kommen noch die vielen Gemeinsamkeiten im Kultus wie Gebet, Fasten und Freitagsgottesdienst, nicht zuletzt die Gebetsrichtung nach Jerusalem, wodurch sich gerade in Medina die Nähe (und Annäherung) der Muslime zu den Juden zeigt.

Für die Juden hört und sieht sich das jedoch ganz anders an. Sie kennen ihre religiösen Überlieferungen sehr wohl. Was sie aber aus Mohammeds Botschaft vernehmen, stimmt damit nicht recht zusammen. Es sind nur Bruchstücke ihres Glaubens, die ihnen begegnen. Vor allem aber klingt alles irgendwie anders und fremd. Das ist nicht ihre Glaubenswelt und vor allem nicht ihre geschichtliche Tradition. Sie finden sich jedenfalls in Mohammeds Verkündigung nicht wieder.

Diese Reaktion ist nicht verwunderlich, da in Mohammeds Botschaft die jüdisch-biblischen Überlieferungen in einem neuen Kontext stehen (wie auch im Neuen Testament!). Sie werden nicht nur einfach adaptiert, sondern auch interpretiert und erhalten in den neuen Zusammenhängen andere Funktionen (vgl. S. 92–95). So dienen z.B. die Geschichten um Noah und Mose als Beispielgeschichten, die zeigen und belegen sollen, dass auch auf andere »Propheten« vor Mohammed nicht gehört worden ist und das jeweilige Volk dafür bestraft wurde.

Die Ablehnung Mohammeds durch die Juden in Medina beruht aber auch darauf, dass sie sich in seine religionspolitische Konzeption nicht einfach einbinden lassen wollen. Einst die Herren der Oase Jathrib, sind sie mittlerweile in Abhängigkeiten der arabischen Stämme geraten und fürchten nun, dass die Bestimmungen der »Gemeindeordnung« weitere Einschränkungen und Lasten für sie bringen. Da sie Mohammed nicht als »Prophet« (der Araber) und schon gar nicht als Erben von Abraham und Mose anerkennen können, halten sie sich zurück und gehen auf Distanz, manche verspotten ihn auch.

Mohammed bemüht sich vorerst weiter darum, die Juden für seine Sache zu gewinnen, aber Ungeduld und Kritik nehmen allmählich zu. Schon in Sure 2 sind die Mahnungen nicht zu übersehen:

Ihr Kinder Israels, gedenkt Meiner Gnade, die Ich euch erwiesen habe und erfüllt eueren Bund mit Mir, so will auch Ich Meinen Bund mit euch halten … / Und glaubt an das, was Ich (jetzt) *hinabgesandt habe zur Bestätigung dessen, was euch* (an Offenbarung) *vorliegt – und seid nicht die ersten, die nicht daran glauben … / Und verdunkelt nicht die Wahrheit mit dem Falschen* (Nichtigen), *und verschweigt nicht die Wahrheit wider euer* (besseres) *Wissen …* (Sure 2,40-42)

Das sind deutliche Worte, denen weitere folgen. Sie verfehlen bei den Adressaten aber offensichtlich ihre Wirkung. Auch Mohammeds Angebot, zu einem Vergleich zu kommen, zeigt keine Wirkung (Sure 3,64), und so gibt Mohammed nach etwa einem Jahr, zu Beginn des Jahres 624, sein Werben um die Juden in Medina auf. Für ihn ist der Fall klar: *Wenn sie an das gleiche glauben wie ihr, sind sie rechtgeleitet, wenn sie sich aber abwenden, dann sind sie im Widerstreit*, in der Opposition (2,137). Es ist das Gleiche wie mit den Mekkanern. Die Juden sind verstockt und unbelehrbar. Weil sie den Bund gebrochen haben, hat Gott sie verflucht und ihre Herzen verhärtet (5,13).

Damit beginnt eine neue Entwicklung. Der Bruch mit den Juden, den der enttäuschte Mohammed vollzieht, bedeutet eine Wende, die sich freilich, wenn man alle Faktoren betrachtet, mit innerer Konsequenz vollzieht. Von dieser Wende soll im nächsten Abschnitt die Rede sein.

Die weitere Geschichte der Juden in Medina und Arabien ist eine Leidensgeschichte. Seit 624 geraten die Juden mit ihrer Religion, aber auch mit ihrer Existenz ins Abseits. Auf die bisherige Hochschätzung durch Mohammed folgt die deutliche Abwendung, die mit der Profilierung des Islam als der »wahren Religion« einhergeht. Dabei sind auch politische Komponenten im Spiel, die das Zerwürfnis vertiefen.

Die drastischen Maßnahmen gegen jüdische Stämme beginnen bereits 624, als der jüdische Stamm der Kainuka wegen einer beiderseits tödlich verlaufenen Auseinandersetzung zwischen einem Muslim und einem Juden zur Auswanderung nach Syrien gezwungen wird. Im Herbst 625 – nach der Schlacht bei Uhud – muss der Stamm an-Nadir wegen Differenzen um ein Blutgeld Medina verlassen und geht nach Chaibar, von wo aus er Mohammed Schwierigkeiten bereitet. Er unterliegt im Mai 628 nach einer Belagerung durch die Muslime, darf aber bleiben mit der Auflage, fortan Tribut in Form von Naturalien zu entrichten. Das ist eine neue und zukunftsträchtige Maßnahme der Muslime, die sich auf Verträge mit unterworfenen Stämmen (von Juden und Christen) orientiert, womit die Betroffenen als Tributpflichtige unter muslimischer Oberhoheit stehen (vgl. Sure 9,29), aber ihre Religion, ihren Kult ausüben dürfen. Sie gilt auch für die jüdischen Siedlungen Fadak und Taima.

Schlimm ergeht es allerdings dem Stamm der Kuraiza, der während des »Grabenkrieges« im Frühjahr 627 mit Mohammeds Feinden, den Mekkanern, kollaboriert. Seine Männer werden getötet, die Frauen und Kinder als Sklaven verkauft. Andere jüdische Gruppen am nördlichen Rand Arabiens schließen mit den Muslimen Verträge ab und werden tributpflichtig. Damit spielen die Juden in Arabien als politischer Faktor keine Rolle mehr.

Die Polemik gegen die Juden ist in diesen Jahren zunehmend schärfer geworden. Als sie sein Verständnis der biblischen Traditionen ablehnen, dreht Mohammed den Spieß um und wirft ihnen nun seinerseits vor, die »Schrift« teilweise zu verbergen, zu entstellen und zu fälschen (2,75.85.146.159.174; 3,78.187; 4,44-46; 5,13.41). Auch lastet er ihnen Lüge, Verrat, Vertragsbruch und sogar Prophetenmord an (vgl. Mt 23,30; Sure 2,87.91; 3,21.71.112; 4,155; 5,13; 8,55ff.). Ihr Sündenregister sei erheblich, wofür Gott sie auch schon entsprechend bestraft, ja sogar verflucht habe (2,49ff; 4,153.160; 5,13).

Vergleicht man die an die Schriftbesitzer gerichteten Worte nach ihrer zeitlichen Ansetzung, dann ergibt sich ein deutliches Gefälle von der Betonung der gemeinsamen Glaubensgrundlagen und der freundlichen Einladung, in die neuen Offenbarungen einzustimmen – bis hin zu diesen Vorwürfen und Unterstellungen. Manchmal nehmen die mit den Mahnungen verbundenen Drohungen besonders drastische Formen an:

O ihr, die ihr die Schrift erhalten habt! Glaubt an das, was Wir hinabsandten zur Bestätigung dessen, was ihr (an Offenbarungen) *bereits habt – bevor Wir bestimmte Gesichter auswischen und sie nach hinten versetzen oder sie* (d.h. euch) *verfluchen …* (4,47)

Dass die Ungläubigen (in diesem Falle die Juden) Gottes Fluch getroffen hat oder noch treffen wird, findet sich in mehreren medinensischen Suren (vgl. 2,88f.; 5,13). Immerhin wird der Prophet von Gott auch aufgefordert, ihnen zu verzeihen und ihnen ihre Vergehen nachzusehen (5,13).

Schon ganz im Sinne der neuen Vertrags- und Tributkonzeption heißt es in Sure 9,29 aus dem Jahr 630 (vgl. S. 62–64):

Kämpft gegen diejenigen, die nicht an Gott und an den Jüngsten Tag glauben und nicht verbieten, was Gott und sein Gesandter verboten haben, und nicht der Religion der Wahrheit angehören – von denen, die die Schrift erhalten haben – bis sie kleinlaut aus der Hand Tribut entrichten.

Im Anschluss an diese Stelle wird den Juden unterstellt, sie würden ʿUzair, also Esra, als »Gottes Sohn« bezeichnen, wie das die Christen auch von Christus behaupten. Deshalb möge sie Gott bekämpfen, denn sie sind irregeleitet (9,30). Zu diesem spätmedinensischen Zeitpunkt, als sowohl Juden wie Christen schon nicht mehr als potenzielle Teilhaber der muslimischen Religion, sondern als tributpflichtige

Vertragspartner angesehen werden, rücken für Mohammed beide auch wieder stärker unter der Kategorie »Schriftbesitzer« zusammen, denn beide glauben ja in der »Mehrzahl« nicht an Mohammeds Botschaft, vertreten Irrlehren und sind »Frevler« (3,19ff.110ff.; 9,29ff.). Daraus folgt endlich: sie gehen in der Religion ihre eigenen Wege. Gott hat es so und nicht anders gewollt. Es ist offensichtlich eine Prüfung (5,48). Das muss Mohammed am Ende seiner Verkündigung feststellen und als Faktum respektieren, was aber alle Aussagen über den Islam als »die Religion der Wahrheit« keineswegs aufhebt (9,33; 5,3). Dass Mohammed noch lange viel für die Christen übrig hat, geht besonders aus den Schlussversen von Sure 5 hervor, die einen schönen Dialog zwischen Gott und Jesus enthalten (Vers 110ff.). Aus dieser Sure erfahren wir auch, wie das Verhältnis zu Juden und Christen in dieser Zeit beurteilt wird und wie sich die Muslime ihnen gegenüber verhalten sollen:

Du wirst finden, dass unter den Menschen diejenigen, die sich den Gläubigen gegenüber am meisten feindlich zeigen, die Juden und die Polytheisten sind. Und du wirst finden, dass diejenigen, die den Gläubigen am nächsten stehen, jene sind, welche sagen: ›Wir sind Nasara‹ (d.h. Christen) … (5,82)

Für die Praxis aber gilt:

Ihr Gläubigen! Nehmt euch nicht die Juden und Christen zu Freunden! (5,51)

Euer Freund ist Gott und sein Gesandter, und auch diejenigen, die glauben, die das Gebet verrichten und die Almosensteuer entrichten und sich (beim Gebet vor Gott) *verneigen.* (5,55)

Exkurs: Geschichte und Gegenwart

Es gibt mehrere Gründe, die Auseinandersetzungen Mohammeds mit den Juden in Medina im Einzelnen darzustellen. Ein Grund ist die große Bedeutung, die diese Vorgänge für die weitere Entwicklung des Islam haben (vgl. S. 53–57). Ein anderer Grund liegt in der Notwendigkeit, die zahlreichen und sehr verschiedenen Äußerungen des Koran über Juden und Christen historisch zu verorten, um sie aus ihrer Zeit heraus zu verstehen und in der Gegenwart angemessen mit ihnen umgehen zu können. Deshalb ist es nötig festzustellen, in welchen Situationen welche Worte gesagt worden sind und auf welche Erfahrungen Mohammeds mit den Juden (und Christen) in Medina und an anderen Orten sie sich beziehen. Denn es sind konkrete Menschen und Gruppen, mit denen es Mohammed zu tun hat und auf deren Verhalten dieser und jener Koranvers reagiert. Es sind nicht die Juden schlechthin, die Mohammed ablehnen und verspotten, sondern ganz bestimmte jüdische Menschen in Medina. Gegen sie richten sich die Vorwürfe und Drohungen Mohammeds bzw. des Korans. Speziell ihnen wird vorgehalten, dass sie sich schon immer in ihrer Geschichte gegen Gott versündigt haben und dafür bestraft worden sind.

Es wäre nicht nur für den interreligiösen Dialog, sondern auch und vor allem für die internationale Politik viel gewonnen, wenn diese situationsbedingten Aussagen in ihrem geschichtlichen Rahmen betrachtet würden, wie das auch bei entsprechenden Stellen in der hebräischen Bibel und im Neuen Testament erforderlich ist. Die Notwendigkeit einer geschichtlichen Betrachtungsweise wird heute auch von namhaften islamischen Theologen hervorgehoben. Das ist an sich nichts Neues, denn schon klassische Korankommentatoren berücksichtigten den geschichtlichen Rahmen von Offenbarungen, und der Koran selbst dokumentiert die geschichtliche Bestimmung von Offenbarungen und den geschichtlichen Wandel, wenn er in 225 Fällen frühere durch spätere Offenbarungen wieder aufhebt. Solche geschichtliche Betrachtung ist nicht zu verwechseln mit einer Sezierung von Texten, bei der nur Einzelteile übrigbleiben und der Offenbarungscharakter verlorengeht.

Dem geschichtlichen Wandel war auch Mohammeds Verhältnis zu den »Schriftbesitzern« unterworfen, weshalb die zeitweise scharfen und verletzenden Äußerungen gegen sie nicht einfach generalisiert und in

Pauschalurteile umgemünzt werden dürfen. Vor allem dürfen die antijüdischen Aussagen im Zusammenhang mit den geschilderten Auseinandersetzungen nicht antisemitisch missbraucht werden. Das bedeutet nicht, solche Aussagen zu eliminieren, sondern »nur«, sie aus ihrer Situation heraus zu begreifen. An einem derartigen geschichtlichen Verständnis nehmen die Offenbarungen keinen Schaden, denn das ewige Wort Gottes ist nun einmal in die Zeit und Geschichte eingegangen und hat darin gewirkt, wovon Bibel und Koran zeugen und berichten.

13. Die Wende: Orientierung nach Mekka

Wie schon die Ereignisse um die Juden von Medina zeigen, bildet das Jahr 624 eine Zäsur. Es ist ein Schicksalsjahr für Juden wie Muslime. Mit der Distanzierung der Juden von Mohammed und Mohammeds von den Juden – es ist ein Prozess von beiden Seiten – geht die Umorientierung des Propheten nach Mekka und eine kräftige Profilierung des Islam einher.

Mohammeds Blick war zunächst ganz auf Jerusalem gerichtet. In älteren Überlieferungen ereignet sich die »Himmelsreise« als eine Art Prophetenweihe an der Kaaba in Mekka. In späteren Überlieferungen schaut Mohammed in einer Vision von Mekka aus das ferne Jerusalem. Die »Himmelsreise« selbst findet dann schon in Jerusalem statt, wohin der Prophet in einer »Nachtreise« von der Kaaba aus entrückt wird (Sure 17; vgl. S. 37–38). Während seiner »Himmelsreise« begegnet Mohammed den früheren Propheten, unter ihnen Mose und Jesus.

Mit diesem Erlebnis ist Mohammed in die »Topographia sacra der Leute der Schrift« eingetreten (A. Neuwirth). Damit vollzieht sich ein Umschlag von der mündlichen zur schriftlichen Überlieferung. Der Islam befindet sich auf dem Wege zur Buchreligion.

Als die Muslime unter Kalif Omar 638 Jerusalem erobern, würdigen sie die Stätte der »Himmelsreise« ihres Propheten dadurch, dass sie den »heiligen Felsen« auf dem Tempelberg, wo ja auch das Abrahamsopfer »stattfand« (1. Mose 22; Sure 37,99ff.), vom Schutt wieder freiräumen.

Später ließ Kalif Abd al-Malik (aus religionspolitischen Gründen) über diesem Felsblock den Felsendom errichten (688–691), der zusammen mit der al-Aksa-Moschee zu den großen Heiligtümern des Islam zählt. Neben dem Felsendom befinden sich die Gebetsnische des Propheten und der »Himmelfahrtsdom« – zwei weitere Stätten des religiösen Gedächtnisses an den »Aufenthalt« Mohammeds auf dem Jerusalemer Tempelplatz. Dieser ist also nicht nur für die Juden, sondern gleichermaßen für die Muslime ein besonders heiliger Ort. An ihm hängen schließlich auch christliche Traditionen (Jesus und der Tempel) – wie ja überhaupt Jerusalem heiliger Ort aller drei monotheistischen Religionen Judentum, Christentum und Islam ist, den sie nur im Frieden gemeinsam erhalten und nutzen können.

Für Mohammed und seine Gemeinde bedeutet nicht nur das Jahr der Hidschra 622, sondern auch das Jahr 624 eine Wende. 624 erreicht die Entfremdung zwischen Mohammed und den Juden von Medina ihren Höhepunkt. Zugleich beginnen die Auseinandersetzungen mit den Mekkanern in der Schlacht bei Badr (März 624) zu eskalieren, aus der die Muslime siegreich hervorgehen (vgl. S. 58–61). Religionspolitisch, militärisch und diplomatisch wendet sich Mohammed von nun an Mekka zu, dem Ort seiner Berufung und ersten Offenbarungen, der Kaaba und der Wallfahrten, aber auch der Hochburg seiner Hauptgegner.

Bereits in Sure 2, der ersten Offenbarung nach der Hidschra, findet die verstärkte Orientierung nach Mekka deutlichen Ausdruck: Die Gebetsrichtung wird von Jerusalem nach Mekka, das Fasten von Aschura auf den Monat Ramadan verlegt. Abraham rückt immer stärker in den Mittelpunkt und erscheint zusammen mit Ismael als Begründer der Kaaba (Sure 2,124ff.). Folgende Verse belegen eindrucksvoll diese Vorgänge:

Die Toren unter den Menschen werden sagen: ›Was hat sie (die Muslime) *von ihrer Gebetsrichtung* (Kibla) *abgebracht, die sie* (bisher) *eingehalten haben?‹ Sprich: ›Gottes ist der Osten und der Westen. Er führt, wen Er will, auf einem geraden Weg‹*. (Sure 2,142)

Wir sehen, wie du dein Gesicht zum Himmel hin und her wendest. Deshalb werden Wir dich (jetzt) *in eine Gebetsrichtung weisen, mit der du zufrieden sein wirst: Wende dein Angesicht in Richtung der heiligen Moschee* (also zur Kaaba in Mekka)*! Und wo immer ihr seid, wendet euer Gesicht in ihre Richtung!* (Sure 2,144 [-150])

Die Frömmigkeit besteht unter anderem darin, dass man das Gebet verrichtet und die Almosensteuer bezahlt (Sure 2,177). *Ihr Gläubigen, euch ist vorgeschrieben zu fasten … / Der Monat Ramadan ist es, in dem der Koran herabgesandt wurde als Rechtleitung für die Menschen … Wer nun von euch in dem Monat anwesend* (nicht auf Reisen) *ist, soll in ihm fasten* (2,183.185; es folgen genaue Anweisungen).

Und vollzieht die (große) *Wallfahrt und die Umra* (den kleinen Pilgerbesuch) *für Gott!* (2,196ff.; es folgen Einzelheiten zur Wallfahrt)

Damit sind die religiösen Hauptpflichten der Muslime, die »fünf Säulen des Islam«, in ihren wesentlichen Elementen festgelegt.

Besonders bedeutsam für das Profil der islamischen Religion und ihre Verortung in Mekka sind die Aussagen über Abraham:

Und als Abraham (seinerzeit) *von seinem Herrn auf die Probe gestellt wurde und er sie erfüllte, sprach Er: ›Ich mache dich zu einem Vorbild für die Menschen‹ … / Und als Wir das Haus* (die Kaaba) *zu einem Versammlungsort für die Menschen und zu einem Ort der Sicherheit machten: ›Macht euch die Stätte Abrahams zu einem Gebetsort.‹ Und Wir verpflichteten Abraham und Ismael* (!)*: ›Reinigt Mein Haus für diejenigen, die die Umgangsprozession vollziehen und dort* (in Andacht) *verweilen und die sich verneigen und niederwerfen.‹* (2,124f.; vgl. 3,96f.; 22,26)

Und als Abraham dabei war, die Fundamente des Hauses (der Kaaba) *aufzuführen,* (er) *und Ismael* (!), *beteten sie: ›Unser Herr, nimm es von uns an! Du bist der, der alles hört und weiß. / Unser Herr, mache uns beide Dir ergeben und* (mache) *aus unserer Nachkommenschaft eine Dir ergebene Gemeinde! Und zeige uns unsere Riten und wende Dich uns gnädig zu! Denn Du bist der Vergebende und Barmherzige. / Unser Herr, und lass unter ihnen* (den Nachkommen Abrahams!) *einen Gesandten* (!) *aus ihrer Mitte erstehen, der ihnen Deine Zeichen verliest, sie die Schrift* (das Buch) *und die Weisheit lehrt und sie läutert. Du bist der Mächtige und Weise. / Wer sonst verschmäht die Religion Abrahams* (millat Ibrāhīm) *außer dem, dessen Seele töricht ist … / Damals, als sein Herr zu ihm sprach: ›Sei* (Mir) *ergeben‹, sagte er: ›Ich ergebe mich dem Herrn der Welten!‹ /*

Und Abraham legte es (dieses Bekenntnis) *seinen Kindern ans Herz,* (er) *und Jakob: ›O meine Söhne! Gott hat für euch die* (reine) *Religion auserwählt; so sollt ihr nur als Gottergebene sterben!‹* (Sure 2,127-132; vgl. 133)

Exkurs: Mohammed und die Muslime: Abrahams Erben

Abraham, der Gott Ergebene (2,131; 3,67), ist für Mohammed das große Vorbild (16,120). Auf ihn führt er die wahre, »reine Religion« (30,30) zurück, die durch den Islam wiederhergestellt wird. Was dazwischen liegt – Judentum und Christentum – ist durch die Verkündigung Mohammeds überholt, denn diese schließt sich direkt an die »Religion Abrahams« an (16,123; 22,78), von der Juden und Christen abgefallen sind (vgl. 4,160; 6,146). Deshalb sind Mohammed und die Muslime die wahren Erben Abrahams. Abraham ist auch die tragende Säule in der langen Reihe der Gottesgesandten (vgl. 2,136; 3,84 u.ö.). Ihm fühlt sich Mohammed am nächsten. »Von Abraham sagte er: ich habe nie jemanden gesehen, der mir selbst ähnlicher wäre, oder dem ich ähnlicher wäre« (Ibn Hischam, No. 266). Mit ihm kann er sich identifizieren, mit ihm teilt er den Auftrag und das Schicksal des Gottesgesandten. Schon Abraham musste gegen die Götzenverehrung kämpfen, sich von alten Bindungen lösen, seine Heimat verlassen und mit Gottvertrauen den Aufbruch wagen (vgl. S. 170–178). In ihm sieht

Mohammed seinen eigenen Weg vorgezeichnet. So liegt es nahe, dass Abraham eine Schlüsselposition beim Selbstfindungsprozess der muslimischen Religion einnimmt.

Schon in Mekka spielt Abraham für Mohammed keine geringe Rolle, und schon in Mekka war Abraham sehr wahrscheinlich mit der Kaaba verbunden. Jetzt aber heißt es, dass er die Kaaba erbaut und wie Mohammed (vom Götzendienst) gereinigt hat (s. o. Sure 2, 125.127; 22,26), und zwar zusammen mit Ismael, dem Ahnherrn der Araber (vgl. 1. Mose 25,12ff.), einem »Gesandten und Propheten« (19,54). Durch ihn steht Mohammed als Gesandter und Prophet für das arabische Volk in direkter Nachfolge von Abraham!

Wenn nun Mohammed seine Botschaft als die wahre und seine Religion direkt auf die »Religion Abrahams« zurückführt, dann ist klar, dass Judentum und Christentum als die späteren Religionen zu gelten haben, obwohl sie dem Islam vorangehen. Damit erhält der Islam die Priorität vor dem Glauben der Juden und Christen! Diese Anbindung des muslimischen Glaubens an Abraham ist neben der theologischen und kultischen Wende von Jerusalem nach Mekka entscheidend für das Selbstverständnis des Islam. Das wird in Sure 3 gegenüber den »Schriftbesitzern« in aller Deutlichkeit festgehalten:

Ihr Leute der Schrift! Warum streitet ihr über Abraham, wo doch die Tora und das Evangelium erst nach ihm herabgesandt worden sind? Habt ihr denn keinen Verstand? / Abraham war weder Jude noch Christ, sondern ein Gott ergebener Hanif (d.h. ein Anhänger des reinen Gottesglaubens), *und nicht einer von denen, die* (Gott andere Götter) *beigesellen* (d.h. kein Polytheist). */ Die Menschen, die Abraham am nächsten stehen, sind diejenigen, die ihm* (damals) *gefolgt sind, und dieser Prophet* (d.h. Mohammed) *und die, die glauben. Gott ist der Freund der Gläubigen.* (3,65-68; vgl. 3,95-97)

14. Die Auseinandersetzung mit den Mekkanern. Razzien und heiliger Krieg

Bisher war nur von den politischen und religiösen Entwicklungen in Medina nach der Hidschra die Rede, nicht aber von den ökonomischen Bedingungen, die eine wesentliche Rolle in der Geschichte der jungen islamischen Gemeinde spielen.

Während die Bewohner Mekkas zur Zeit Mohammeds weitgehend vom Handel leben, betreiben die Menschen in der Oase Jathrib (Medina) Landwirtschaft, der sich besonders die jüdischen Stämme gewidmet haben. Es gibt Ackerbau, Palmenwirtschaft und Obstanbau. Für die muslimischen Übersiedler ergibt sich daraus ein Problem. Da sie ihren Gastgebern nicht für längere Zeit auf der Tasche liegen können, müssen sie nach Erwerbsquellen suchen. Das gute Land ist aber schon vergeben. Außerdem liegt den Zuwanderern dieser Erwerbszweig nicht gerade. Es bleibt ihnen nur der Handel, der jedoch in Medina nur schwach entwickelt ist, und für den Transithandel fehlen die Voraussetzungen. So kommt es schließlich zu der schwerwiegenden Entscheidung der zugewanderten Muslime, Razzien zu veranstalten, das heißt Karawanen zu überfallen und Beute zu machen. Das gelingt allerdings erst nach einigen Fehlschlägen. Zu einem ersten Erfolg kommt es erst im Januar 624 bei Nachla in der Nähe von Mekka. Der Überfall auf die mekkanische Karawane, bei dem ein »Ungläubiger« getötet wird, fällt jedoch in den heiligen Monat Radschab. Diesen Vorfall verurteilt Sure 2 als *schwerwiegend* bzw. *schweres Vergehen* (Übers. Paret). Doch sei es weitaus schlimmer, die Gläubigen (Muslime) zu bekämpfen, um sie von ihrer Religion abzubringen, sie zu verfolgen und zu vertreiben. Zum Abfall vom Glauben zu *verführen, wiegt schwerer als Töten* (2,217). So lautet das koranische Urteil.

Diese Sichtweise und Deutung aktueller Ereignisse von höherer Warte aus, und das heißt von der Offenbarungsebene her – liegt ganz in Mohammeds theologischem Ansatz, ist aber für die arabischen

Zeitgenossen neu und ungewöhnlich. Sie wird fortan alle kriegerischen Unternehmungen begleiten.

Im März 624 bricht eine Schar von 324 Muslimen unter Mohammeds Führung zu einer weiteren »Razzia« auf. Die aus Syrien nach Mekka zurückkehrende Karawane ist aber gewarnt und ruft zudem das mekkanische Heer zu Hilfe, das mit über 800 Männern anrückt. Es kommt zur Schlacht bei Badr südwestlich von Medina, aus der die medinensischen Muslime als Sieger hervorgehen – mit Gottes Hilfe (3, 123). *Nicht ihr habt sie getötet, sondern Gott hat sie getötet ...* (8,17)! Es ist ein schwerer Schlag für die Mekkaner und ein beachtlicher Prestigegewinn für die Medinenser. Vor allem aber verbessert sich durch die ansehnliche Beute die ökonomische Lage der zugewanderten Muslime (8,41ff.). Weitere Beute kommt hinzu.

Anders verläuft der Kampf am Berg Uhud im März 625, bei dem die Mekkaner siegen, ihren Sieg aber nicht ausnutzen. Mohammed wird verwundet. Der Koran deutet die Niederlage als Folge von Ungehorsam und Glaubensprüfung (3,152f. 165ff.) und ermahnt die Muslime: *Erlahmt nicht und seid nicht traurig, wo ihr doch die Oberhand haben* (d.h. siegen) *werdet, wenn ihr gläubig seid!* (3,139[f.])

Aus den Razzien ist längst ein erbitterter Glaubenskrieg geworden. An vielen Koranstellen wird zum Kampf aufgerufen: *Kommt her und kämpft auf Gottes Weg oder wehrt* (wenigstens die Feinde) *ab!* (3,167; vgl. 2,190-194; 9,12ff.) Hier taucht auch die Vorstellung auf, dass die gefallenen Glaubenskämpfer als Märtyrer bei Gott sind und weiterleben:

Halte diejenigen, die auf dem Weg Gottes getötet wurden, nicht für tot. Sie sind lebendig bei ihrem Herrn und werden versorgt. (3,169; vgl. 47,4-6)

Im sogenannten »Grabenkrieg« (März/April 627) rücken die Mekkaner mit ca. 10.000 Mann an. Durch sein taktisches und diplomatisches Geschick kann Mohammed eine Katastrophe verhindern. Er lässt auf den Rat von Salman, dem Perser, einen Graben ausheben, den die Angreifer mit ihren Pferden nicht überwinden können. Beteiligte Beduinengruppen kann Mohammed zum Abzug bewegen. Das Wetter ist den Belagerern nicht günstig. Sie ziehen schließlich ab. Nun verstummen die oppositionellen Kräfte (»Heuchler«) in Medina. Der jüdische Stamm der Kuraiza wird für seine Kontakte mit den Feinden drastisch bestraft (vgl. S. 49).

Im März 628 glaubt Mohammed den Versuch einer Wallfahrt nach Mekka wagen zu können, wird aber unterwegs von den Mekkanern aufgehalten. Diesmal kommt es nicht zum Kampf, sondern zu einem Vertrag, bei dem Mohammed seine gefestigte Position und seine politische Klugheit und Weitsicht in die Waagschale wirft. Der Vertrag von Hudaibiya sieht eine zehnjährige Waffenruhe und das Zugeständnis einer Wallfahrt für das Jahr 629 vor. Damit setzt Mohammed auf Zeitgewinn, während seine Anhänger sein taktisches Zurückweichen als Schwäche deuten und ihm sogar Verrat vorwerfen. Doch Mohammeds Rechnung geht auf. Die Mekkaner haben zwar Ruhe vor Überfällen auf ihre Karawanen, aber die Zeit arbeitet für Mohammed. Immer mehr Mekkaner wechseln zu den Muslimen über. Als ein relativ kleiner Konflikt auftritt, entschließt sich Mohammed, Mekka einzunehmen, was am 11. Januar 630 mit einem Heer von 10.000 Mann geschieht. Es gibt fast keinen Widerstand. In Sure 48 (»Der Erfolg«), die sich nach islamischer Tradition auf die Eroberung Mekkas bezieht, heißt es: *Wir haben dir einen offenkundigen Erfolg* (oder: Sieg) *gegeben.* (48,1) Mohammed gibt die Parole von der »Vertrautmachung der Herzen« aus, eine kluge Maßnahme, um die besiegten Gegner für sich zu gewinnen. Viele von ihnen nehmen den Islam an, werden aber nicht dazu gezwungen (vgl. 2,256!).

Als sich die Lage in der Stadt beruhigt – so berichtet Ibn Ishak (821f.) – begibt sich Mohammed zur Kaaba und umrundet sie siebenmal, wobei er jedesmal mit seinem Stock den schwarzen Stein berührt. Dann lässt er das Tor zur Kaaba öffnen und reinigt sie von den Idolen des Götterkults. Anschließend bekennt er am Tor der Kaaba vor den im Hof der Moschee versammelten Menschen: »Es gibt keine Gottheit außer Gott allein …« und verkündet: »Alle Blut- und Geldschuld und alle Privilegien – ausgenommen die Bewachung der Kaaba und Tränkung der Pilger – sind hiermit aufgehoben.« Er bleibt nur 15 Tage in Mekka.

Nach Mohammeds Sieg über die Stadt Ta'if Ende Januar 630 erhalten auch die Mekkaner einen reichen Beuteanteil. So kann Mohammed die Mehrzahl der Mekkaner für seine Sache gewinnen und ihre Fähigkeiten und ökonomischen Möglichkeiten für die erstarkende und sich ausweitende Umma einsetzen.

Exkurs: Dschihād und »Heiliger Krieg« – Gewalt und Gewaltlosigkeit

Mit dem endgültigen Sieg über die Mekkaner ist der Kampf gegen Mohammeds Hauptgegner (624–630) beendet, aber die Devise *Kämpft auf Gottes Weg!* (Sure 2,190.244 u.ö.) gilt weiterhin. Der Kampf gegen »die Ungläubigen« ist ein Dauerauftrag (9,73.123). Nach der Sicherung der muslimischen Herrschaft in Medina und Mekka geht es um die Ausdehnung von Gottes Herrschaft in ganz Arabien und dann darüber hinaus, letztlich in der ganzen Welt. Gebiete, die die Muslime erobert haben, gehören zum »Haus des Islam« (dār al-islām), alle anderen Gebiete zum »Haus des Krieges« (dār-al-ḥarb). Später schließen islamische Herrscher auch befristete Verträge mit ihren Nachbarstaaten, die damit zum »Haus der Verträge« (dār al-sulḥ) gehören. Die Schriftbesitzer in den eroberten Gebieten haben Tribut (Kopfsteuer) zu zahlen, während sich die »Ungläubigen« unterwerfen müssen und auf diese Weise zu Muslimen werden. Zwangsbekehrungen gibt es im Prinzip nicht (Sure 2,256), auch keine Mission im christlichen Sinne, obwohl manche muslimische Gruppierungen »die Einladung zum Islam« (daʿwa; Sure 16,125) bewusster betreiben als andere.

Aller Einsatz für den Islam gilt den Muslimen als Dschihād. Das Verb dschahada bedeutet »sich abmühen, sich anstrengen«, und zwar »auf dem Wege Gottes«. Dazu gehört »der große Dschihād« als Kampf gegen die eigenen Schwächen ebenso wie »der kleine Dschihād« als Kampf für die Sache Gottes und die Verteidigung des Islam unter persönlichen Opfern. Heute zählt dazu auch der Einsatz für soziale Gerechtigkeit und Unabhängigkeit von kolonialen Mächten. Die Bezeichnung »Heiliger Krieg« entspricht aber nicht diesen vielfältigen Intentionen und sollte deshalb vermieden werden.

Das Verhältnis der Religionen zu Macht und Gewalt ist im Blick auf ihre Anfänge und geschichtliche Entwicklung unterschiedlich. Während Mohammed ein Realpolitiker war und im Interesse seines Gemeinwesens in Medina und ab 630 in Mekka politische und militärische Mittel einsetzte, lehnte Jesus ein politisches Amt ab und predigte nicht nur Nächsten- und Feindesliebe, sondern auch Gewaltlosigkeit (Mt 5,5.9.38-45; vgl. S. 228 und Lk 10,25ff.). Gewaltlosigkeit wird nicht nur von vielen Christen, sondern auch von vielen Muslimen vertreten, die Gewalt ebenso ablehnen wie Terror. Anderen dagegen gilt Gewalt als notwendiges Übel zur Selbstverteidigung (was freilich vieles bedeuten kann!). Vergleicht man die Religionen, ihre Urkunden, ihre Traditionen und ihre Geschichte, so wird deutlich, dass sie weder friedfertig noch gewaltbereit *an sich* sind, sondern sowohl Friedens- als auch Gewaltpotenziale einschließen können. Umso wichtiger und dringlicher ist das Bekenntnis zu friedlichen Lösungen und der persönliche Einsatz für Entspannung und Dialog!

15. Mohammeds Erfolge. Kampf gegen die Ungläubigen

Wenn Gottes Hilfe kommt und auch der Erfolg – und du siehst, dass die Menschen in Scharen in die Religion Gottes eintreten, dann lobpreise deinen Herrn und bitte Ihn um Vergebung. Siehe, Er ist gnädig (oder: vergebend). (Sure 110)

»In Scharen« kommen seit dem offensichtlichen Erfolg Mohammeds auch die Beduinen aus nah und fern, um sich der muslimischen Umma anzuschließen. Viele Beduinen hat Mohammed schon vor der Eroberung Mekkas gewonnen, andere kommen 630/631 von sich aus, unterstellen sich dem »Schutz« der Muslime und akzeptieren die Bedingungen der neuen Religion: Verzicht auf jede Form von Götzendienst, Durchführung des Pflichtgebetes und Abgabe der Almosensteuer, d.h. eine allgemeine Besteuerung. In vielen Fällen bedeutet das jedoch nichts anderes als eine Unterwerfung auf Grund von Einsicht in die politische Notwendigkeit. Daher mahnt Mohammed Zurückhaltung bei Äußerungen über ihre religiöse Überzeugung an:

Die Beduinen sagen: ›Wir glauben.‹

Sprich: Ihr glaubt nicht (wirklich). *Sagt vielmehr: ›Wir sind Muslime geworden!‹* (Denn) *der Glaube ist noch nicht in eure Herzen gedrungen … / Die* (wahren) *Gläubigen sind die, welche an Gott und seinen Gesandten glauben und dann nicht zweifeln, und die sich mit ihrem Vermögen und mit ihrer Person auf dem Weg Gottes abmühen. Das sind die Wahrhaftigen.* (49,14-15)

Schon längere Zeit richtet Mohammed seinen Blick auch auf die Gebiete im nördlichen Kulturland und entsendet dorthin seine Truppen, kann aber durchschlagende Erfolge und den Siegeszug des Islam nach Syrien, Ägypten und weit darüber hinaus selbst nicht mehr erleben. Im Herbst 629 werden die Muslime südlich des Toten Meeres bei Muta geschlagen, 630 müssen sie sich bei Tabuk erfolglos zurückziehen.

630/631 ist aber die Position der Muslime schon weithin gefestigt. »Heuchler« und Zweifler, die es noch unter den Beduinen und selbst unter den Medinensern gibt (9,73.97ff.101), werden hart zurechtgewiesen, den »Götzendienern«, mit denen es Verträge gibt, wird noch eine Frist eingeräumt, nach der ihnen der Tod droht, falls sie nicht »umkehren« (9,1ff.), auch die »Schriftbesitzer« geraten unter die allgemeine Kampfansage gegen allen Unglauben, obwohl auch mit ihnen Verträge abgeschlossen werden (9,29ff. vgl. S. 46–51). Es fällt auf, dass gerade in Sure 9, in der so viel vom Kampf gegen Ungläubige die Rede ist, häufig Verträge und Bündnisse erwähnt sind (9,1.4.7f.10.12). Zwischen diesen beiden Polen bewegt sich jetzt die muslimische Religionspolitik. Sie steht unter der Devise:

Gott will sein Licht unbedingt vollenden, auch wenn es den Ungläubigen zuwider ist. Er ist es, der seinen Gesandten mit der Rechtleitung und der Religion der Wahrheit gesandt hat, um ihr zum Sieg zu verhelfen über alle Religion, auch wenn sie den Polytheisten (oder: Götzendienern) *zuwider ist.* (Sure 9,32-33)

16. Abschiedswallfahrt und Tod Mohammeds

Im Februar/März 632 unternimmt Mohammed zusammen mit einer großen Pilgerschar noch einmal eine Wallfahrt nach Mekka. Er legt die Riten in der Weise fest, wie sie fortan als verbindlich gelten sollen, und hält eine Predigt, in der er die Gläubigen nochmals nachdrücklich zum Glauben an den einen Gott und zur Einhaltung der ethischen Gebote aufruft:

Wer anvertrautes Gut hat, der gebe es dem zurück, der es ihm anvertraut hat. Jeder Zins sei erlassen, aber das Kapital bleibt als Schuld. Tut niemandem Unrecht, dann geschieht auch euch kein Unrecht. Auch soll für kein im Heidentum vergossenes Blut Rache genommen werden …/ Überlegt, o ihr Leute, meine Worte! Ich habe meine Sendung vollbracht und hinterlasse euch so viel, dass wenn ihr euch daran haltet, ihr nie irre werdet: klare Weisung, das Buch Gottes und das Beispiel seines Propheten (d.h. die Sunna). (Ibn Ishak, 968f.)

Im Verlauf dieser Abschiedsrede verfügt Mohammed auch eine Neuordnung des Kalenders, ermahnt die Muslime, die Frauen gut zu behandeln und ihre Rechte zu achten, und betont, »dass ein Muslim der Bruder des andern ist, alle Muslime Brüder sind« (Ibn Ishak, 969). Mohammeds Sendung schließt in der letzten Offenbarung mit den Worten:

Heute habe Ich euch eure Religion vervollständigt und Meine Gnade an euch vollendet, und Ich habe Gefallen daran, dass der Islam eure Religion sei. (Sure 5,4)

Ein Vierteljahr später, am 8. Juni 632, stirbt Mohammed in den Armen seiner Lieblingsfrau Aischa.

Zwar hatte sich sein Gesundheitszustand seit seiner Rückkehr nach Medina verschlechtert, aber sein Tod kommt dennoch unerwartet.

17. Kalifat und Ausbreitung des Islam. Ein Ausblick

Als Mohammed stirbt, ist seine Nachfolge nicht geregelt. Wenn auch die islamische Religion vollständig offenbart und damit das Prophetenamt erloschen ist, braucht es doch einen Nachfolger (chalifa, Kalif) in der Gemeindeleitung. Dazu wird Abu Bakr, Aischas Vater, ein langjähriger Mitstreiter Mohammeds, gewählt. Ihm folgen Omar, Osman und Ali, Mohammeds Schwiegersohn. Die Anhänger Alis (schi'at 'Ali) sehen von Anfang an nur in ihm den rechtmäßigen Nachfolger Mohammeds und betrachten seine drei Vorgänger als Usurpatoren. Daher kommt es nach Alis Ermordung (661) durch einen Charidschiten (= Gegner Alis aus den eigenen Reihen) und der Machtübernahme durch den Umayyaden Mu'āwiya (aus der Sippe der ehemaligen Gegner Mohammeds in Mekka) zur Spaltung der Muslime in Sunniten und Schiiten (vgl. Übersicht S. 152f.). Das Kalifat bleibt auf Seiten der Sunniten. Die Schiiten stehen bis ins 9. Jahrhundert unter der Leitung eines Imam und entwickeln sich mit den Jahren zu einer eigenen Konfession mit zahlreichen Haupt- und Nebenrichtungen (vgl. Übersicht S. 153f.).

Abu Bakr hat zunächst damit zu tun, unbotmäßige Stämme im Zaum zu halten und gegnerische Gruppen samt ihren religiösen Anführern auszuschalten. Dann aber richtet sich die ganze, nicht mehr durch gegenseitige Fehden gebundene Kraft der Muslime nach außen, und es beginnt ihr Siegeszug durch Vorderasien und Nordafrika (vgl. Übersicht S. 68). Aus den Beutezügen werden Eroberungen großer Gebiete, die die Einsetzung von Gouverneuren und Statthaltern nötig machen. Die Unterworfenen werden zu »Schutzbefohlenen« (dhimmis, vgl. S. 89–90), behalten ihr Land und ihre Religion und zahlen Steuern an die Muslime. Viele Menschen erfahren die arabisch-islamische Eroberung als Befreiung von politischer und religiöser Unterdrückung und nehmen den Islam an. So breitet sich mit den Eroberungen auch die Religion der Muslime aus. Aus der Religion der Araber wird eine Weltreligion.

MOHAMMED IN MEKKA UND MEDINA

um 570	Geburt Mohammeds (Muḥammads)
um 595	Ehe Mohammeds mit Chadidscha
um 610	Berufungserlebnis Mohammeds. Beginn der Offenbarungen
ca 613	Beginn der öffentlichen Verkündigung (daʿwa)
615	Etwa 100 Anhänger Mohammeds verlassen Mekka und emigrieren nach Äthiopien
619	Tod Chadidschas. Jahr der Trauer
620	Nachtreise/Himmelsreise Mohammeds
620/621	Mohammed gewinnt Einwohner Jathribs für seine Sache
622	Hidschra. Mohammed emigriert mit seinen Anhängern nach Jathrib (Medina) = Jahr 1 der islamischen Zeitrechnung (Mondjahr!)
ca. 623	Gemeindeordnung von Medina
624	Bruch mit den Juden Medinas. Festlegung der Gebetsrichtung nach Mekka und des Fastenmonats Ramadan. Abraham und Ismael als Begründer der Kaaba in Mekka
624–630	Auseinandersetzung mit den Mekkanern
628	Vertrag von Hudaibiya (zehnjährige Waffenruhe mit den Mekkanern. Erlaubnis für eine Pilgerfahrt im Jahr 629)
629	Pilgerfahrt Mohammeds nach Mekka
630	Eroberung von Mekka
632	Abschiedswallfahrt Mohammeds nach Mekka. Reform der Riten
632	Tod Mohammeds am 8. Juni in Medina

DIE NACHFOLGER MOHAMMEDS (KALIFEN)

632–634	Abu Bakr
634–644	Omar (ʻUmar)
644–656	Osman (ʻUthmān) aus der Familie der Umayya, zum Stamm der Kuraisch gehörig
656–661	ʻAli. Sein Kalifat wird durch die Anhänger des Muʻāwiya, einem Umayyaden, seit 639 Statthalter von Syrien, nicht akzeptiert
658	Muʻāwiya wird durch syrische Truppen zum Kalifen (für Syrien und die westlichen Gebiete) ausgerufen
661	Ermordung ʻAlis; sein Sohn Hassan verzichtet auf das Kalifat
680	ʻAlis zweiter Sohn Hussain wird bei Kerbela ermordet
661–680	Muʻāwiya, ab 680 Alleinherrscher; er macht das Wahlkalifat zum Erbkalifat

DIE DYNASTIEN

661–750	Die Umayyaden (Omajjaden)
750–1258	Die Abbasiden (Zerfall ab Mitte 9. Jh.)
1258	Zerstörung Bagdads durch die Mongolen. Ende des universalen Kalifats
756–1031	Umayyaden in Spanien
1357	Die Osmanen betreten europäischen Boden; vom 14. Jh. an etablieren sie sich in Anatolien
1453	Fall Konstantinopels; seit dem 15. Jh. Kalifentitel der Osmanen
16. Jh.	Osmanisches Großreich; ab 17. Jh. Rückzug aus Reichsteilen; ab 1922 nur noch in der Türkei
924	Abschaffung des Kalifats in der Türkei

AUSBREITUNG DES ISLAM (bis zum 15. Jahrhundert)

634	ganz Arabien
635	Syrien
641	Ägypten
642	Persien
644–656	Unter Osman Vorstoß der Muslime bis Tblissi, bis zur Hälfte des Kaspischen Meeres und bis zum Oxus (Amu Darja) und Indus
661–750	Unter den Umayyaden Ausbreitung des Islam über ganz Nordafrika bis nach Spanien und Frankreich
732	Karl Martell stoppt die Muslime bei Tours und Poitiers
ab 722	Christliche Reconquista in Spanien
1492	Vollständige Vertreibung der Muslime aus Spanien
um 1000	Weiteres Vordringen des Islam in Indien
ab 1206	Muslimische Herrscher in Delhi
ab 1336	Muslimische Herrscher in Bengalen
1526–1707	Blütezeit des Mogul-Reiches in Indien
Ende 11. Jh.	Eroberung Anatoliens/Kleinasiens durch die Seldschuk-Türken; danach andere islamische Türken (besonders Osmanen)
1453	Eroberung Konstantinopels
1529 und 1683	Vergebliche Belagerung Wiens durch die Türken (Osmanen)

III. Das Buch und die Bücher – Über Bibel und Koran, Juden, Christen und Muslime

1. Bibel, Buch und »Heilige Schrift«

Wer nach den Quellen des christlichen Glaubens gefragt wird, wird an erster Stelle die Bibel nennen. Die Hochschätzung der Bibel ist allen Christen gemeinsam, auch wenn andere Traditionen neben ihr eine Rolle spielen. Für die christliche Gemeinde ist das Neue Testament konstitutiv. Es enthält Zeugnisse über Jesu Wort und Werk, seine Geburt und Berufung, seine Verkündigung und Wunderheilungen, sein befreiendes Reden und Handeln und seine Passion und Auferstehung, ferner Berichte über das Wirken der Jünger und Apostel im Namen Jesu Christi und den Aufbau von Gemeinden (Paulus u.a.), dazu »Anweisungen zum seligen Leben« und Gedanken über Weltende, Gericht und Wiederkunft des Christus (= Messias) Jesus.

Fundament des Wirkens Jesu und aller in seiner Nachfolge Stehenden ist die hebräische Bibel, die nun zum »Alten Testament« erklärt und von den christlichen Schriftstellern (Paulus, Evangelisten, später Kirchenvätern) vom Offenbarungsereignis in Jesus Christus her im Sinne von Verheißung und Erfüllung ausgelegt wird. Im Prozess der Entwicklung und Konsolidierung der frühen christlichen Kirche und in der Auseinandersetzung mit den Auffassungen der Gnostiker und Marcions kommt es zur Ausbildung des Kanons, in dem die hebräische Bibel einen festen Platz erhält. Sie umfasst (als Teil eines viel umfangreicheren israelitischen Schrifttums) das »Gesetz« (die Tora), die »Propheten« (mit Einschluss der alten Geschichtsbücher) und die »Schriften« (Psalmen, Hiob, Sprüche, Rut, Hoheslied, Kohelet/Prediger, Klagelieder, Ester, Daniel, Esra und Nehemia, Chronikbücher). Die Abgrenzung des Schriftenkanons ist nicht einheitlich verlaufen. Der jüdische (Ende 1. Jh.) wie der christliche Kanon (Ende 2. Jh.) sind nicht einfach identisch. Das »Alte Testament« ist eine Festlegung der frühen Kirche, aber auch das war keine feste Größe, wie schon an der Aufnahme oder Weglassung der Apokryphen ersichtlich wird. Das Alte Testament mit Schriftzeugnissen aus großen Zeiträumen erzählt von Gottes Schöpfung, von seiner Zuwendung zum Menschen und dessen sündigem Verhalten, vom Bund Gottes mit Noah, von Abraham, Isaak, Jakob und Josef, von Mose und der Gesetzgebung, vom Weg des Gottesvolkes und seiner langen wechselhaften Geschichte, vom Wirken der Propheten, von Gotteslob, Verzweiflung und gläubiger Hoffnung – eine unerschöpfliche Quelle von Weisheit und Trost.

Alles zusammen – das »Bibelbuch«, die Heilige Schrift, »die Schrift« – bildet die Quelle aller christlichen Theologie, Ethik und Frömmigkeit. Daneben spielen die apokryphen Schriften, soweit sie überhaupt anerkannt und gelesen werden, eine untergeordnete Rolle. Größeres Gewicht haben die verschiedenen Glaubensbekenntnisse (vgl. S. 100–103), Bekenntnisschriften, Auslegungstraditionen und spezielle »Väter«-Schriften (Thomas von Aquin, Luther, Calvin, John Wesley usw.), auch Sonderlehren, die in den christlichen Kirchen und Gemeinschaften in 2000 Jahren zu unterschiedlichen, oft weit auseinanderliegenden theologischen Positionen und kultischen Praktiken geführt haben. Auch ist die Stellung zur Bibel insgesamt und im Einzelnen nicht überall gleich. Eines aber muss bei aller Vielfalt christlicher Traditionen und im Blick auf den Koran festgehalten werden: Die Bibel ist das *Zeugnis* von Gottes großen Taten und seiner Offenbarung in der Welt. Sie ist jedoch nicht die Offenbarung selbst und also nicht mit ihr gleichzusetzen.

2. Koran und Sunna

Der Koran ist die für alle Muslime verbindliche Offenbarungsquelle, denn er ist für sie Gottes Wort und Wille, unverfälscht und letztgültig. Deshalb kann seine Stellung in der islamischen Religion mit der Jesu Christi im christlichen Glauben verglichen werden.

Sich in den Koran einzulesen und sich in ihm zurechtzufinden, verlangt vom Bibelleser einige Geduld, die aber belohnt wird, denn er wird viel Bekanntes und ebenso viel Neues entdecken. Manches davon erschließt sich zwar erst aus dem Zusammenhang, was aber für die Bibel genauso gilt. Auf jeden Fall ist die Lektüre zunächst ungewohnt, zumal in den Koranübersetzungen die in der Bibel üblichen Sinnabschnitte und Überschriften fehlen. Der Koran nennt nur die Namen der Suren, die auch nur teilweise den Inhalt bezeichnen. Hinzu kommt, dass die hebräische Bibel, das Neue Testament und der Koran eine sehr verschiedene Entstehungsgeschichte haben und unterschiedlich strukturiert sind. Die Bibel enthält viele literarische Gattungen, darunter geschichtliche und prophetische Bücher, Psalmen und Weisheitssprüche, Evangelien und Briefe. Der Koran hingegen ist eine Sammlung von Worten aus dem Munde nur eines Menschen mit dem Anspruch göttlicher Inspiration und himmlischen Ursprungs. Die älteren mekkanischen und jüngeren medinensischen Suren unterscheiden sich zwar in ihrer Diktion und inhaltlich (vgl. S. 76–77), doch bewegen sie sich alle in dem gleichen formalen Rahmen. Die stückweise Mitteilung göttlicher Offenbarung in den Suren ist aber weder chronologisch noch systematisch, sondern nur der Länge nach geordnet. Als unmittelbar zusammengehörig entdeckt man anfangs nur die frühen Gerichtsworte in den kurzen hinteren Suren. Oft wird auch innerhalb ein und derselben Sure unvermittelt von einem zum anderen Thema übergegangen.

Das alles sind aber nur Anfangsschwierigkeiten bei der Koranlektüre. Wer sich dafür Zeit nimmt, wird sich bald einlesen und mit dem Charakter des Koran vertraut werden. Hilfreich ist es, zunächst in den Registern, die vielen Koranübersetzungen beigegeben sind, bekannte Namen und Begriffe wie Abraham, Mose und Jesus, Gebet und Auferstehung aufzusuchen, die entsprechenden Texte zu lesen und sich so im Koran vorzutasten. Empfehlenswert ist auch das Aufschlagen der in diesem Buch zitierten Stellen.

Neben dem Koran spielt die Sunna, die »Gewohnheit« des Propheten Mohammed, eine große, weithin ebenbürtige Rolle. Es handelt sich dabei um die Überlieferung dessen, was Mohammed in einer bestimmten Situation getan, geäußert oder – auch unausgesprochen – gutgeheißen hat. Nach Mohammeds Tod orientierte sich die muslimische Gemeinde an Gottes Wort im Koran und am vorbildhaften Verhalten des Propheten. Letzteres erlangte dann eine immer größere Bedeutung, als neue Fragen und Probleme auftauchten, die die Gemeinde nach diesem Vorbild zu lösen suchte. Das geschah auch ganz im Sinne des Koran (Sure 3,132; 4,80). Eine solche Überlieferung von Äußerungen und Handlungen Mohammeds wird ḥadith (sprich: hadiß) genannt. Da mit der Zeit immer mehr Hadithe in Umlauf kamen, setzte die Traditionskritik ein und kategorisierte die Überlieferungen in »gesunde« bzw. »echte«, »schöne« (d.h. nicht so zuverlässige) und »schwache«. Wichtig wurde dabei auch die Kette der Zeugen, der Gewährsleute. Von den Traditionssammlungen sind vor allem die von al-Buchari, Muslim, Abu Dawud und at-Tirmidhi aus dem 9. Jahrhundert von Bedeutung. Die Schiiten haben andere Traditionssammlungen mit Überlieferungen Mohammeds, seiner Familie und der Imame.

Für die Darstellung des Lebens und Wirkens Mohammeds ist der Koran die erste und wichtigste Quelle. Weitere Quellen sind die Hadith- bzw. Traditionssammlungen und die Sira, die erst im 8. Jahrhundert entstandene Prophetenbiographie (vor allem aus der Feder Ibn Ishaqs in der Bearbeitung von Ibn Hischam).

3. Auslegungstraditionen und theologische Schulen

Von den verschiedenen Auslegungstraditionen in den christlichen Kirchen und Gemeinschaften war eingangs schon die Rede. Das Gleiche gilt für den Islam. Sowohl bei den Sunniten wie bei den Schiiten samt ihren Gruppierungen (vgl. Übersicht S. 152ff.) als auch in der islamischen Mystik gibt es zahlreiche Traditionen der Auslegung und des Verständnisses von Koran und Sunna und von Überlieferungen generell. Dementsprechend unterschiedlich sind die Akzente der Koranexegese (tafsir) in den Kommentaren, die durch Erklärung und Erhellung einzelner Stellen dem Gläubigen helfen wollen, die heilige Schrift im Alltag umzusetzen.

Das wollen die Kommentare zur Bibel gleichermaßen. Auch sie widmen sich den sprachlichen Problemen und ziehen die Umstände der Offenbarung, Zeitzeugen und Zeitgeschichte zur Erklärung, Erhellung und somit Vertiefung von Texten heran. Allerdings geht heute ein Teil der christlichen Exegeten, vor allem aus der historisch-kritischen Richtung, in seiner Textkritik wesentlich weiter (z.B. bei der Unterscheidung von echten und »unechten« Worten Jesu) als die Muslime bei der Koraninterpretation, was vor allem auf die unterschiedlichen Ansichten über das Wesen der heiligen Schriften zurückzuführen ist (vgl. S. 87–92).

Bedeutende frühe Kommentare zum Koran stammen von at-Tabari (839–923), az-Zamachschari (1075–1144) und ar-Razi (1149–1210). Ein bekannter Koranausleger des Modernismus ist Muhammad 'Abduh (1849–1905).

Die theologischen Schulen vertreten bestimmte Grundpositionen bei der Interpretation und Aneignung von Koran und Tradition sowie der Einbeziehung der Vernunft bei der Erörterung von Fragen nach Gott, Welt und Mensch, von Glauben und Wissen – wie das in den theologischen Positionen und Schulen christlicher Richtungen auch geschieht (orthodox; aufklärerisch, liberal; pietistisch, bibeltreu usw.). In beiden Religionen gibt es auch Vertreter einer engen Bindung an die Glaubensquellen.

Was das Bemühen um die Auslegung von Koran und Sunna, um Meinungsbildung und Problemlösungen angeht (idschtihād), so galt dies vielen Muslimen als mit dem 10. Jahrhundert abgeschlossen, während heute nicht nur Schiiten, sondern auch Sunniten für die Praxis des Idschtihad plädieren.

Bei unserem Vergleich von biblischen und koranischen Aussagen können wir nur gelegentlich einen Blick auf die Sunna und koranische

Auslegungstraditionen werfen. Das gilt auch für die reiche christlich-exegetische Literatur seit der Zeit der frühen Kirche. Dies alles zu berücksichtigen, würde eine starke Ausweitung der vorliegenden Publikation erfordern. Zudem stehen Bibel und Koran als Offenbarungsquellen an erster Stelle, auch wenn die vielfältigen Traditionen auf beiden Seiten oft eine große Rolle spielen. Wir wenden uns deshalb jetzt dem Koran zu, um ihn näher kennenzulernen.

4. Der Koran – Rezitation und Buch

Das Wort Koran wird in der heiligen Schrift der Muslime in verschiedenen Bedeutungen gebraucht. Zunächst ist mit Koran (arab.: Qur'ān) das Rezitieren der von Gott an Mohammed übermittelten Offenbarungen gemeint, und zwar durch den Propheten selbst. In diesem Sinne beginnt die erste an Mohammed ergangene Offenbarung in Sure 96:

Trag vor! (oder: Rezitiere!) *Im Namen deines Herrn, der erschuf, /… / Trag vor, denn dein Herr ist allgütig.* (96,1 und 3)

Hier wie an anderer Stelle soll Mohammed das vortragen, was ihm der Engel Gabriel (vgl. 2,97) an Gottes Offenbarung vorhält oder was ihm von Gott selbst an vorformuliertem Text eingegeben wird (75, 17f.). Was Mohammed als Gottes Offenbarung weitergeben, öffentlich den Menschen vortragen soll, wird ihm also zuvor wortwörtlich durch Gott bzw. Gottes Boten eingegeben (42,51f.). Es stammt nicht von Mohammed, sondern es ist Gottes authentisches Wort – in *arabischer* Sprache. So spricht Gott (hier wie anderswo im majestätischen Wir!) zu Mohammed:

Also haben Wir dir einen arabischen Koran geoffenbart (Paret: eingegeben). (42,7)

Nach Sure 97 wurde der Koran in der Nacht der Macht (lailat al-qadr) herabgesandt und geoffenbart, das ist im Monat Ramadan (2,185). Gemeint ist damit wohl, dass in dieser Nacht die entscheidende erste Offenbarung geschah, während die weiteren Offenbarungen nach und nach (76,23), Abschnitt für Abschnitt (17,106; 25,32; 44,2f.) auf Mohammed herabkamen, der das so Geoffenbarte unverfälscht und ohne Zutaten oder Weglassungen vorzutragen, zu verkündigen hat.

Sprich: Es steht mir nicht zu, ihn (den Koran) *von mir aus abzuändern. Ich folge nur dem, was mir offenbart wird.* (10,15)

Diese einzelnen Offenbarungen bilden die Texte, die mündlich weitergegeben und schriftlich fixiert worden sind und die in verschrifteter Form »das Buch« (al-kitāb), die heilige Schrift des Islam, umfassen.

Dies ist das Buch, an dem kein Zweifel möglich ist, es ist eine Rechtleitung für die Gottesfürchtigen. (2,2)

Damit haben die Muslime – wie die Juden und Christen auch – ihr heiliges Buch erhalten, das im Gottesdienst rezitiert wird.

5. Der Aufbau des Koran

Der Koran besteht aus 114 Suren, von denen (mit Ausnahme der al-Fātiḥa / Sure 1) die kürzeren (und älteren) hinten, die längeren (und jüngeren) vorn stehen. Dieser chronologische Hinweis kann als Faustregel gelten.

Die kurzen, frühen Suren am Ende des Koran enthalten Gerichtsworte gegen Götzendienst, Gottlosigkeit und das unsoziale Verhalten der Reichen in Mekka. Diese Suren sind von religiöser Leidenschaft und einer stark verdichteten Sprache geprägt. Im Laufe der ersten, zweiten und dritten mekkanischen Periode nehmen Umfang und Themen der Suren ständig zu. Die in Medina entstandenen, teilweise sehr langen Suren spiegeln schließlich die ganze Breite der Fragen und Probleme wider, mit denen es die junge Umma, die islamisch-theokratische Gemeinde, zu tun hatte. Die Sprache der Suren wird im Laufe dieser Entwicklung nüchterner, Wiederholungen werden ein gern verwendetes Stilmittel mit pädagogisch-didaktischem Ziel, zu den theologischen, kultischen und ethischen Themen kommen immer mehr juristische und politische hinzu, und so hat alles, was Religion, Kultur und Gesellschaft in Mekka und Medina von ca. 609 bis 632 betrifft, seine – mehr oder weniger deutlichen – Spuren in den 114 Suren hinterlassen.

Das Wort Sure (sūra, Pl. suwar) hat im Koran ähnliche Bedeutungen wie qur'ān. Es bezeichnet einmal die herabgesandten Offenbarungen (24,1; 9,86), zum anderen die Abschnitte im Koran mit den einzelnen Offenbarungen (17,106) bzw. von Offenbarungsteilen, die zu einer Sure zusammengefasst wurden. In dieser mehr technischen Bedeutung wird Sure zur Einteilung und Zitierung des Koran verwendet.

Jede Sure hat einen Namen, der sich aus ihrem Inhalt ergibt, z.B. Josef (Yusuf, Sure 12), Abraham (Ibrahim, Sure 14) Maria (Maryam, Sure 19), aber auch »Die Kuh« (al-baqara, Sure 2), »Der Tisch« (al-mā'ida, Sure 5) oder »Die Menschen« (an-nās, Sure 114), nach Stichworten in diesen Suren. »Der Tisch« ist nach dem Tischwunder Jesu benannt (5,112ff.). Alle Suren – mit Ausnahme der Sure 9 – beginnen mit der Basmala: »Im Namen Gottes (Allahs), des Erbarmers, des Barmherzigen«. Die in 29 Suren am Anfang stehenden (und als Vers mitgezählten) Buchstaben, z.B. A.L.M. (alif-lām-mīm, Sure 32,1), stammen vielleicht schon aus der Zeit Mohammeds und haben vermutlich etwas mit der Ordnung der Suren zu tun. Eine andere Markierung befindet sich an den Rändern der Koran-Seiten, auch bei manchen Übersetzungen, und teilt den Koran ein in dreißig Teile für seine Rezitation im Fastenmonat Ramadan.

Alle Suren sind in Verse (āyāt) unterteilt, insgesamt 6236. āya ist eigentlich ein Zeichen und Wunder Gottes, wie ja der Koran überhaupt als ein Wunder, als unübertrefflich und unnachahmlich gilt (17,88; 10,37ff.). āya ist auch das Beglaubigungswunder für Gottes Walten und Eingreifen. In Sure 5 erinnert Gott Jesus daran, dass er mit »klaren Beweisen« bzw.

»deutlichen Zeichen« zu den Kindern Israels kam (V. 110: das Vogelwunder, die Heilung von Blinden und Aussätzigen und Erweckung von Toten); anschließend wird das Tischwunder Jesu berichtet. »Zeichen und Wunder« sind uns im Zusammenhang mit dem Wirken Jesu aus der Bibel vertraut. Als Beglaubigung für seine Person stellt sie Jesus aber infrage (Mt 13,58).

Im technischen Sinne ist āya der Koran-Vers, der vorgetragen (bzw. gelesen) wird. Bei älteren Koranausgaben, zumal bei den deutschen Übersetzungen, muss man auf die Verszählung besonders achten, da sie nicht einheitlich ist. Die früheren Ausgaben der viel benutzten Übersetzung von Max Henning beim Reclam-Verlag hat die sogenannte Flügelsche Zählung, spätere Ausgaben (Leipzig 1968ff.) setzen die heute weithin gebräuchliche »kufische« Verseinteilung des Kairoer Korans von 1923 in Klammern, die Stuttgarter Reclam-Ausgabe verfährt genau umgekehrt. Hier steht die kufische Zählung fett gedruckt an erster Stelle. Die meisten Ausgaben benutzen heute die kufische Zählung.

6. Sprache und Schönheit des Koran

»Die Sprache des Koran ist für den Muslim eine göttliche Sprache, sie ist heilig, erhaben, geheimnisvoll und faszinierend; ... an vielen Stellen ist sie außerordentlich intensiv, leidenschaftlich und eindringlich«. Sie ist von großer Ausdruckskraft und »unbestrittener Schönheit«, schreibt der Korankenner und -übersetzer Adel Theodor Khoury (1988, S. 39). Diese Schönheit wird von muslimischen Dichtern in vielfältiger Weise besungen.

Auf die Gläubigen wirkt die Sprache des Koran heute ebenso von der Alltagssprache abgehoben wie die Lutherbibel auf ihre Hörer und Leser, aber auch ebenso vertraut und poetisch. Wo die Umgangssprache nicht Arabisch ist, haben die göttlichen Offenbarungen des arabischen Koran eher einen noch stärkeren Nimbus – der Wirkung vergleichbar, die der Dekalog in hebräischer Sprache oder die Seligpreisungen in Griechisch auf den deutschen Bibelleser haben.

Die Reimprosa des Koran wird rezitiert, und es ist ein ästhetischer Genuss, den Koranrezitatoren zuzuhören. Nach Inhalt, Anlage und Stil sind die Suren sehr verschieden (vgl. S. 76–77). Besonders eindrücklich und aufrüttelnd wirkt die Rezitation der frühen, kurzen Suren in einer verdichteten, bilderreichen Sprache, wie z.B. die Verse 1 bis 10 aus der 91. Sure (al-schams).

Die Sonne
geoffenbart zu Mekka

Im Namen Allahs
des Erbarmers, des Barmherzigen.
Bei der Sonne und ihrem Glanz
Und dem Mond, wann er ihr folgt,
Und dem Tag, wann er sie enthüllt,
Und der Nacht, wann sie sie bedeckt,
Und dem Himmel, und was ihn erbaute,
Und der Erde, und was sie ausbreitete,
Und der Seele, und was sie bildete
Und ihr eingab ihre Schlechtigkeit und Frömmigkeit,
Wohl ergeht es dem, der sie reinigt.
Und zuschanden geht der, der sie verdirbt.
(Übersetzung M. Henning)

Wie die Gläubigen anderer Religionen auch, so lebt der fromme Muslim mit und in seiner heiligen Schrift, dem Koran, mit ihren Bildern und Worten. Seine Gedankenwelt ist die des Koran, seine Sprache ist mit Koranwendungen angereichert. So viel er kann, lernt er den arabischen Koran auswendig, der ihm Wegweisung gibt, sein Leben bestimmt und Trost spendet. Deshalb genießt »der heilige Koran« hohe

Verehrung bei den Muslimen. Er wird getrennt von anderen Büchern aufbewahrt, nur im Zustand der Reinheit berührt und im Kultus auf das Koranpult (kursi) gelegt, das kostbar und mitunter aufwendig ausgestaltet ist. Denn: *Dies ist das Buch, an dem kein Zweifel ist. Es ist eine Rechtleitung für die Gottesfürchtigen.* (2,2)

7. Die Entstehung des Koran

Die von Mohammed an seine Gemeinde übermittelten Offenbarungen wurden schon zu seinen Lebzeiten teilweise aufgeschrieben, von ihm diktiert und auf Blättern gesammelt und geordnet, wenn auch die mündliche Überlieferung an erster Stelle stand. Viele lernten und kannten die Offenbarungen oder einen Teil von ihnen auswendig. Als Mohammed 632 starb und bald darauf viele der Korankenner im Kampf gegen unbotmäßige Stämme fielen, wurde die schriftliche Fixierung aller Offenbarungen immer dringlicher. Eine Initiative hierzu ging vom ersten Kalifen Abu Bakr (632–634) aus, der Zayd ibn-Tābit, einen der Sekretäre des Propheten, beauftragte, die bereits aufgeschriebenen Offenbarungstexte zu sammeln und sie zusammen mit weiteren mündlich überlieferten Suren auf einzelne »Blätter« zu schreiben. Diese erste Sammlung gelangte in die Hände von Hafsa, der Tochter des zweiten Kalifen ʻUmar (634–644), einer Frau Mohammeds. Aber erst unter dem dritten Kalifen ʻUthman (644–656) kam es zur entscheidenden Sammlung der Suren und Suren-Teile, die einer Kommission unter der Leitung von Zayd ibn-Tābit anvertraut wurde. Sie erarbeitete unter Verwendung und Sichtung des vorliegenden Materials einen autoritativen Korantext, der in alle Provinzhauptstädte mit der Maßgabe verschickt wurde, schon vorhandene und abweichende Koranversionen zu vernichten. Dieser ʻUthman'sche Koran, Mitte des 7. Jahrhunderts entstanden, wurde schließlich für alle weiteren Koranausgaben maßgebend. Er legte die Anzahl der Suren fest, desgleichen ihre Reihenfolge, ihren Umfang und ihren Konsonantenbestand. Da es noch keine diakritischen und keine Vokal-Zeichen gab, waren unterschiedliche Lesarten je nach der mündlichen Tradition in einer Stadt, in einem Gebiet möglich. Das wiederum führte zu unterschiedlichen Bedeutungen einer Koranstelle. Sieben solcher Lesarten wurden später legalisiert.

An diesem Entstehungsprozess des Koran wird noch einmal die besondere Bedeutung der *mündlichen* Weitergabe der göttlichen Offenbarungen deutlich, wie sie durch Mohammed und seither in der Moschee durch *Rezitieren* (der Suren) geschieht. Genau das meint »Koran« im ursprünglichen Wortsinn (vgl. S. 75).

Heute wird im sunnitischen Islam »östlicher« Prägung, aber auch in Europa die Koran-Lesart von Kufa (8. Jahrhundert) und die kufische Verszählung, wie sie der offiziellen ägyptischen Koranausgabe von 1923 zugrunde liegen, weithin akzeptiert und benutzt, während in den Maghreb-Ländern die medinensische Lesart (der »westlichen« Tradition) und im schiitischen Islam ohnehin eine eigene Korantradition vorherrscht.

8. Übersetzungen von Koran und Bibel

Die Unübertrefflichkeit (i'dschāz) des Koran als Gottes authentisches, unverfälschtes Wort bezieht sich auch auf die sprachliche Gestalt. Ausdrücklich wird in mehreren Suren betont, dass Allah seinem Gesandten Mohammed einen arabischen Koran für sein Volk geoffenbart hat (42,7; 43,2; 12,2).

Für den kultischen, gottesdienstlichen Gebrauch ist deshalb nur der arabische Koran zulässig. Übersetzungen in andere Sprachen sind, auch wenn sie von Muslimen stammen, nur Hilfsmittel zum Verständnis des heiligen Buches. Das gilt auch für die mehrsprachigen Koranausgaben (arabisch/deutsch usw.). Zum Verständnis des Koran dienen seit alters her Erläuterungen und Kommentierungen des arabischen Wortlauts (tafsir). Doch ist jede Übersetzung bereits Tafsir.

Das Problem der Übersetzung von heiligen Schriften ist allgemein bekannt: Sprachen sind in Kulturen eingebunden und jede Übersetzung ist schon Interpretation. Anders als beim Koran und seinen deutschen Übersetzungen genießt die Lutherübersetzung der Bibel (selbst in den revidierten Fassungen) in den lutherisch-reformatorischen Kirchen und Gemeinden weithin die Autorität eines Urtextes. Den hebräischen und griechischen Urtext kennen gerade noch die Theologen.

9. Die »Mutter des Buches« und die Offenbarungen an Mohammed

Das Original, die Urschrift des Koran, befindet sich bei Gott.

Siehe, es ist wahrlich ein vortrefflicher Koran in einem wohlverwahrten Buch (56,77f.) bzw. *auf wohlverwahrter Tafel.* (85,22)

Und siehe, er ist bei Uns in der Mutter des Buches … (43,4)

Allah löscht aus und bestätigt, was Er will, und bei Ihm ist die Mutter des Buches (oder: der Schrift). (13,39)

Die Offenbarungen an Mohammed stammen also aus der »Mutter des Buches« (arabisch: umm al-kitāb). Aus diesem hat er sie nach und nach (17,106; 76,23) von Gott, durch (einen) Engel vermittelt, erhalten und soll sie an die Menschen weitergeben:

Und verlies, was dir von dem Buch deines Herrn offenbart worden ist! (18,27)

Zwar ist ihm vieles, aber bei weitem nicht alles aus diesem himmlischen Urbuch offenbart worden, denn in diesem steht alles, was zwischen Himmel und Erde geschieht (vgl. 6,38.59; 10,61; 22,70; 27,75). Die näheren Einzelheiten über den Empfang der Offenbarungen und ihre allmähliche Verschriftung wissen wir nicht, wichtig aber ist, die himmlische Urschrift (umm al-kitāb), die das ganze Wort Gottes enthält, vom irdischen Buch (al-kitāb), dem geschriebenen Koran, zu unterscheiden. Der Koran selbst weist deutlich auf die Unterscheidung hin (vgl. die zitierten Stellen). Zudem unterscheidet der Koran zwischen »eindeutig festgelegten« Versen (Khoury), die er in ihrer Qualität der »Urnorm« (umm al-kitāb) zuordnet, während andere Verse mehrdeutig sind und der Erläuterung bedürfen (3,7). Freilich ist alles göttliche Offenbarung bzw. Eingebung (3,7), und auch die Auslegung stammt von Gott (75,17-19). Gott hat auch die Freiheit, frühere Offenbarungen durch spätere zu ersetzen, was eine zusätzliche Dynamik in das Offenbarungsgeschehen bringt.

Was Wir auch an Versen aufheben oder in Vergessenheit bringen, Wir bringen bessere oder gleiche dafür. Weißt du nicht, dass Gott über alle Dinge Macht hat? (2,106; vgl. 13,39; 16,101; 17,86; 87,6f.!)

Nach muslimischer Ansicht sind davon 225 Koranverse betroffen. Ein prominentes Beispiel solcher »Abrogation« (Aufhebung) ist die spätere Einschränkung der Zahl von Gattinnen Mohammeds (s. 33,50 und 52). Es handelt sich dabei aber nicht um Widersprüche, sondern um Gottes freie Verfügung über seine Offenbarungen zugunsten des Menschen (4,82; 16,101).

10. Der Glaube an die Bücher

In seinem »Ruf vom Minarett« (3. Auflage, 1984) hat Smail Balić das islamische Glaubensbekenntnis folgendermaßen formuliert:

Ich glaube (1) an Gott, (2) an Seine Engel, (3) an Seine Bücher, (4) an Seine Gesandten, (5) an die Wiederauferstehung nach dem Tode und den Jüngsten Tag und (6) an die Göttliche Vorherbestimmung. (S. 18)

Es fällt auf und überrascht, dass hier vom Glauben (!) an Gottes Bücher und nicht nur vom Glauben an den »göttlichen Koran« die Rede ist. Mit den »Büchern« (Schriften) sind alle Offenbarungsbücher gemeint, die Gott (durch Engel) über seine Gesandten den Völkern und Menschen als »Rechtleitung« gegeben hat (35,25).

Es glaubt der Gesandte an das, was zu ihm herabgesandt ward von seinem Herrn, und die Gläubigen alle glauben an Allah und Seine Engel und Seine Bücher (oder: Schriften) *und Seine Gesandten. Wir machen keinen Unterschied zwischen einem Seiner Gesandten …* (2,285; vgl. 4,136)

Alle Gesandten Gottes hatten Gottes Wort aus der »Mutter des Buches« zu überbringen. Deshalb stimmen »die Bücher«, also die heiligen Schriften, im Kern überein. Wo dies nicht der Fall ist, werden unterschiedliche Gründe geltend gemacht (s.u.).

11. Tora, Evangelium und Koran (nach dem Koran)

Besonders spannend ist die Frage, wie im Koran und von daher im Islam die Frage nach dem Verhältnis der heiligen Schriften von Juden, Christen und Muslimen beantwortet wird, da davon ja die theologische und auch religionspolitische Einschätzung und Behandlung der beiden Vorgängerreligionen und ihrer Gläubigen abhängt. Der Koran geht darauf in bemerkenswerter Ausführlichkeit und Klarheit ein und bietet damit das Fundament für eine klar umrissene »Theologie der Religionen«, die im christlichen Bereich theologisch erst erarbeitet werden musste und kontrovers ist. Die Muslime können also beim Religionsdialog von der im Koran vorgegebenen Position ausgehen.

Zu den heiligen Schriften rechnet der Koran außer den »Blättern« bzw. Büchern von Abraham und Mose (87,19; 53,36f.) und dem Psalter Davids (4,163; 17,55) vornehmlich die Tora (taurāt) und das Evangelium (indschil), die er einander folgendermaßen zuordnet:

Er hat auf dich das Buch mit der Wahrheit (sc. den Koran) *herabgesandt zur Bestätigung dessen, was vor ihr da war. Und er hat die Tora und das Evangelium herabgesandt – früher schon – als Rechtleitung für die Menschen …* (3,3)

Der Koran soll das, was an Offenbarungen vorangegangen ist, bestätigen (vgl. 3,81; 5,48; 6,92; 26,196; 35,31).

Das Buch Mose ist ihm als Vorbild und Barmherzigkeit vorausgegangen. Und dies ist ein Buch (sc. der Koran), *das es in arabischer Sprache bestätigt …* (46,12)

Entsprechend dieser Offenbarungskontinuität ist Jesus gekommen, um – mit dem »Evangelium« – die Tora zu bestätigen:

Nach ihnen (den Gottesmännern Israels, 5,44) *haben Wir Jesus folgen lassen, den Sohn der Maria, damit er bestätige, was von der Tora vor ihm war. Und Wir gaben ihm das Evangelium, das Rechtleitung und Licht enthält …* (5,46)

Und als Jesus, der Sohn der Maria, sprach: Ihr Kinder Israel! Ich bin von Gott zu euch gesandt, um zu bestätigen, was von der Tora vor mir da war … (61,6; vgl. dagegen Mt 5,17: Jesus ist gekommen, um das Gesetz und die Propheten zu erfüllen!)

Ganz in diesem Sinne lautet Gottes Auftrag an Mohammed:

Und Wir haben zu dir das Buch mit der Wahrheit hinabgesandt, damit es bestätige, was von dem Buch vor ihm da war, und darüber wache … (5,48; vgl. o. 3,3)

Davon, dass Gottes Offenbarungen an ihn mit denen an die anderen Gesandten und durch sie an die Juden und Christen (und andere Buchbesitzer) im wesentlichen übereinstimmen, war Mohammed fest überzeugt, und er war tief enttäuscht, als er feststellen musste, dass andere diese Überzeugung nicht teilten – wie z.B. die Juden in Medina (vgl. S. 46–48). Er jedenfalls blieb dabei, dass alle Gesandten und Propheten im Prinzip die gleiche göttliche Botschaft erhalten und verkündet haben, wodurch alle Menschen bzw. Völker ihre Norm und ihren Weg von Gott erhielten. Das ist die göttliche Botschaft an Mohammed (5,48) und so lautet auch die Weisung an die wahrhaft Gottergebenen:

Sprecht: ›Wir glauben an Gott und an das, was zu uns herabgesandt wurde, und an das, was herabgesandt wurde zu Abraham und Isaak und

Jakob und den Stämmen, und was Moses und Jesus und die anderen Propheten von ihrem Herrn erhalten haben, ohne dass Wir bei einem von ihnen einen Unterschied machen. Ihm sind wir ergeben.‹ Wenn sie an das Gleiche glauben wie ihr, sind sie rechtgeleitet. Wenn sie sich aber abwenden, dann sind sie im Widerstreit … (2,136f.)

12. Maßgebende Norm und wahre Religion

Die Frage ist nun, wie alle diese Aussagen im Blick auf die heiligen Schriften, vornehmlich die der Juden und Christen, und ihres Verhältnisses zum Koran auf einen Nenner gebracht werden können. Die Muslime sollen an die Offenbarungen aller früheren Propheten und Gesandten (2,136) und an ihre heiligen Bücher glauben (2,285; 4,136). Doch was bedeutet das konkret? Anderen und sehr ernst zu nehmenden Aussagen des Koran zufolge (s.u.) kann nicht gemeint sein, alles für wahr zu halten, was in den anderen heiligen Schriften steht – schon deshalb nicht, weil sie von den Offenbarungen an die Gesandten abweichen (s.u.). Es kann nur gemeint sein, sie prinzipiell als dem Koran vorangegangene Offenbarungsschriften anzuerkennen, denn sie enthalten die von Gott gegebene Norm und den von Gott gewiesenen Weg für diese Religionen, namentlich die der Juden und Christen. Unbeschadet dieser Hochschätzung der früheren »Bücher« gilt jedoch: Mohammed ist in der Reihe der Propheten (vgl. 2,136; 6,83ff. u.ö.) der letzte, das »Siegel der Propheten« (33,40), und die an ihn ergangenen (3,3) und durch ihn vermittelten Offenbarungen im Koran sind Gottes letztgültiges und verbindliches, weil unverfälschtes (!) Wort für alle Menschen (7,158).

Die (wahre) *Religion bei Gott ist der Islam.* (3,19)

Heute habe Ich euch eure Religion vervollkommnet und Meine Gnade an euch vollendet, und Ich habe daran Gefallen, dass der Islam eure Religion sei. (5,3)

Wer eine andere Religion als den Islam sucht, von dem wird es nicht angenommen werden, und im Jenseits gehört er zu den Verlierern. (3,85; vgl. 61,9)

Der Islam ist nach dem Koran die »schöpfungsgemäße Religion« (30,30), und da im Prinzip alle Offenbarungen Gottes in der Geschichte der Menschheit übereinstimmen, ist er die Menschheitsreligion schlechthin. Das ist er in diesem universalen Sinne: Islam, »Ergebung« in Gott, betrifft alle Menschen. Alle haben ihre Weisung (Norm) erhalten, wie sie unter dieser Voraussetzung leben und handeln sollen. Doch gilt zugleich, dass der Koran die Norm der Normen ist. Dementsprechend ist die auf den Koran ausgerichtete Religion der Muslime, also der vorfindliche Islam, maßgebend für alles, was vorher und nachher (!) Religion heißt.

Diesen Anspruch, maßgebend und endgültig (!) zu sein, erhebt auch die christliche Botschaft:

Viele Male und auf vielerlei Weise hat Gott einst zu den Vätern gesprochen durch die Propheten; / in dieser Endzeit aber hat er zu uns gesprochen durch den Sohn (also: durch Jesus Christus) … (Hebr 1,1f.)

Jesus sagte zu ihm (Thomas)*: Ich bin der Weg und die Wahrheit und das Leben; niemand kommt zum Vater außer durch mich.* (Joh 14,6)

In diesem Spannungsfeld befinden sich Christen und Muslime mit Bibel und Koran. Darüber müssen sich beide im Klaren sein, wenn sie über ihre Gemeinsamkeiten und Unterschiede sprechen.

13. Die »Leute des Buches« und die Stellung der Schriftbesitzer

Juden und Christen gelten nach dem Koran als »Leute des Buches«, als Schriftbesitzer (ahl al-kitāb; vgl. z.B. 3,65). Der Koran enthält eine Fülle von Worten, die sich auf die Juden und Christen als Schriftbesitzer beziehen (vgl. S. 46–57) – positive wie negative, anerkennende wie kritische.

Es gibt Schriftbesitzer, die an Gott und an das, was er zu ihnen und zu Mohammed herabgesandt hat, glauben (3,113-115.199; 13,36; 28,51-53) und andere, die (das alles) nicht glauben, die die Wahrheit in Lüge verkehren, ihre heiligen Offenbarungen fälschten, zum Teil verbargen oder nur unvollständig weitergaben, sogar einige der früheren Gesandten töteten (2,75.101.105.174; 3,21.69ff.; 110ff.; 181ff.; 4,46.51f.; 5,13.41.68; zur Tötung der Propheten und Gottgesandten vgl. Lk 13,34!).

Daher gibt es viele Ermahnungen an die Schriftbesitzer, die Mohammed als Gotteswort an sie richten soll:

Sprich: Ihr Leute des Buches, kommt her zu einem zwischen uns und euch gleich angenommenen Wort, dass wir Gott allein dienen und Ihm nichts (an anderen Gottheiten) *beigesellen, und dass wir nicht einander zu Herren nehmen neben Gott …* (3,64)

Wenn es um unterschiedliche Glaubensvorstellungen geht, werden auch schärfere Töne angeschlagen, wie z.B. bei der Ablehnung der Trinität:

Ihr Leute des Buches! Treibt es in eurer Religion nicht zu weit und sagt über Gott nichts als die Wahrheit. Der Messias Jesus, der Sohn der Maria ist nur der Gesandte Gottes und Sein Wort, das Er der Maria entboten hat, und Geist von Ihm. Darum glaubt an Gott und Seine Gesandten und sagt nicht: Drei (Götter). (4,171)

In jedem Falle sollen die Schriftbesitzer an das glauben, was Gott herabgesandt hat zur Bestätigung dessen, was ihnen als Offenbarung schon vorliegt. Es könnte ihnen sonst schlecht ergehen (4,47). Vor allem die »Beigesellung« (anderer Götter) ist eine »gewaltige Sünde« (4,48). Doch können sie durch Mohammed und den Koran zur Wahrheit geführt werden.

Und sag zu denen, denen das Buch gegeben wurde, und zu den Unbelehrten (heidn. Arabern)*: ›Werdet ihr nun Muslime* (Gottergebene)*?‹ Wenn sie Muslime werden, sind sie rechtgeleitet. Wenn sie sich aber abwenden, so obliegt dir nur die Ausrichtung der Botschaft …* (3,20)

O ihr Leute des Buches, unser Gesandter ist nunmehr zu euch gekommen, um euch vieles von dem, was ihr vom Buch geheim gehalten habt, deutlich zu machen und um vieles (mit Nachsicht) *zu übergehen. Gekommen ist zu euch von Gott ein Licht und ein offenkundiges Buch,* d.h. der Koran (5,15).

Das »offenkundige Buch«, der Koran, ist und bleibt für die Muslime die maßgebende Norm. Von ihm her sind die Aussagen in den anderen heiligen Schriften zu beleuchten, zu ergänzen und zu korrigieren. Die letzte Instanz bei allen strittigen Fragen ist der Koran – zusammen mit der Sunna, der »Gewohnheit« Mohammeds (s. S. 71–73). Wo es wesentliche Unterschiede und Differenzen zwischen Bibel und Koran gibt, die nicht bloß auf kulturbedingte unterschiedliche Ausdrucksweisen und »Darlegungsarten der religiösen Aussagen« (Balić, 1984, S. 25) zurückgehen, entscheidet der Koran. Die Aussagen von Bibel und Koran stehen aus islamischer Sicht also keineswegs gleichberechtigt nebeneinander, und es gibt demzufolge auch keine grundsätzliche Anerkennung eines religiösen Pluralismus. Die Vielfalt der Religionen existiert zwar de facto, ist aber letztlich vom Islam her zu überwinden (vgl. 5,48 mit 2,213; 3,19.85 s.o.!).

Wenn den Schriftbesitzern Glaube zugebilligt wird, dann ist es im besten Fall nur ein Teilglaube, denn sie teilen mit den Muslimen nur einen Teil der Glaubenswahrheiten – aus unterschiedlichen Gründen, wie wir gesehen haben. Auch erwarten die Muslime, dass die Christen Mohammed als Propheten anerkennen und Stellen in der Bibel, die sie als Ankündigung Mohammeds deuten, entsprechend würdigen (u.a. 5. Mose 18,15; Joh 15,26; vgl. Sure 7,157). Nach Sure 61,6 hat Jesus nicht nur die Tora zu bestätigen, sondern auch *einen Gesandten zu verkündigen, der nach mir kommt: sein Name ist Aḥmad* (der Hochgelobte), was im allgemeinen auf Mohammed gedeutet wird.

Religionspolitisch sind die Schriftbesitzer als Schutzbefohlene (dhimmi) zu behandeln. Sie genossen durch diesen Status, sofern sie Loyalität übten und die geforderte Kopfsteuer zahlten (9,29) – anders als die »Ungläubigen« – Minderheitenschutz und konnten trotz mancherlei Einschränkungen ihre Religion ausüben.

14. Wort Gottes und heilige Schrift – zum Schriftverständnis

Die hebräische Bibel ist (oder gilt als) Wort Gottes, ebenso wie das Neue Testament und der Koran, und jedes der heiligen Bücher wird von den Gläubigen hoch in Ehren gehalten. Alle drei monotheistischen Religionen sind Buchreligionen, aber nicht in der gleichen Weise. Nach dem christlichen Glauben ist Jesus, der Christus, das fleischgewordene Wort Gottes (Joh 1,14); nach muslimischer Vorstellung ist Gottes Wort aus dem himmlischen Urbuch durch Mohammed (hindurch!) zum heiligen Buch Koran geworden. Daher werden Prädikate wie »ungeschaffen« und »ewig« im Laufe der dogmatischen Entwicklung einerseits für Jesus Christus als Logos, andererseits für den Koran verwendet.

Der Umgang mit den heiligen Schriften, das Schriftverständnis und die Auslegung hängen vom Grundverständnis eines heiligen Buches, von den theologischen Richtungen und von Zeit und Ort ab. Es ist ein Unterschied, ob Christen von der Verbalinspiration der Bibel ausgehen, jedes Wort als von Gott inspiriert oder diktiert ansehen, oder – wie heute weithin üblich – eine historisch-kritische Betrachtungsweise anlegen. Das bedeutet, Gottes Wort (u.a. Worte Jesu) und Menschenwort zu unterscheiden, die Evangelien als Zeugnisse über Jesu Wirken zu lesen und das Ganze im zeitgeschichtlichen Kontext zu betrachten und auszulegen. Das tut der Bibel keinen Abbruch, sondern vertieft im Gegenteil das Verständnis für Gottes Wirken in der Geschichte.

Auch der Islam kennt Unterschiede im Schriftverständnis. Schon der Koran unterscheidet eindeutige (und fundamentale) von mehrdeutigen, auslegungsfähigen Aussagen (3,7), deren Sinn durch andere, eindeutige Verse erhellt wird und bei denen das Wirken von Kommentatoren durchaus gefragt ist. Auch wird die Zeitgeschichte und »der Sitz im Leben« eines Textes keineswegs ausgeblendet. So werden historische Ereignisse entweder direkt berichtet (wie in Sure 59 über den jüdischen Stamm Nadir in Medina) oder es wird indirekt auf sie angespielt (vgl. S. 58–64) bzw. die theologischen und kultischen Folgen eines wichtigen Ereignisses sind der Inhalt einer »Offenbarung« (wie in Sure 2 die große Bedeutung Abrahams, die Änderung der Kibla nach Mohammeds großer Enttäuschung über die Ablehnung seiner Verkündigung durch die Juden in Medina). Hinzu kommt, dass alle Suren einen Vermerk *geoffenbart zu Mekka* oder *geoffenbart zu Medina* tragen. Auch der historische Entstehungsprozess des Koran wird von islamischen Theologen durchaus bedacht (Sammlung der Hafsa, Uthmansche Redaktion, Redaktionsarbeit des Zayd ibn-Tābit). Die zeitgeschichtlich-historischen Bezüge müssen also nicht erst entdeckt und an den Koran herangetragen werden – ebenso wenig wie bei der Bibel, hat doch Gott wie durch Abraham, Mose und Jesus so auch durch Mohammed sein Wort an bestimmte Völker und Menschen in ihrer konkreten geschichtlichen Situation gerichtet. Alle drei heiligen Schriften geben davon Zeugnis. Gleichwohl ist die historisch-kritische Analyse und Auslegung der Offenbarungstexte nicht überall erwünscht, und im Islam wird sie offiziell nicht geübt. Das Schriftverständnis der Mutaziliten, das den Koran als von Gott geschaffen erklärte und das am ehesten in diese Richtung geht, kommt heute kaum noch zum Zuge. Es wurde zugunsten einer Orthodoxie, zumindest der Vermittlungstheologie von al-Aschari (874–955), schon im 10./12. Jahrhundert wieder verlassen und verworfen, und seitdem gilt der göttliche Koran weithin als transzendent, ungeschaffen und ewig und nur seine äußere Gestalt als Menschenwerk. Das entzieht ihn aber – ebenso wie den ewigen Logos in der Christologie – der historischen Diskussion.

Das sich quer durch die Religionen ziehende Problem des unterschiedlichen Schriftverständnisses ist damit nur angedeutet. Es soll ins

Bewusstsein rücken, dass bei der Betrachtung und beim Vergleich von Bibel und Koran trotz jeweils vorherrschender Grundsätze jeder Gläubige letztlich auf seine Weise an die Texte herangeht. Dabei ist noch gar nicht berücksichtigt, dass die verschiedenen Glaubensrichtungen und Konfessionen innerhalb einer Religion auch noch ihr spezielles Schriftverständnis entwickelt haben (Katholiken, Protestanten; Sunniten, Schiiten) und vor allem die Mystiker hinter dem einfachen Schriftsinn noch dem tieferen Sinn eines Textes nachspüren, was sie wiederum über die Religionen hinweg miteinander verbindet.

15. Koran, Evangelium und Tora: Erbe und Anspruch

Mit dem Koran sind die Offenbarungen Gottes abgeschlossen, sie können also nicht fortgesetzt und schon gar nicht überboten werden (vgl. Sure 3,3.19.85; 5,3). Das trifft besonders hart die nachkoranische Religion der Baha'i.

Das gleiche Problem ergibt sich aber auch aus christlicher Sicht gegenüber dem Islam, sofern man mit Jesus Christus die Offenbarungsgeschichte für vollendet hält.

Obwohl der Islam »die Bücher« der beiden Vorgängerreligionen einschließt und die früheren Offenbarungen prinzipiell anerkennt, was für das Christentum entsprechend für die Offenbarungen Gottes im »Alten Bund« und die hebräische Bibel gilt, erheben doch Koran und Neues Testament den gleichen Anspruch, die Wahrheit letztgültig zu verkünden. Daraus ergeben sich die entsprechenden Auslegungsmaßstäbe.

Das Neue Testament legt die hebräische Bibel nach seiner christologischen Richtschnur aus (»was Christum treibet«), nach dem Muster »Verheißung und Erfüllung« – und vereinnahmt sie auf diese Weise. Nicht anders verfährt der Koran mit »Tora« und »Evangelium«. Er betrachtet und beurteilt sie von seiner eigenen theologischen und prophetiegeschichtlichen Mitte her.

Allerdings bestehen in den Beziehungen zu den heiligen Schriften der anderen Religion(en) und ihrer »Aneignung« erhebliche Unterschiede: Die Juden können die heiligen Schriften der Christen und Muslime beachten – oder auch nicht. Sie sind völlig frei, sie brauchen sie nicht, und sie haben sie sich auch nicht angeeignet. Die Christen sind gegenüber dem späteren Koran frei, nicht aber gegenüber der hebräischen Bibel, denn sie haben diese übernommen und die Zusammengehörigkeit von »Altem Testament« (!) und »Neuem Testament« in ihrem Kanon sanktioniert. Die Wertung und Interpretation ist durch das »Neue Testament« vorgegeben und muss von Christen, auch bei kritischer Sicht dieser Vereinnahmung, berücksichtigt werden.

Das gilt umso mehr für die Muslime im Blick auf den Umgang mit »Tora« und »Evangelium« im Koran. Hier wurden die heiligen Schriften der Juden und Christen nicht übernommen, sondern begegnen als Textkomplex oder Einzelvorstellung in koranischer Perspektive. Ihr sind die Muslime verpflichtet, zumal sie durchweg als göttliche Offenbarungen gelten.

Gerade hier macht sich bemerkbar, dass im Islam die historisch-kritische Auslegung (von den meisten Muslimen) abgelehnt und als unerlaubtes Antasten der Offenbarungsgeheimnisse empfunden wird. Hier fehlt die wichtige Brücke für den interreligiösen Dialog, der um so vieles leichter wäre, wenn man die Unterschiede in den Paralleltexten daraus erklären könnte, dass Mohammed jüdische und christliche Vorstellungen unterschiedlicher Herkunft in seine Verkündigung aufnahm und in neue Zusammenhänge stellte. So aber rühren die Parallelen und Unterschiede nach Ansicht der Muslime daher, dass Gott den Juden, Christen und Muslimen die gleichen Offenbarungen zuteil werden ließ, diese aber von den Anhängern der Vorgängerreligionen nicht (in allen Fällen) korrekt überliefert worden sind.

Juden und Christen sehen sich dadurch auch heute noch dem Vorwurf der Fälschung ausgesetzt, wenn sich im Vergleich divergierende Textbefunde ergeben. Dem konnten schon zu Mohammeds Lebzeiten und können auch in der Gegenwart Juden und Christen natürlich nicht zustimmen. Für die Christen sind dabei besonders die Differenzen in der Christologie entscheidend.

Die Lösung dieses Dilemmas im christlich-muslimischen Dialog kann nur darin bestehen, dass sich Muslime und Christen gegenseitig ihr Selbstverständnis zugestehen. Die Konsequenz davon ist, die Interpretation, Umdeutung und – aus der Sicht des Betroffenen – auch Fehldeutung der eigenen religiösen Traditionen durch den Anderen, Späteren, als dessen Umgang mit dem gemeinsamen religiösen Erbe zu respektieren. Wenn sich Christen zu dieser Haltung durchringen, dürfen sie aber auch von den Muslimen erwarten, dass diese ihrerseits respektieren, wie Christen mit ihrer Bibel umgehen und von daher die jüdischen und christlichen Überlieferungen im Koran beurteilen. Dabei bleiben gegenseitig sicher Wünsche offen, aber die Achtung vor dem Anderen und seiner Religion kann nur auf diese Weise wachsen. Es wird dann leichter fallen, sich durch den einen Gott und seine Offenbarungen verbunden zu fühlen und sich an den Gemeinsamkeiten zu erfreuen. In jedem Falle aber gilt: Trotz ihrer engen Verwandtschaft sind Judentum, Christentum und Islam eigene Religionen und dürfen nicht vermischt werden.

16. Die Mitte der Schrift

Alle Aspekte im Vergleich von Bibel und Koran kulminieren in der Feststellung, dass die Vorstellungen und Aussagen beider religiöser Urkunden – unbeschadet aller Gemeinsamkeiten und Unterschiede – verschiedenen Denk- und Deutungssystemen (bzw. Weltanschauungen) angehören, die ihre eigene Mitte haben. Diese Mitte der Schrift ist im Judentum der im Gesetz (in der Tora) kodifizierte Wille Gottes, im christlichen Glauben Jesus Christus, im Islam die im Koran zum Abschluss kommenden Offenbarungen Gottes durch Prophetenmund. Diese Mitte und das jeweils Ganze einer Religion ist bei jedem Einzeltext mit zu bedenken, von ihr her erhalten die einzelnen Aussagen ihr Licht und ihr Gewicht. Besser als nur theoretisch erhält man davon einen Eindruck, wenn man größere Partien des Neuen Testaments und des Koran nebeneinander liest. Dann wird auch sehr schnell deutlich, dass es sinnlos wäre, wenn Christen und Muslime mit den Aussagen ihrer heiligen Schriften gegeneinander argumentieren wollten. Solche Rechthaberei schadet nur dem Dialog, und so bleibt es dabei: Der erste und entscheidende Schritt zum gegenseitigen Verstehen muss die Akzeptanz des Selbstverständnisses des anderen sein.

17. Grundsätze beim Vergleich von Bibel und Koran

Aus dem bisher Ausgeführten haben sich Einsichten und Grundsätze ergeben, die uns auch in den folgenden Kapiteln beim Vergleich von koranischen und biblischen Aussagen leiten sollen.

An erster Stelle steht das Axiom der Ganzheit einer Religion. Dazu heißt es in der Handreichung des Rates der Evangelischen Kirche in Deutschland (vgl. Literatur-Verzeichnis S. 265): »Jede Religion muss als Ganzes und in sich Eigenständiges wahrgenommen werden. Sie ist ein unteilbares Ineinander verschiedenster Elemente, ein dichter Bildteppich. Alle Teile sind so eng ineinander verschränkt, dass sie erst in dieser Verknüpfung ihre eigentliche Bedeutung erhalten und nur in diesem Gesamtzusammenhang richtig interpretiert werden können« (S. 32).

Das gilt für die hier in Betracht kommenden Religionen im Allgemeinen und für ihre heiligen Schriften im Besonderen. Sie verstehen zu wollen, heißt sich auf ihren »eigenen Sinnzusammenhang« einzulassen und, was die Gläubigen betrifft, ihr Selbstverständnis zu respektieren. Mit anderen Worten: die anderen nicht besser verstehen zu wollen, als sie sich selbst verstehen, was natürlich für *alle* Seiten gilt!

Die jeweilige heilige Schrift als ein eigenes Ganzes zu sehen bedeutet, die einzelne Aussage als einen Teil dieses Ganzen zu begreifen und die Mitte der heiligen Schrift nicht aus dem Auge zu verlieren (vgl. S. 94–95).

Daraus ergibt sich, dass Koran und Bibel nicht als »Steinbruch« benutzt und missbraucht werden dürfen, aus dem einzelne Stücke zum Zwecke der Polemik und Apologetik herausgesprengt werden.

Zweitens: Die Feststellung »Es steht geschrieben«, »So steht's geschrieben« ist für den Gläubigen eine Glaubensaussage! Was dasteht, ist für ihn verbindlich. Das muss der jeweils andere zur Kenntnis nehmen. Er kann das Problem unterschiedlicher, sich widersprechender Aussagen in Koran und Bibel nicht aus der Welt schaffen, indem er »richtig gegen falsch« setzt. Wenn es z.B. im Koran heißt »Die Juden sagen: ʻUzair (= Esra) ist Gottes Sohn« (Sure 9,30), dann steht es so im heiligen Koran, obwohl kein Jude das behauptet. Und was die Ablehnung der Kreuzigung Jesu in Sure 4,157 betrifft, so können Christen das nur als koranische Aussage zur Kenntnis nehmen und die verschiedenen muslimischen Auslegungen dazu betrachten, was aber am Wortlaut des Textes und seiner gegensätzlichen Position zum Neuen Testament letztlich nichts ändert. Hier steht Aussage gegen Aussage, Koran gegen Bibel. Das kann nur festgestellt, aber nicht wegdiskutiert werden.

Drittens: Der Koran ist nicht von der Bibel her zu interpretieren, sondern aus sich selbst heraus zu verstehen. Wer vom christlichen Glauben herkommt und beim Studium des Koran ein christliches Vorverständnis mitbringt, hat das besonders zu bedenken: Die Bibel ist nicht der Maßstab für den Koran und seine Auslegung.

Andererseits können die Muslime von den Christen nicht erwarten, dass sie den Koran als Richtschnur und Korrektiv für die Bibel benutzen und sich nach dem Koran richten, wenn dieser biblische Aussagen (muslimisch gesprochen: Aussagen, die sich auch in der Bibel finden) mit dem Anspruch letzter Gültigkeit berichtigt, ergänzt oder anders akzentuiert und wertet.

Viertens: Der Forderung entsprechend, dass Koran und Bibel aus sich selbst heraus zu verstehen sind, hat ein Vergleich von Koran und Bibel zu beachten, dass nur das verglichen wird, was tatsächlich in den Texten (und Kontexten) steht, nicht das, was erst hineingelesen wird. Es ist auch an dieser Stelle nochmals zu betonen, dass es darauf ankommt, vermutete Gemeinsamkeiten von Koran und Bibel von ihrer jeweiligen Schriftmitte her genau zu betrachten, um festzustellen, ob wirklich dasselbe gemeint ist und welche Funktion ein Begriff oder eine Aussage im Ganzen einer heiligen Schrift hat, damit nicht Nähe konstatiert wird, wo vielleicht gar keine ist. Unterschiede und Differenzen sind ohnehin klar zu benennen.

Fünftens: Ein besonderes Problem ist der (schon mehrfach erwähnte) auf Äußerungen des Koran beruhende Vorwurf gegen Juden und Christen, sie hätten ihre heiligen Schriften verfälscht und göttliche Wahrheiten unterschlagen. Das geht über die Beerbung früherer durch spätere heilige Schriften (vgl. S. 92–95) noch hinaus und stellt die Authentizität der hebräischen Bibel und des Neuen Testaments in Frage. Da dieser Vorwurf auf der Autorität des Koran beruht (!) und deshalb nicht ausgeräumt werden kann, können ihn Juden und Christen nur zurückweisen und darauf hoffen, dass die Muslime das jüdische wie das christliche Selbstverständnis zur Kenntnis nehmen. Dabei werden sie feststellen, dass es Juden und Christen gar nicht möglich ist, sich der koranischen »Theologie der Religionen« anzuschließen, weil sie damit ihre Identität aufgeben würden.

Das angesprochene Problem unterstreicht noch einmal die Notwendigkeit des Hinweises, dass Bibel und Koran in erster Linie Glaubensurkunden sind, deren Wahrheitskriterien *innerhalb* der jüdischen, christlichen und muslimischen Religion selbst liegen. Sich dessen bewusst zu sein, ermöglicht überhaupt erst ein Gespräch unter Gleichen, ohne die eigene (exklusive) Glaubensüberzeugung gleich zu relativieren. Jedenfalls kann das gegenseitige Abqualifizieren nicht Sache derer sein, die einander kennenlernen wollen und sich zu respektieren bereit sind.

Es geht in den folgenden Kapiteln nicht darum, religionsgeschichtliche Parallelen und Abhängigkeiten aufzuweisen, um den Zusammenhang der drei abrahamitischen Religionen vorzuführen. Vielmehr werden koranische und biblische Aussagen verglichen und gegenübergestellt, um den Glauben der Muslime vom Koran her besser kennenzulernen und zu verstehen. Die Grundsätze des Vorgehens sind genannt. Der Respekt vor der Glaubensurkunde der Muslime steht außer Frage. Dass wir die aus dem Koran selbst erhobenen Aussagen im Licht der Bibel sehen, ergibt sich aus unserem Programm, sei aber vorweg noch einmal deutlich ausgesprochen.

»Lob sei Gott, dem Herrn der Welten!«
Sure 1, Vers 2 (siehe Seite 145)

IV. Gott, Propheten und Menschen – Theologie, Prophetologie, Anthropologie und Ethik

1. Glaubensbekenntnisse

Sowohl im Christentum wie im Islam sind die wesentlichen Inhalte des Glaubens in Bekenntnissen zusammengefasst. »Die evangelischen Kirchen bekennen in Gemeinschaft mit anderen Kirchen ihren Glauben mit den Worten des Apostolischen Glaubensbekenntnisses und des Glaubensbekenntnisses von Nizäa-Konstantinopel« (Ev. Gesangbuch, Stuttgart 1996). Beide Bekenntnisse stammen aus der Frühzeit der Kirche. Das am meisten gebräuchliche, kürzere »Apostolicum« lautet:

Ich glaube an Gott,
den Vater, den Allmächtigen,
den Schöpfer des Himmels und der Erde
und an Jesus Christus,
seinen eingeborenen (einzigen) Sohn, unsern Herrn,
empfangen durch den Heiligen Geist,
geboren von der Jungfrau Maria,
gelitten unter Pontius Pilatus,
gekreuzigt, gestorben und begraben,
hinabgestiegen in das Reich des Todes,
am dritten Tage auferstanden von den Toten,
aufgefahren in den Himmel;
er sitzt zur Rechten Gottes,
des allmächtigen Vaters;
von dort wird er kommen,
zu richten die Lebenden und die Toten.
Ich glaube an den Heiligen Geist,
die heilige christliche Kirche,
Gemeinschaft der Heiligen,
Vergebung der Sünden,
Auferstehung der Toten
und das ewige Leben.
Amen.

Glaubensbekenntnisse kennt auch der Islam. Zu ihnen gehört der von allen Minaretten vom Muezzin ausgehende Gebetsruf (adhān):

Allāhu akbar, Allāhu akbar
Aschhadu an lā ilāha illa 'llāh
Aschhadu anna Muḥammadan rasūlu 'llāh
Hajja 'ala'-l-salāt, hajja 'ala'-l-falāh
Allāhu akbar, Allāhu akbar
Lā ilāha illa 'llāh.

Gott ist der Größte, Gott ist der Größte!
Ich bezeuge, dass es keine Gottheit gibt außer Gott.
Ich bezeuge, dass Mohammed Gottes Gesandter ist.
Auf zum Gebet! Auf zum Heil!
Gott ist der Größte, Gott ist der Größte!
Es gibt keine Gottheit außer Gott.

Die Bezeugung des Glaubens an den einen und einzigen Gott und den Gottesgesandten Mohammed stellt das zentrale Glaubensbekenntnis der Muslime dar.

Stärker an die Gliederung des christlichen Glaubensbekenntnisses erinnert der Wortlaut von Sure 4,136 (aus Medina):

Ihr Gläubigen! Glaubt an Gott (Allah) *und Seinen Gesandten, und an das Buch, das Er auf Seinen Gesandten herabgesandt hat, und das Buch, das Er zuvor* (bereits) *herabgesandt hat.*

Wer nicht glaubt an Gott (Allah), *Seine Engel, Seine Bücher, Seine Gesandten und den Jüngsten Tag, der ist weit abgeirrt.* (vgl. Sure 2, 285.177)

Diesen fünf Glaubensaussagen fügen die Sunniten noch eine sechste Aussage hinzu, sodass sich folgendes »Bekenntnis« ergibt, das aber nicht die Bedeutung und kultische Funktion des christlichen Glaubensbekenntnisses (Credo) hat.

Ich glaube (1) an Gott, (2) an Seine Engel, (3) an Seine Bücher, (4) an Seine Gesandten, (5) an die Wiederauferstehung nach dem Tode und den Jüngsten Tag und (6) an die göttliche Vorherbestimmung. (S. Balić, Ruf vom Minarett, 3. Aufl. 1984, S. 18)

Aus diesen Bekenntnissen lassen sich die Gemeinsamkeiten und Unterschiede des christlichen und islamischen Glaubens ablesen. Sie sind zum einen inhaltlicher Natur und ergeben sich zum anderen aus unterschiedlichen Prioritäten. Das ist im Einzelnen noch darzulegen. Fürs Erste kann aber schon festgehalten werden, dass im Koran *der Glaube an das Buch* (d.h. den Koran) und an die anderen Bücher (d.h. heiligen Schriften wie Tora, Evangelium usw.) an exponierter Stelle steht, er im christlich-apostolischen Glaubensbekenntnis (»Apostolicum«) aber »fehlt«. Daran zeigt sich bereits ein wesentlicher Unterschied im Selbstverständnis (vgl. S. 83–87). Sodann steht im christlichen Glaubensbekenntnis die Christologie in der Mitte der drei »Artikel«, während die koranische Christologie (vgl. S. 237–252) in die Prophetologie gehört und nicht das Zentrum des Glaubens bildet. In Sure 4,136 werden die Gesandten genannt, zu denen auch Jesus gehört, der aber nicht namentlich erscheint. Schließlich enthält der dritte christliche Artikel die Sündenvergebung, die im Koran nicht in den Rahmen von Erlösung und Rechtfertigung gestellt ist (vgl. S. 140–145), sowie das ausdrückliche Bekenntnis zur Kirche und Gemeinschaft der Heiligen. Dies hat im Islam zwar seine Entsprechung in der umma (Gemeinde) und weltweiten islamischen Gemeinschaft, wird aber in Sure 4 nicht thematisiert.

Anhand dieser Bekenntnisse lassen sich nun die Hauptstücke des christlichen und islamischen Glaubens in eine systematische Ordnung bringen und im Einzelnen vergleichen. Wir folgen hier, wo es um das Kennenlernen der koranischen Vorstellungen geht, Sure 4,136 und den oben zitierten Grundartikeln. Das betrifft die Gottesvorstellung (also die Theologie im engeren Sinne), die Propheten und Gesandten (im Sinne des Korans) und die Stellung des Menschen vor Gott (Anthropologie mit dem Blick auf Glaube, Sünde und Gericht). Alle diese Themen sind eng miteinander verknüpft und stehen unter der Kardinalfrage, wie der Mensch sein »Heil« finden kann (Soteriologie), was von Christentum und Islam unterschiedlich beantwortet wird.

Zur Stellung des Menschen vor Gott gehören auch die religiösen Pflichten, »die fünf Säulen des Islam« (Kultus) und das vorbildliche Verhalten der Muslime nach den Vorschriften des islamischen Sittenkodexes (Ethik und Moral; Scharia). Dabei ist jeweils nach den Gemeinsamkeiten und Unterschieden biblischer und koranischer Vorstellungen zu fragen.

2. Allahu akbar: Gott ist der Größte (Theologie)

2.1 Gottes Einzigartigkeit

Im Zentrum des islamischen Glaubens steht Gott. Er ist Anfang, Mitte und Ende.

Die arabische Bezeichnung für Gott ist »Allah«. Sie leitet sich wahrscheinlich von al-ilāh »die Gottheit« (griechisch: ho theos) her. Allah wird auch von arabischen Christen als Gottesbezeichnung benutzt, ist also an sich kein Eigenname!

Der Islam ist streng monotheistisch und theozentrisch. Der erste Glaubenssatz (kalima) lautet daher: *Es gibt keine Gottheit außer Gott* (Sure 37,35). In Sure 112 ist Gottes Einzigartigkeit (tawḥīd) schon früh als Bekenntnis verkündet worden:

Sprich! Er ist Gott, ein Einziger, Gott, der Alleinige (d.h. durch und durch Er selbst). *Er hat nicht gezeugt und ist nicht gezeugt worden, und niemand ist Ihm ebenbürtig.* (vgl. S. 34)

Auch in der Bibel wird Gottes Einzigartigkeit nachdrücklich betont:

Ich bin der Erste, ich bin der Letzte; außer mir gibt es keinen Gott. (Jes 44,6; vgl. 5. Mose 6,4)

Es gibt keinen Gott außer mir; außer mir gibt es keinen gerechten und rettenden Gott. (Jes 45,21; vgl. 64,3f.)

Gott ist der ›Eine‹. (Röm 3,30)

Es gibt … nur den einen Gott: Er bewirkt alles in allem. (1. Kor 12,6)

Dass es nur einen einzigen, einzigartigen Gott gibt, wird im Islam besonders durch den Hinweis auf Sure 29,46 betont, wonach die Muslime sagen sollen:

Wir glauben an das, was zu uns herabgesandt und zu euch herabgesandt wurde. Unser Gott und euer Gott ist einer. Ihm sind wir ergeben.

Deutlicher kann es eigentlich nicht gesagt werden. Doch davon, dass uns in den drei großen monotheistischen Religionen ein und derselbe Gott begegnet, wollen viele Christen und auch manche Muslime nichts wissen, und nicht selten wehren sich vor allem Christen vehement gegen diese Annahme. Wir müssen dieses schwerwiegende Problem im Blick behalten.

Die Ausschließlichkeit des einen Gottes wird in der Bibel und im Koran mit dem ersten und strikten Gebot verbunden, Gott keine anderen Götter an die Seite zu stellen.

Dann sprach Gott alle diese Worte:
Ich bin Jahwe, dein Gott, der dich aus Ägypten geführt hat, aus dem Sklavenhaus.
Du sollst neben mir keine anderen Götter haben.
Du sollst dir kein Gottesbild machen …
Du sollst dich nicht vor anderen Göttern niederwerfen
und dich nicht verpflichten, ihnen zu dienen.
Denn ich, der Herr, dein Gott, bin ein eifersüchtiger Gott …
(2. Mose 20,1ff.; 5. Mose 5,5ff.)

Nach dem Koran ist die größte aller Sünden, Gott jemand oder etwas an die Seite zu stellen, dies anzubeten oder zu verehren und dadurch Gottes Einzigartigkeit anzutasten. Wer das tut, macht sich der »Beigesellung« (schirk) schuldig.

Gott vergibt nicht, dass man ihm (Götter) *beigesellt. Er vergibt, was darunter liegt* (d.h. andere, weniger schwerwiegende Sünden)*, wenn Er will. Wenn aber jemand Gott* (andere Götter) *beigesellt,* (dann) *hat Er* *sich eine gewaltige Sünde ausgedacht.* (Sure 4,48; vgl. 4,116; 31,13; 53,19ff.)

2.2 Tritheismus und Trinität

In diesem Zusammenhang wird seitens der Muslime den Christen vorgeworfen, dass sie sich genau dieser Sünde schuldig machen, wenn sie Jesus Gott an die Seite stellen, und zwar nicht als einen der Gott »Nahen« und von Gott erwählten Gesandten – wie es der Koran tut –, sondern als ein göttliches Wesen neben Gott, wie es in der Trinitätslehre und in der Bezeichnung »Gottessohn« zum Ausdruck kommt. Da dieser Vorwurf das Zentrum des christlichen Glaubens, die Christologie betrifft, muss schon an dieser Stelle darauf eingegangen werden, denn Gottesfrage und Christologie sind aus christlicher Sicht nicht voneinander zu trennen.

Die Muslime sind sich darin einig, dass es nach den klaren Aussagen des Koran und dem Bekenntnis zur Einzigartigkeit Gottes keine Trinität geben kann und darf. Daher die Mahnung an die Christen:

Ihr Leute der Schrift! Treibt es in eurer Religion nicht zu weit und sagt über Gott nur die Wahrheit! Der Messias Jesus, der Sohn der Maria, ist nur der Gesandte Allahs, und Sein Wort, das Er zu Maria brachte, und Geist von Ihm.

Darum glaubt an Gott und Seine Gesandten und sagt nicht ›Drei‹! … Gott ist nur ein einziger Gott … (Sure 4,171)

Ungläubig sind die, die sagen: ›Gott ist der Dritte von dreien‹. Es gibt keinen Gott außer einem einzigen Gott! (Sure 5,73)

In der gleichen Sure 5, der letzten koranischen Offenbarung, befragt Gott Jesus selbst, wie er während seiner Wirksamkeit auf Erden zu dieser Frage gestanden hat:

Und als Gott sprach: Jesus, Sohn der Maria, hast du (etwa) *zu den Menschen gesagt: Nehmt euch außer Gott mich und meine Mutter zu Göttern?*

Er (Jesus) *sagte: Preis sei Dir! Es steht mir nicht zu, etwas zu sagen, wozu ich kein Recht habe!* (Sure 5,116)

Ob eine christliche Gruppe mit einer dominanten Marienfrömmigkeit hinter dieser Vorstellung steht oder ob es sich um ein Missverständnis handelt, kann offen bleiben. Jedenfalls wenden sich diese Koranverse gegen den Tritheismus, wo aus den drei Wesenheiten oder Personen der Trinität drei Götter werden bzw. eine Verdreifachung Gottes stattfindet. Doch werden die dogmengeschichtlichen Feinheiten und die Unterschiede zwischen Tritheismus und Trinität meistens gar nicht beachtet und die zitierten Verse einfach als koranische Ablehnung der christlichen Trinitätslehre verstanden.

Die Trinitätslehre wiederum ist mit der Vielfalt der christologischen Positionen in der frühen christlichen Kirche eng verknüpft. Dementsprechend unterschiedlich ist die Trinität von Gott, Jesus Christus und dem Geist vorgestellt, sei es im Sinne des Adoptianismus, wonach der auserwählte Mensch Jesus zum Christus (Messias) gesalbt wird, oder als Unterordnung des präexistenten Christus unter Gott, den Vater, oder nur als verschiedene Namen (Vater, Sohn, Geist) des einen Gottes (Modalismus). Im zweiten Falle tritt das präexistente Wesen in Jesus bei dessen Geburt ein: der Logos wird Fleisch (Joh 1,14).

Die Trinitätslehre ist in ihrer Entwicklung ein kompliziertes und komplexes Gebilde und stellt den Versuch dar, den verborgenen Gott, den offenbaren Gott und den göttlichen Geist in ihren Beziehungen zu verstehen und zu beschreiben. Das geschieht aufgrund biblischer Aussagen und im Geiste des Neuen Testaments. In gleicher Weise haben sich die muslimischen Ausleger von Koran und Sunna um die Wesens- und Verhältnisbestimmung von Gott und Koran, dem buchgewordenen Wort Gottes, bemüht. Das Neue Testament spricht aber vom »fleischgewordenen Wort (Logos)«, das in Jesus erschienen ist (Joh 1, 14). In ihm ist Gott zu den Menschen gekommen. In seinem Reden und Handeln ist Gott präsent. Damit wird das christliche Gottesbild vom Auftreten Jesu geprägt. Wie Gott ist und was Gott den Menschen zu sagen hat, erfahren die Christen durch Jesus, der ihn »verkörpert«.

Was der Mensch nach Gottes Willen sein soll, was seine Bestimmung ist, wie er leben soll, dies hat Jesus vorgelebt. Die Gegenwart Gottes in Jesus Christus bestimmt das christliche Gottes- und Menschenbild.

In diesem Sinne ist sowohl »Gott in Christo« (vgl. 2. Kor 5,19-21) als auch die Bezeichnung »Sohn Gottes« zu verstehen, die Jesus als Hoheitstitel zugelegt wird (z.B. Mt 16,16; Joh 11,27; Röm 1,3f.). Beides wird aber im Koran als Beigesellung verstanden und als Unglaube verworfen (vgl. Sure 4,171; 19,35.88ff.).

Ungläubig sind diejenigen, die sagen: ›Gott ist Christus, der Sohn der Maria‹. (Sure 5,17.72)

Wenn die Christen sagen: ›Christus ist der Sohn Gottes‹, zeigen sie damit ihren Unglauben: Sie haben sich ihre Gelehrten und Mönche (!) *sowie Christus, den Sohn der Maria, neben Gott zu Herren genommen* (Sure 9,30f; vgl. 19,35.88ff.), wo doch Christus gesagt hat:

Dienet (allein) *Gott, meinem Herrn und euerm Herrn.* (Sure 5,117)

Wer Gott beigesellt, dem verwehrt Gott das Paradies. (Sure 5,72)

2.3 Gott, der Herr, und der Kyrios Jesus

Gott gilt als »der Herr« in allen drei monotheistischen Religionen (vgl. 2. Mose 20,5.7.10; 5. Mose 6,5; 32,6; Jer 3,19; Sure 40,64f.). Jesus dachte theozentrisch, ganz im Sinne der jüdischen Tradition, seine Jünger aber nannten und bekannten ihn als ihren Herrn (wie z.B. Petrus in Mt 16,22). In der Geburtsgeschichte des Evangelisten Lukas wird der Hoheitstitel »Herr« sowohl auf Gott als auch auf Christus bezogen:

In jener Gegend lagerten Hirten auf freiem Feld und hielten Nachtwache bei ihrer Herde. Da trat der Engel des Herrn zu ihnen, und der Glanz des Herrn umstrahlte sie. Der Engel verkündet ihnen große Freude, denn: *Heute ist euch in der Stadt Davids* (d.h. in Bethlehem) *der Heiland* (Retter) *geboren, der Christus, der Herr ist.* (Lk 2,8-11)

Für die Gemeinde nach Ostern ist der auferstandene Jesus von Nazareth der Herr. Der Apostel Paulus verkündigt Jesus Christus als den Herrn der christlichen Gemeinde:

Gnade sei mit euch und Friede von Gott, unserem Vater, und dem Herrn Jesus Christus. (Röm 1,7)

Wenn du mit deinem Munde bekennst: ›Jesus ist der Herr‹ und in deinem Herzen glaubst: ›Gott hat ihn von den Toten auferweckt‹, so wirst du gerettet werden. (Röm 10,9)

Nach dem Johannes-Evangelium spricht der zunächst »ungläubige Thomas« zu dem auferstandenen und den Jüngern erschienenen Jesus: *Mein Herr und mein Gott!* (20,28), und in der Apostelgeschichte schließt Petrus seine »Pfingstpredigt« mit der Aufforderung:

Mit Gewissheit erkenne also das ganze Haus Israel: Gott hat ihn zum Herrn und Christus gemacht, den ihr gekreuzigt habt. (Apg 2,36)

Für die christliche Gemeinde steht Jesus Christus als der Herr im Mittelpunkt des Gottesdienstes. Er wird im Glaubensbekenntnis bezeugt (vgl. S. 100) und in den Gebeten angerufen, sei es als Mittler (»Herr Gott, wir bitten dich … durch Jesus Christus, unsern Herrn«) oder direkt (»Herr Jesus Christus«). In der Abendmahlsliturgie heißt es am Beginn der Einsetzungsworte: *Unser Herr Jesus Christus, in der Nacht da er verraten ward, nahm er das Brot …* (vgl. 1. Kor 11,23: »der Herr Jesus …«). Gesangbuchlieder preisen sowohl Gott, den Herrn, als auch Jesus, den Herrn, (»Großer Gott, wir loben dich! Herr, wir preisen deine Stärke« / »Herr Jesu Christ, dich zu uns wend«).

Das alles zeigt, dass im christlichen Glauben von Gott nicht gesprochen werden kann, ohne zugleich von Jesus Christus zu reden.

2.4 Gott, der Vater – Jesus, der Sohn

Damit sind wir wieder bei der Frage nach dem Verhältnis von Gott und Jesus, dem Christus, angelangt. Im Neuen Testament wird ihre Beziehung als Vater-Sohn-Verhältnis beschrieben. Jesus selbst gebraucht die Bezeichnung »Vater« für Gott (häufig in den Evangelien bei Matthäus und Johannes) und steht damit in alter jüdischer Tradition (vgl. 5. Mose 32,6; Jes 9,5; Jer 3,19; 31,9). Er ruft Gott als seinen Vater an, so in Gethsemane: *Abba Vater, dir ist alles möglich. Nimm die-*

sen Kelch von mir! und beim Todeskampf: *Vater, in deine Hände lege ich meinen Geist!* (Mk 14,36; Lk 23,46) Seinen Jüngern legt Jesus ans Herz, mit Andacht und im Verborgenen zum Vater zu beten, *der im Verborgenen ist,* und zu sprechen: *Unser Vater im Himmel ...* (Mt 6,5ff.). Entsprechend ist für die Gemeinde Jesu Christi Gott der »Vater«. Paulus schreibt in seinem ersten Brief an die Gemeinde in Korinth: *So haben wir doch nur einen Gott, den Vater* (1. Kor 8,6). Mit ihm bildet der Sohn eine Einheit: *Ich und der Vater sind eins* (Joh 10,30). *Glaubt mir doch, dass ich im Vater bin und dass der Vater in mir ist.* (Joh 14,11; vgl. 17,21ff.)

Der johanneische Christus kann sogar sagen: *Wie der Vater die Toten auferweckt und lebendig macht, so macht auch der Sohn lebendig, wen er will.* (Joh 5,21; vgl. Sure 3,49; 5,110)

In einem Dankgebet an seinen Vater im Himmel spricht Jesus:

Ich preise dich, Vater, Herr des Himmels und der Erde, weil du all das den Weisen und Klugen verborgen, den Unmündigen aber offenbart hast. Ja, Vater, so hat es dir gefallen. Mir ist von meinem Vater alles übergeben worden; niemand kennt den Sohn, nur der Vater, und niemand kennt den Vater, nur der Sohn und der, dem es der Sohn offenbaren will. (Mt 11,25-27; vgl. Joh 3,35; 13,3)

Im 1. Johannesbrief wird daraus der Schluss gezogen:

Wer leugnet, dass Jesus der Sohn ist, hat auch den Vater nicht; wer bekennt, dass er der Sohn ist, hat auch den Vater. (1. Joh 2,23)

Das ist, pointiert formuliert, die konträre Position zum Koran (s. o.), wo weder für die Gott-Vater-Vorstellung noch für die Vater-Sohn-Beziehung von Gott und Jesus Christus Raum ist. Sie gehört jedoch in das Zentrum des christlichen Glaubens – nicht wegen der Begrifflichkeit, sondern wegen der Sache, die damit ausgedrückt werden soll: die enge Verbindung von Gott und Jesus Christus, wie sie auch die Trinitätsvorstellung beschreiben will. Sie ist tief in der Tradition der Kirchen verwurzelt und prägt die Gemeindefrömmigkeit. Wenn im Gottesdienst der Segen des »dreieinigen Gottes« *im Namen des Va-*

ters und des Sohnes und des heiligen Geistes (vgl. 2. Kor 13,13) ausgeteilt und von den Gläubigen empfangen wird, kommt kein Christ auf die Idee, dass damit drei Götter gemeint sein könnten. Dies kann gegenüber Muslimen, die das vom Koran und von ihrem Verständnis des christlichen Glaubens her anders hören und beurteilen, einfach nur bezeugt werden. Es gibt aber auch muslimische Theologen, vor allem in der Mystik, die dem Trinitätsdenken etwas abgewinnen können (z.B. der liebende Mensch, der geliebte Gott, die verbindende Liebe).

2.5 Der verborgene und der offenbare Gott – zur Frage der Transzendenz

Gottes Offenbarung in Jesus Christus ist nach christlichem Verständnis ein einmaliges Ereignis, in dem Gott als der Gott der Liebe, des Friedens und der »besseren Gerechtigkeit« offenbar wird. Anders als nach den Zeugnissen der hebräischen Bibel, wo sich Gott seinem Volk zuwendet und mit ihm durch die Geschichte geht, erscheint er nach den Zeugnissen des Neuen Testaments in einem Menschen und lebt als Mensch unter Menschen. Das wirft die Frage nach Gottes Transzendenz besonders nachdrücklich auf.

Die oben zitierten neutestamentlichen Stellen über das Verhältnis von »Vater« und »Sohn« machen deutlich, dass Gott nicht in Jesus Christus aufgeht. Gott bleibt Gott, auch bei seiner Erscheinung in Jesus Christus. Er bleibt jenseitig und unverfügbar. In diesem Punkt kann der Islam mit seiner nachhaltigen Betonung der Transzendenz Gottes ein Korrektiv zu manchen christlichen Ansichten sein, die den »Herrn Jesus« allzu sehr vereinnahmen und verniedlichen oder die Gott ganz im Menschlichen, in Humanismus und Ethik, aufgehen lassen. Der Koran hebt immer wieder Gottes Erhabenheit hervor (Sure 20,114; 23,92.116; 2,255; 59,23). Er ist sichtbar und (doch) »verborgen« (57,3), sodass er letztlich für die »Blicke« der Menschen unerreichbar ist (6,103). Das unterstreicht auch die Bibel, wo Gott auf die Bitte des Mose *Lass mich doch deine Herrlichkeit sehen!* antwortet:

Ich will meine ganze Schönheit vor dir vorüberziehen lassen ... Mein Angesicht kann niemand sehen! (2. Mose 33,18-23)

Wahrhaftig, du bist ein verborgener Gott, bekennt Jesaja (45,15), und der Apostel Paulus charakterisiert den *König der Könige und Herrn der Herren* als denjenigen, *den kein Mensch gesehen hat noch je zu sehen vermag* (1. Tim 6,15f.).

Wenn im Folgenden über die Namen und Eigenschaften Gottes gesprochen wird, so ist dabei zu bedenken, dass nach islamischer Überzeugung Gott sein Wesen nicht offenbart. Die Aufzählung seiner Namen und Eigenschaften im Koran soll nicht Gottes Wesen benennen oder erschließen, sondern auf seine Größe und Herrlichkeit hinweisen, zum Lobe Gottes anregen und nicht zuletzt zum Gehorsam gegenüber seinen Geboten führen. Was Gott vom Menschen will, wird ihm im Koran mitgeteilt!

Trotz des wesentlichen Unterschiedes zum christlichen Glauben, wonach Gott selbst sich in Jesus Christus zu erkennen gibt, gilt auch für die Bibel, dass es nicht die Aufgabe des Menschen ist, Gott zu ergründen, sondern seinem Willen gemäß zu leben und zu handeln. Wie das konkret geschehen soll, hat er die Menschen wissen lassen durch seine Gebote und Selbstmitteilungen (in der hebräischen Bibel) und durch Jesus Christus (nach den Zeugnissen des Neuen Testaments).

2.6 Gottes Eigenschaften

Mit dem Bekenntnis zur Einzigartigkeit Gottes werden in Sure 59 viele seiner Namen und Eigenschaften verbunden:

Er ist Gott, außer dem es keinen Gott gibt,
der über das Verborgene und Offenbare Bescheid weiß.
Er ist der Erbarmer, der Barmherzige. /
Er ist Gott, außer dem es keinen Gott gibt,
der König, der Heilige, der Inbegriff des Friedens,
der Gewährer von Sicherheit, der Beschützer,

der Mächtige, der Starke, der Hocherhabene.
Preis sei Gott, der erhaben ist über das,
was sie (Ihm) *beigesellen. /*
Er ist Gott, der Schöpfer, der Erschaffer, der Bildner.
Sein sind die schönsten Namen.
Ihn preist, was im Himmel und auf Erden ist.
Er ist der Mächtige, der Weise.
(Sure 59,22-24)

Von den »schönsten« Namen Gottes (vgl. 7,180) werden 99 beim Gebrauch der (großen) Gebetskette (masbaha) durchmeditiert. Mit Gottes Namen und Eigenschaften werden in Koran und Sunna immer wieder seine Einzigartigkeit und Herrlichkeit gepriesen (vgl. o. Sure 59; 22,64; 57,1-6). Im berühmten Thronvers (2,255) heißt es:

Gott – es gibt keinen Gott außer Ihm, dem Lebendigen und Beständigen. Nicht überkommt Ihn Schlummer noch Schlaf. Ihm gehört, was im Himmel und auf der Erde ist.

Wer ist's, der bei Ihm Fürsprache einlegt außer mit Seiner Erlaubnis? Er weiß, was vor und was hinter ihnen liegt (also Vergangenheit und Zukunft), *und sie begreifen nichts von Seinem Wissen, außer was Er will. Sein Thron reicht weit über die Himmel und die Erde, und es fällt Ihm nicht schwer, sie zu bewahren. Er ist der Erhabene und der Gewaltige.*

Ein Hymnus auf Gottes Größe und Allmacht, Weisheit und Güte ist auch Sure 57, wovon nur einige Verse zeugen sollen:

... Er ist der Mächtige und Weise (1). *Sein ist die Herrschaft der Himmel und der Erde. Er macht lebendig und lässt sterben und hat Macht über alle Dinge* (2). *Er ist der Erste und der Letzte, der Sichtbare und der Verborgene, und Er weiß über alles Bescheid* (3). *... Er ist mit euch, wo immer ihr seid, und Gott sieht wohl, was ihr tut* (4) *... und Er wird euch vergeben, denn Gott ist barmherzig und voller Vergebung.* (28)

So ist Gott nach dem Koran der Lebendige und der Ewige, der Allmächtige, Weise und Allwissende, der Richter und der Gerechte, der

Erbarmer und Barmherzige. Er ist der Größte, und er ist *Licht über Licht* und *führt zu Seinem Licht, wen Er will* (»Lichtvers« 24,35).

2.7 Gott, der Schöpfer aller Dinge

Zunächst ist von *Gott, dem Schöpfer, dem Erschaffer, dem Bildner* zu reden (s.o. Sure 59). Er ist *der Schöpfer aller Dinge* (Sir 1,7; Sure 13,16; 40,62) des Himmels und der Erde (1. Mose 1,1) und des Menschen (1. Mose 1,26f.).

In vielen Suren des Korans wird Gott als der Schöpfer des Himmels und der Erde und des Menschen verehrt (23,12ff.; 31,10f.; 32,4.7-9; 41,9-12; 40,61ff.), dessen schöpferisches Wirken anhält (creatio continua) und der auf das von ihm Geschaffene Acht gibt (23,17-22; Näheres zur Schöpfung vgl. S. 161–165). Ja, letztlich geht alles, was der Mensch tut, auf Gott zurück. Er ist es, der alles schafft und lenkt (32,4ff.; 56,58ff.). Damit kündigt sich bereits die Frage nach der Vorherbestimmung menschlichen Handelns und nach der möglichen Freiheit des Menschen an (vgl. S. 134–136).

2.8 Gott, der Richter

Nach dem Koran ist Gott als der Schöpfer auch Herr über alles Geschaffene, über das er wacht. Dem Menschen gibt er Wegweisungen, damit er auf den »geraden Weg« gelangt. Dann aber fordert er von ihm auch Rechenschaft für sein Tun und Lassen, und zwar im Gericht. So sehen es Bibel und Koran gleichermaßen.

In der hebräischen Bibel begegnet uns Gott als Vertreter von Recht und Gerechtigkeit und als Richter (1. Mose 18,25; Ps 50,6; 58; Jes 33,22; Maleachi 2,17ff.). *Nein, der Richter ist Gott; den einen erniedrigt er, den anderen erhöht er.* (Ps 75,8) Gottes Zorn und Gericht kann den Einzelnen treffen, aber auch eine Gruppe und ein Volk. Letztlich hat Gottes Gericht universalen Charakter. Alle stehen einst vor dem Richterstuhl Gottes und empfangen Lohn oder Strafe (so besonders in den auf die Endzeit ausgerichteten Schriften). Aber Gott ist nicht nur Richter, sondern auch Retter, wie er viele Male an »seinem Volk« erwiesen hat.

Im Neuen Testament wird die Vorstellung von Gott als dem Richter und vom Gericht am »Jüngsten Tage« übernommen (Mt 10,15; Apg 24,25). Am Gerichtstag müssen die Menschen Rechenschaft ablegen (Mt 12,36) und Gott wird gerecht richten (Röm 2,5ff.; Offb 16,7; 19,2). Für Jesus und durch ihn ist das Reich Gottes *nahe herbeigekommen* und damit auch das Gericht (Mk 1,14f.; Joh 5,24f.; 12,31). Dieses ist nach dem Zeugnis des Johannes-Evangeliums nunmehr vom »Vater« auf den »Sohn« übergegangen:

Auch richtet der Vater niemand, sondern er hat das Gericht ganz dem Sohn übertragen. (Joh 5,22)

Jesus sprach: Um zu richten, bin ich in diese Welt gekommen: damit die Blinden sehend und die Sehenden blind werden. (Joh 9,39)

Seine eigentliche Mission ist die Rettung der Welt, aber das Gericht ist unausweichlich. Das zu erwartende Gericht ereignet sich nach dem Johannes-Evangelium schon jetzt in der Haltung zur Liebe Gottes, die sich in der Sendung des Sohnes erweist. *Wer an ihn glaubt, wird nicht gerichtet; wer nicht glaubt, ist schon gerichtet, weil er an den Namen des einzigen Sohnes Gottes nicht geglaubt hat.* (Joh 3,18; vgl. 3,14-21) »Glaube« meint hier die Annahme des göttlichen Liebeserweises und nicht eine gute Tat oder Leistung!

Der, an dessen Sendung sich die Welt scheidet, ist auch der kommende Richter (Joh 5,25ff.; 6,40ff.; 12,48). In seinem Brief an Timotheus mahnt daher sein Verfasser:

Ich beschwöre dich bei Gott und bei Christus Jesus, dem kommenden Richter der Lebenden und der Toten, bei seinem Erscheinen und bei seinem Reich: Verkünde das Wort ... (2.Tim 4,1f.; vgl. 2. Kor 5,10 und das Glaubensbekenntnis)

Das sind zwar unterschiedliche Vorstellungen von dem mit Jesus Christus verbundenen Gericht »schon jetzt« und bei seinem Wiederkommen. Doch in beiden Fällen steht Gott dahinter, und so hat die christliche Gemeinde das richterliche Wirken Gottes durch Jesus Christus als eine Einheit betrachtet (Apg 10,42; 17,31).

Das sieht der Koran anders, aber auch hier ist Gott der Richter. Die Propheten treten als Zeugen auf (Sure 39,69) – so auch Jesus gegenüber den Schriftbesitzern (4,159).

In Mohammeds früher Verkündigung steht das nahe Gericht Gottes angesichts menschlicher Selbstherrlichkeit und Ungerechtigkeit im Vordergrund (vgl. S. 32–33 und Sure 101; 102; 103; 107).

Die nahende Stunde (des Gerichts) *steht bevor. Niemand kann sie beheben außer Gott.* (Sure 53,57f.)

Die Stunde (des Gerichts) *ist nahe gerückt.* (54,1; vgl. 21,1)

Die Stunde des Gerichts weiß aber allein Gott. Er allein weiß, wie nahe oder fern sie ist (Sure 33,64). Die Ungläubigen hat Gott verflucht und einen »Feuerbrand« für sie bereitet, worin sie *auf immer und ewig* verweilen müssen. Dann werden sie sagen: *Hätten wir doch Gott und dem Gesandten gehorcht* (Sure 33, 64ff.). *Wehe uns! ... Ja, wir haben Unrecht getan* (21,97). Das sind die »Unseligen«. Die »Seligen« aber sind die Gläubigen, die Gott gehorchen und das Rechte tun. Sie kommen in das »Paradies«, während die Sünder in der »Hölle« schmachten werden (Sure 55,46ff.; 56,1ff.). Die Vorentscheidung fällt aber schon hier und heute am Glauben oder Unglauben (s. Sure 33, 64ff. und S. 140–145). Dass auch hier Glaube und Unglaube eine zentrale Rolle spielen, könnte zu der Vermutung führen, dass sich christliche und muslimische Religion an dieser Stelle sehr nahe sind. Jedoch zeigen sich gerade beim Glaubensbegriff deutliche Unterschiede. Sie liegen vor allem in der Auffassung über die Natur des Menschen, über seine Erlösungsbedürftigkeit und über die Person und Funktion Jesu Christi.

Nach dem Koran ist Gott ein gerechter Richter, der beim Vergelten der Taten keinem Unrecht tut (18,49 u. ö.). Gott geht es um Gerechtigkeit (z. B. 3,18), die wenigstens im Jenseits wiederhergestellt sein muss, aber er ist auch *großzügig im Vergeben* (Sure 53,32/Paret); er ist *von weitumfassender Verzeihung* (Übers. M. Henning) denen gegenüber, die *schwere Sünden* und *abscheuliche Handlungen* meiden (53, 32) und keine Ungläubigen sind. Wer Gott fürchtet und Reue zeigt, darf auf das Paradies hoffen.

Das Paradies wird den Gottesfürchtigen nahegebracht werden. ›Das ist es, was euch versprochen worden ist, einem jeden, der zur Umkehr bereit (oder bußfertig) *ist und Acht gibt, der den Erbarmer im Verborgenen fürchtet und mit bußfertigem Herzen* (zu Ihm) *kommt. Geht in Frieden hinein* (in das Paradies)*! Das ist der Tag der Ewigkeit‹.* (Sure 50,31-34)

Die richterliche Funktion Gottes ist im Koran eingebettet in sein umfassendes Handeln als Schöpfer und Herr, auf dessen Gebote und »Rechtleitung« die Menschen mit Glaube oder Unglaube reagieren, was Lohn oder Strafe nach sich zieht. Doch *zu deinem Herrn kehrt* (dereinst) *alles zurück* (Sure 96,8), womit sich der Kreislauf schließt. Darin hat auch der Gedanke vom bußfertigen Sünder Platz, dem Gott (fast alles) verzeiht. Damit rettet er ihn auch vor der ewigen Verdammnis. Das ist jedoch nicht das Gleiche wie die »Rechtfertigung des Sünders« im christlichen Erlösungsglauben (vgl. S. 118; 140–142).

2.9 Der barmherzige und vergebende Gott

Dass Gott der Erbarmer und Barmherzige ist, betonen alle Suren (außer Sure 9) bereits in ihrer Einleitungsformel *Im Namen Gottes des Erbarmers, des Barmherzigen* (vgl. Sure 17,110), darüber hinaus zahlreiche Koranstellen (über 150!). Sure 55 trägt den Titel *Der Barmherzige* und schildert Gottes »Wohltaten«. Gottes Barmherzigkeit erweist sich nach muslimischer Überzeugung sowohl in seiner Schöpfung und Ordnung aller Dinge als auch in seiner Zuwendung zu den Menschen, denen er die Propheten als Warner und die »Bücher«, zuletzt den Koran, als Rechtleitung und Wegweisung herabgesandt hat. Darin hat er den Menschen erfüllbare Gebote an die Hand gegeben.

Den am Neuen Testament orientierten Leser wird es bei der Koranlektüre vielleicht überraschen, dass in vielen Versen vom vergebenden Gott die Rede ist, wie bereits in Sure 57,28 zu lesen war. Immer wieder heißt es (formelhaft), dass »Gott voller Vergebung und barmherzig« ist.

Wer Böses tut oder gegen sich selbst sündigt und dann Gott um Vergebung bittet, wird finden, dass Gott voller Vergebung und barmherzig ist. (so Khoury; 4,110)

Keine Vergebung findet jedoch, wer vom Glauben abfällt (Apostasie s. 4,137; 3,86ff.). Auch die Sünde der Beigesellung (schirk) wird nicht vergeben, denn *Gott vergibt nicht, dass man ihm* (andere Götter) *beigesellt. Was darunter liegt, vergibt er, wem er will* (4,48.116). Aber auch das gilt nur für die Gottesfürchtigen, denen zugesagt ist:

Gott will ihre schlechtesten Taten tilgen und ihre besten Taten belohnen. (Sure 39,35)

Die vierzigste Sure heißt entweder »Der vergibt« oder »Der Gläubige« und weist damit auf den engen Zusammenhang zwischen beidem hin.

Die Herabsendung des Buches (ist) *von Gott, dem Mächtigen, dem Wissenden, der die Sünde* (oder: Schuld) *vergibt und die Reue* (oder: Buße) *annimmt, der strenge Strafe verhängt und dauernde Gnade besitzt. Es gibt keinen Gott außer Ihm. Zu Ihm ist die Rückkehr.* (Sure 40,2f.)

In der Bibel ist die göttliche Vergebung von Sünde und Schuld ein zentrales Thema:

Würdest du, Herr, unsere Sünden beachten, Herr, wer könnte bestehen? Doch bei dir ist Vergebung, damit man in Ehrfurcht dir dient. (Psalm 130,3f.)

Daniel bekennt: *Aber der Herr, unser Gott, schenkt Erbarmen und Vergebung* (Dan 9,9). Auf welche Weise auch immer die Erlassung von Schuld und Strafe (nach der hebräischen Bibel) erlangt werden soll, sei es durch Opfer, Gebet oder Fürbitte – verbunden mit Buße –, es ist letztlich immer nur Gott, der sie gewähren, aber auch versagen kann (Letzteres s. Hos 6; Jer 5,7; 7,16). Man darf dabei nicht vergessen, dass Gott schließlich der Richter ist, der in seiner Souveränität, Weisheit und Gerechtigkeit über Sünde, Schuld und Versagen sein Urteil spricht.

So stehen Gottes Gericht und Gerechtigkeit auf der einen Seite, seine Barmherzigkeit und Vergebung auf der anderen Seite in einem Spannungsverhältnis, das sich nur in Gott selbst auflösen kann, indem er sich als größer erweist als alle menschliche Vernunft. Er zeigt sich als einer, der sich seines gestraften und leidenden Volkes erbarmt und mit ihm leidet, und der sich – nach christlichem Glauben – um des sündigen Menschen willen in Jesus Christus dem Leiden sogar selbst aussetzt.

Für die Christen bildet die Schuldvergebung durch Gott, die ihrerseits zur Vergebung gegenüber schuldig gewordenen Menschen befähigt, ein Kernstück ihres Glaubens, wie es im Glaubensbekenntnis (s. o.) und im Vaterunser zum Ausdruck kommt. *Und erlass uns unsre Schulden, wie auch wir sie unseren Schuldnern erlassen haben* (bzw. *Und vergib uns unsre Schuld wie auch wir vergeben unseren Schuldigern*) (Mt 6,12). Das setzt das Schuld-(Sünden-)Bekenntnis, Buße und Umkehrbereitschaft voraus (vgl. Apg 3,19).

Im christlichen Glauben ist nun die Vorstellung der Vergebung eng mit dem durch Jesus Christus vermittelten Heil verknüpft. Jesus hat von Gott die Vollmacht erhalten, Sünden zu vergeben (Mt 9,2; Lk 7,48). Mit der Deutung des Todes Jesu für das Heil der Menschen durch die Urgemeinde (bei Paulus, in den Evangelien) werden Vergebung, Erlösung und Versöhnung als Aspekte des Heilshandelns Gottes durch den leidenden, gekreuzigten und auferstandenen Christus (Messias) gesehen (Kol 1,13f.). Der Gedanke des *stellvertretenden* Leidens gewinnt dabei an Bedeutung. Wie der Gottesknecht bei Jesaja (Jes 52,13ff.) lädt Jesus Christus die Schuld »von vielen« auf sich, trägt *stellvertretend* ihre Sünden und macht sie gerecht (Jes 53,11f.). Er gibt sein Leben als Lösegeld für viele (Mk 10,45). Er ist das Opferlamm (»Christe, du Lamm Gottes, der du trägst die Sünden der Welt, erbarm dich unser« – Abendmahlsliturgie). Vor allem durch den Apostel Paulus erfährt die Vorstellung von der Rechtfertigung des Sünders allein durch Gottes Gnade und durch Glauben (nicht durch Werke!) ihr theologisches Profil (Röm 3,21ff.; Gal 2,16ff.). Gott nimmt den Sünder an und vergibt ihm. Es ist freies göttliches Handeln! Jesus, der Christus, ist dabei das »Sühnopfer« (Röm 3,25).

Der Islam lehnt die Vorstellung eines stellvertretenden Leidens ausdrücklich ab (6,164; 35,18 u. ö.; 4,112!). Eine Leidenstheologie kennt er jedoch in seiner schiitischen Ausprägung, wo es um das Leiden und den Märtyrertod des göttlich verehrten Imam Hussein geht.

2.10 Der liebende Gott und die Gottesliebe

Viele der genannten Namen und Eigenschaften Gottes sind dem Bibelleser vertraut: Gott ist der Allmächtige und Barmherzige, der Erste und der Letzte, der Lebendige, der ewige König, der Gute, Treue, Weise und Gerechte, der Retter, der Gott des Friedens und aller Gnade. Er *ist Licht und keine Finsternis ist in ihm* (1. Joh 1,5). Für das Neue Testament und die sich daran orientierenden Christen ist Gott aber in erster Linie der Gott der Liebe. An vielen Stellen ist dort von Gottes Liebe und vom liebenden Gott die Rede – wie ein Blick in die Konkordanz zeigt. Darunter sind so markante Stellen wie:

Die Liebe Gottes ist ausgegossen in unsre Herzen durch den Heiligen Geist, der uns gegeben ist. (Röm 5,5)

Die Liebe ist aus Gott, und jeder, der liebt, stammt von Gott und erkennt Gott. Wer nicht liebt, hat Gott nicht erkannt, denn Gott ist die Liebe … Gott ist die Liebe, und wer in der Liebe bleibt, bleibt in Gott, und Gott bleibt in ihm (1. Joh 4,7f.16). Dieser Gott ist der *Gott der Liebe und des Friedens.* (2. Kor 13,11)

Gottes Liebe hat sich vor allem darin erwiesen, *dass er seinen einzigen Sohn hingab, damit jeder, der an ihn glaubt* (!), *nicht zugrunde geht, sondern das ewige Leben hat* und *die Welt durch ihn gerettet wird* (Joh 3,16f.). Dementsprechend betont der Apostel Paulus *die Liebe Christi* (2. Kor 5,14; vgl. Eph 3,19; 5,2) gegenüber dem Sünder.

Wenn man den gängigen Klischees über den Islam folgte, dann wäre der Gott des Korans ausschließlich der Herrschende und Gebietende, ein unbarmherziger und harter Gott, dem sich der Mensch bedingungslos zu unterwerfen hat, ohne auf Nachsicht für Verfehlungen hoffen zu dürfen. Wir haben aber bereits ganz andere Eigenschaften von ihm kennengelernt: Er ist der Erhalter seiner Schöpfung, der Freund und Beschützer der Menschen (Sure 9,51), ein milder und gütiger Gott (z.B. 33,51; 8,29 u.ö.), der Barmherzige, Vergebende (38,66; 39,5; 40,42; 85,14) und Liebevolle (85,14; 19,96; 11,90). Er ist es, der die Menschen immer wieder auf den rechten, den »geraden Weg« weist, sofern sie ihm glauben und vertrauen. Denen, die ihm vertrauen, ihn fürchten, in seinem Sinne handeln und schlechte Taten bereuen, erweist er seine Liebe (Sure 3,159; 9,4; 2,195.222). Allerdings gilt auch: *Gott aber zeichnet mit seiner Barmherzigkeit aus, wen Er will; Er vergibt, wem Er will, und Er bestraft, wen Er will* (2,105; 3,129) in seiner Souveränität. Über dieses »Wen Er will« und das Problem der Vorherbestimmung ist noch zu reden (vgl. S. 134–136).

Gottes Liebe und die Liebe zu Gott haben besonders die islamischen Mystiker über alles andere gestellt. »Die göttliche Liebe macht es dem Sucher möglich, alle Qualen und Heimsuchungen, die Gott über ihn kommen lässt, zu ertragen, ja zu genießen. Diese Liebe kann das Herz des Mystikers in die göttliche Gegenwart tragen ›gleich dem Falken, der seine Jagdbeute hinwegträgt‹, und ihn so von allem in der Zeit Geschaffenen trennen«, schreibt Annemarie Schimmel in ihrem Werk »Mystische Dimensionen des Islam« (S. 4). Von dieser Liebe von Gott und zu Gott heißt es in den Texten:

Wenn er mich liebt und ich ihn liebe, hebe ich den Schleier zwischen mir und ihm auf (al-Hasan al-Basri, gest. 728 nach Christus).

Wenn du wünschst, dass du ein Freund Allahs bist und er dich liebt, dann lass die Welt und das Jenseits und strebe nicht nach ihnen, sondern entleere dein Selbst von ihnen und wende dein Gesicht zu Allah; dann wird Allah sein Gesicht zu dir wenden und dir gnädig sein. (Ibrahim ibn Adham, gest. 777 nach Christus)

Wichtig ist auch folgender Gesichtspunkt, der sich bei Harit al-Muhasibi (gest. 857 nach Christus) findet: *Die Liebe zu den Gehorsamsakten geht von der Liebe des Herrn aus, da er es ist, der sie beginnen lässt.*

Damit ist die koranische Vorstellung gewahrt, dass letztlich alles, was geschieht, von Gott ausgeht.

2.11 Gott der Schöpfer und Gott der Erlöser

Wenn es um Gottes Liebe geht, dann führt ein Abschnitt des Johannes-Evangeliums in das Zentrum des christlichen Glaubens (Joh 3,14-21). Darin heißt es:

Gott hat die Welt so sehr geliebt, dass er seinen einzigen Sohn hingab, damit jeder, der an ihn glaubt, nicht zugrunde geht, sondern das ewige Leben hat. (Joh 3,16)

Gottes Anliegen ist die Rettung der Welt und des Menschen. Hier werden die Unterschiede zwischen biblisch-christlicher und koranischer Verkündigung besonders deutlich. Der Koran lehnt nicht nur die Gottessohnschaft ab, sondern auch die Rettung der Welt »durch ihn« (Joh 3,17; vgl. 4,42). Nach islamischer Überzeugung braucht es keinen Heilsmittler wie Jesus Christus. Es genügt, sich an Gottes Schöpfung zu orientieren, durch die Gott nicht nur Leben schenkt, sondern auch Rechtleitung und Wegweisung gibt, um dem Menschen zu einem gottgefälligen Leben zu verhelfen. Dem muss der Mensch nur vertrauen und sich danach richten, um der Liebe Gottes und dereinst des Paradieses teilhaftig zu werden. Alles, was der Mensch braucht und seinerseits zu leisten hat, auch die Buße, geschieht innerhalb der Schöpfungsordnung. Demgegenüber ist nach christlicher Überzeugung die Erlösung des in Sünde und Schuld verstrickten Menschen durch Jesus Christus die Voraussetzung für ein neues, gottgemäßes Leben. Der Schöpfergott ist auch der Erlösergott (1. und 2. Artikel des Glaubensbekenntnisses!). Die Erlösung (Versöhnung, Vergebung, Rechtfertigung vgl. S. 131–145) geschieht aber ohne jede Vorbedingung. Gottes Liebe und Erbarmen geht allem voraus. Das zeigen beispielhaft zwei Aussagen aus dem Brief des Paulus an die Gemeinde in Rom:

Gott hat seine Liebe zu uns darin erwiesen, dass Christus für uns gestorben ist, als wir noch Sünder waren. (Röm 5,8; vgl. 5,1-11!)

Alle haben gesündigt und die Herrlichkeit Gottes verloren. Ohne es verdient zu haben, werden sie gerecht dank seiner Gnade durch die Erlösung in Christus Jesus. Ihn hat Gott dazu bestimmt, Sühne zu leisten mit seinem Blut, Sühne wirksam durch den Glauben. So erweist Gott seine Gerechtigkeit durch die Vergebung der Sünden, die früher – in der Zeit seiner Geduld – begangen wurden; er erweist seine Gerechtigkeit in der gegenwärtigen Zeit, um zu zeigen, dass er gerecht ist und den gerecht macht, der an Jesus glaubt. (Röm 3,23-26)

2.12 Paulus – ein Zeuge Jesu Christi

Unversehens sind wir wieder in die Christologie geraten, und zwar in das spezifische Christuszeugnis des Apostels Paulus. An ihm zeigt sich nicht nur die enge Verknüpfung von Theologie und Christologie, sondern es wird auch ein entscheidender Kontroverspunkt zwischen Christen und Muslimen manifest, wovon kurz zu sprechen ist.

Das Christuszeugnis des Paulus in seinen Briefen an christliche Gemeinden ist ebenso Teil der christlichen Glaubensurkunde in der Bibel wie die Verkündigung und das Wirken Jesu selbst nach der Überlieferung der Evangelien. Deren Unterschiede (z.B. zwischen Markus- und Johannes-Evangelium) gehören übrigens auch zur Vielfalt des Christuszeugnisses. Jedenfalls geht es im Neuen Testament nicht nur um die Worte und das Selbstverständnis Jesu, sondern auch darum, wie die Gemeinde nach Ostern diesen Jesus aus Nazareth gesehen, erlebt und bezeugt hat – nämlich als den Gekreuzigten und Auferstandenen. An diesem Zeugnis hat der Apostel Paulus entscheidenden Anteil. Diese Geltung aller neutestamentlichen Schriften wird jedoch von den Muslimen nicht akzeptiert. Vor allem die Theologie des Paulus wird als eigenmächtige Interpretation und Verfälschung von Jesu Botschaft angesehen, und das gilt auch für viele Aussagen der Evangelisten über Jesu Gottessohnschaft, Kreuzigung usw. Schon aus diesem Grunde kann das christliche Gottesbild nicht mit dem muslimischen übereinstimmen, obwohl es im Einzelnen viele Gemeinsamkeiten gibt. Entscheidend für das unterschiedliche Gottesbild von Christen und Muslimen ist und bleibt also der christologische Ansatz im Neuen Testament.

3. Propheten und Gesandte

3.1 Propheten in der Bibel

Propheten und Gesandte sind von Gott auserwählte Menschen, die von ihm zu besonderen Aufgaben berufen sind. Alle drei monotheistischen Religionen kennen die Gestalt des Propheten.

Im alten Israel ist es zunächst der »Seher«, der »Gottesmann«, der Gottes Willen kundtut – wie Samuel (vgl. 1. Sam 9,6ff.). »Gottesmänner« sind auch Mose und David, Elia und Elisa (letztere im 9. Jh.), die zugleich als Propheten angesprochen werden. Propheten gibt es zu dieser Zeit viele, sie begegnen uns sogar in Gruppen (1. Sam 10,10ff.). Unter denen, die als Propheten auftreten, sind aber auch »falsche Propheten« (vgl. 5. Mose 18,20f.; Mt 7,15 u.ö.). Daher gilt es zu unterscheiden und »die Geister« zu prüfen.

Die Bezeichnung »Prophet« taucht erst in der griechischen Übersetzung (Septuaginta) der hebräischen Bibel auf, und zwar für das hebräische Nabi (nabī'). Propheten sind Charismatiker, teilweise Ekstatiker, die göttliche Auditionen und Visionen (Hörerlebnisse und Gesichte) haben und von Gottes Geist ergriffen sind. Das können Männer und Frauen sein. Als Prophetinnen sind vor allem Mirjam, Debora, Hulda und Hanna bekannt. Prophetie im biblischen Sinne meint aber nicht in erster Linie das Vorhersagen der Zukunft, sondern das Weitersagen von Gottes Wort an die Menschen in einer konkreten Situation.

Es sind vor allem die großen Prophetengestalten vom 8. bis zum 6. Jahrhundert vor Christus, die in der Geschichte Altisraels eine Rolle spielen: Amos und Hosea, Jesaja und Micha, Zefanja, Nahum und

Habakuk, Jeremia, Ezechiel (Hesekiel) und der zweite Jesaja (= Deuterojesaja, Kap. 40–55). Nach dem babylonischen Exil (538) wirken Haggai und Sacharja, der dritte Jesaja (Kap. 56–66), Joel, Obadja und Maleachi. Sie alle sind Rufer und Warner, Gerichtsprediger und Analytiker von aktuellen Ereignissen mit Folgerungen für die Zukunft – aus der Sicht Gottes! Sie kritisieren soziale Missstände, geißeln politische Maßnahmen und bekämpfen den Götzendienst, sie warnen vor Übermut und Hybris in guten Zeiten und machen Mut in schlechten Zeiten (z. B. im Exil). Sie rufen zur Umkehr und Rückkehr auf den Weg Gottes. Allein darin sehen sie die alleinige Rettung vor drohendem oder nach bereits eingetretenem Unheil.

Kehr um, Israel. Zum Herrn, deinem Gott! … Kehrt um zum Herrn … und sagt zu ihm: ›Nimm alle Schuld von uns und lass uns Gutes erfahren … Assur kann uns nicht retten … Unser Gott, nur bei dir findet der Verwaiste Erbarmen.‹

(Und Gott antwortet:) *Ich will ihre Untreue heilen und sie aus Großmut wieder lieben …*

Hosea schließt mit den Worten:

Ja, die Wege des Herrn sind gerade; die Gerechten gehen auf ihnen, die Treulosen aber kommen auf ihnen zu Fall. (Hos 14,2ff.)

In dieser Passage, einem kleinen Ausschnitt aus der Fülle prophetischer Überlieferungen in der hebräischen Bibel, klingen Themen an, die auch in Mohammeds Verkündigung eine große Rolle spielen: die Umkehr und Rückkehr zu Gott und der Wandel der Gerechten auf den »geraden Wegen« des Herrn. Darin liegt das Heil. Dagegen führen die Auflehnung und Untreue gegen den einen und einzigen Gott, der Götzendienst und die Missachtung der göttlichen Gebote – mit einem Wort die Gottlosigkeit – zum Unheil. Das alles decken die Propheten auf, rufen zur Buße und weisen den Weg zurück zu Gott. Sie tun das mit göttlicher Vollmacht. Was sie verkündigen, ist Gottes Wort. Sie sind nur sein Sprachrohr. Es ist das gesprochene Wort, was die Menschen mit Gottes Willen konfrontiert. Es wird erst hernach aufgeschrieben – von den Propheten selbst oder von anderen. In der Heiligen Schrift steht es als *Spruch Gottes, des Herrn* (vgl. Am 3,13; 4,3; Jer 1,8.15 u.ö.). *Hört ihr Himmel! Erde, horch auf! Denn der Herr spricht: …* heißt es zu Beginn des Jesaja (Jes 1,2).

Gottes Wort ergeht an den Propheten, damit er es weitersagt:

Das Wort des Herrn erging an mich, erklärt Jeremia. *Auf! Ruf Jerusalem laut ins Ohr: So spricht der Herr: … Hört das Wort des Herrn …* (Jer 2,1ff.)

Auch Jeremia, der von Gott wider Willen zum Propheten berufen wird, hat – wie Mohammed – Auditionen und Visionen (Jer 1) und soll Gottes Auftrag erfüllen:

Zum Propheten für die Völker habe ich dich bestimmt … Wohin ich dich auch sende, dahin sollst du gehen, und was ich dir auftrage, das sollst du verkünden. Fürchte dich nicht vor ihnen, denn ich bin mit dir, um dich zu retten – Spruch des Herrn. (Jer 1,5-8)

Das Prophetenschicksal ist oft das gleiche: nicht gehört, nicht ernst genommen, verspottet und verfolgt, aber von Gott gehalten zu werden. Das gilt für Jeremia ebenso wie für Jesus und Mohammed.

3.2 Johannes der Täufer und Jesus

Als Zacharias, der Vater des Täufers Johannes, *vom heiligen Geist erfüllt* wird, beginnt er *prophetisch zu reden* und sagt zu seinem Sohn:

Und du Kind, wirst Prophet des Höchsten heißen; denn du wirst dem Herrn vorangehen und ihm den Weg bereiten. (Lk 1,76)

Als Prophet wird der einer Täuferbewegung angehörende Johannes auch von den Menschen angesehen und angenommen: *Alle glaubten, dass Johannes wirklich ein Prophet war* (Mk 11,32; vgl. Mt 14,5; Joh 1,19-25). Nach dem Urteil Jesu ist Johannes der Täufer sogar *mehr als ein Prophet* (Mt 11,9), *ja, er ist der Elia, der wiederkommen soll* und den Gott sendet (Mt 11,14; 17,10-13!; 2. Kön. 2,1ff.; Mal 3,23f.).

Prophetie und Propheten im Neuen Testament und frühen Christentum sind – wie schon bei Johannes dem Täufer deutlich wird – im

Zusammenhang mit den jüdischen Traditionen zu sehen. Nach 5. Mose 18 (Vers 15 und 18) ist ein Prophet für die Zukunft zu erwarten, und nach den letzten Worten des Maleachi ist es eben der Prophet Elia, der in der Endzeit wiederkommen soll. Das geht nun in Erfüllung. Als Johannes der Täufer von Priestern und Leviten gefragt wird, ob er Elia und der erwartete Prophet sei, verneint er das jedoch und antwortet: *Ich bin die Stimme, die in der Wüste ruft: Ebnet den Weg für den Herrn!, wie der Prophet Jesaja gesagt hat,* und er verweist auf den, der nach ihm kommt, Jesus (Joh. 1,19ff.).

Im »Messiasbekenntnis des Petrus« (Mk 8,27-30) fragt Jesus seine Jünger, für wen ihn die Leute halt en, und erhält die Antwort: »*Einige für Johannes den Täufer, andere für Elia, wieder andere für sonst einen von den Propheten*« (vgl. Mk 6,14-16). Jedenfalls wird er von den Menschen für einen Propheten gehalten, was an anderen Stellen des Neuen Testaments bekräftigt wird (Mt 21,11.46; Lk 7,16; 24,19; Joh 4,19; 7,40). Er ist *wirklich der Prophet, der in die Welt kommen soll* (Joh 6,14). Jesus selbst scheint dieses Urteil zu bestätigen, nicht zuletzt dadurch, dass er sein Schicksal mit dem der früheren Propheten vergleicht (Mt 23,31ff.; Lk 13,33; Joh 4,44 u.ö.).

Auch die (nachösterliche) Rede des Petrus auf dem Tempelplatz (Apg 3,11ff.) hat prophetischen Zuschnitt, mahnt zur Umkehr und verweist auf das prophetische Wort des Mose:

Einen Propheten wie mich wird euch der Herr, euer Gott, aus euren Brüdern erwecken. Auf ihn sollt ihr hören … (5. Mose 18,15.18)

So läuft die prophetische Tradition im frühen Christentum zunächst weiter (Mt 10,41; Apg 11,27f.; 13,1; 1. Kor 12,28f.; 14,26ff.; Eph 4,11f.; 2,20; 3,5; Offb 22,6ff.), bis sie später verdrängt und von den »Häretikern«, wie z. B. den Montanisten, aufgenommen und weitergeführt wird.

Für die frühen Zeugen der Wirksamkeit Jesu ist Jesus letztlich »mehr als ein Prophet«, denn in ihm haben sich vor allem die messianischen Verheißungen erfüllt (Mt 1,22f.; 2,5f. u.ö.; Jesus selbst in Lk

24,44). Er ist der erwartete Messias, der Christus – wie Petrus bekennt (Mk 8,29). Von daher ist der Christus-Titel zum Haupttitel Jesu geworden und hat seinen Anhängern und ihrem Glauben den Namen gegeben. Dahinter steht die göttliche Vollmacht, mit der Jesus den Menschen begegnet und Gott bei den Menschen vertritt. Er verkündet nicht nur die Nähe des Gottesreiches, er stellt vielmehr (vor den Pharisäern) fest: *Das Reich Gottes ist* (bereits) *mitten unter euch* (Lk 17,21; vgl. Mt 12,28), und das heißt: es ist im Reden und Handeln Jesu schon da. *Die Zeit ist erfüllt, das Reich Gottes ist nahe. Kehrt um und glaubt an das Evangelium!* (Mk 1,15; Mt 10,7). Dem folgt der Ruf in die Nachfolge (Mk 1,16ff.).

Im frühen Christentum trat aus diesen Gründen die Bezeichnung »Prophet« für Jesu Person und Wirksamkeit in den Hintergrund und wurde nur mehr in der judenchristlichen Tradition bewahrt (z.B. in den Kerygmata Petrou). Fortan wurden vor allem die Hoheitstitel »Christus«, der Erlöser und Heiland, »Gottessohn« und »Herr« verwendet.

Für die Aussagen des Korans von besonderem Interesse ist die Vorstellung vom »wahren Propheten« in den judenchristlichen Pseudoklementinen, der in Adam, Mose und Jesus erschienen ist und weiterhin auftritt, um die Menschen auf den rechten Weg zu führen. Diese Vorstellung ist auch den Ebioniten, Elkasaiten und Mani bekannt (vgl. S. 24–25).

Während »Prophet« als Titel für Jesus im Neuen Testament vorkommt, wird er nicht als »Gesandter« bezeichnet, obwohl an vielen Stellen davon die Rede ist, dass Gott ihn »gesandt« hat (Mt 10,40; 15,24; Lk 4,18; 10,16; häufig bei Joh: Sendung des Sohnes bzw. Jesu Christi; Röm 8,3; Gal 4,4). Nur im Hebräerbrief heißt Jesus »Apostel« (von griechisch apostello: senden). »Propheten und Apostel« gibt es als Funktionsträger in den frühchristlichen Gemeinden (Lk 11,49; Eph 3,5; Offb 18,20).

3.3 Mohammed und die Propheten

Was die Bibel über die Propheten berichtet, trifft nach dem Zeugnis des Koran weitgehend auch für Mohammed zu. Ihn hat Gott zu den Arabern gesandt, so wie er die früheren Propheten zu ihren Völkern gesandt hat. Durch ihn redet Gott zu den Menschen, Mohammed ist nur sein Sprachrohr. Er ist im Auftrag Gottes Warner, Mahner und Gerichtsprediger. Er ruft zur Entscheidung für den einen und einzigen Gott und zum Gehorsam gegenüber Gottes Wort und Willen. Er stellt ihnen Heil oder Unheil, Paradies oder Hölle vor Augen. Er geißelt den Götzendienst, kritisiert die sozialen Missstände und die Politik der Herrschenden (in Mekka). Deshalb wird er verspottet und bedroht. Seine Worte, Gottes Worte werden in den Wind geschlagen. Der Prophet gilt nichts in seinem Lande (vgl. Mk 6,1ff. und S. 32–37).

Mohammed sieht sich in einer Reihe mit den früheren Gottesgesandten und Propheten, die wie er Offenbarung empfangen haben und die Einheit und Kontinuität der von Gott geschaffenen Religion (Sure 30,30) von Adam an repräsentieren (vgl. 3,33; 19,58). Sie werden in den sogenannten »Prophetenreihen« in unterschiedlicher Zusammenstellung aufgeführt.

Wir haben dir Offenbarung gegeben wie (zuvor) *Noah und den Propheten nach ihm. Und Wir offenbarten Abraham, Ismael, Isaak, Jakob und den Stämmen* (Israels), *Jesus, Hiob, Jonas, Aaron und Salomo; und Wir gaben David einen Psalter.* (Sure 4,163)

Keinen Unterschied machen Wir bei einem von ihnen (gegenüber anderen). (2,136; 3,84 u.ö.)

Genannt werden in anderen Reihen auch Idris (Henoch), Lot, Josef, Mose, Elia(s) und Elisa, Zacharias, Johannes (der Täufer) u.a. (6,83ff.; 19,2ff.41ff.; 37,75ff.; 51,24ff.). Solche Prophetenreihen sind schon aus dem Talmud, dem Judenchristentum und dem Manichäismus bekannt. Der Koran setzt diese Tradition fort.

Nach Sure 16,36 hat Gott *in jeder Gemeinschaft* (umma) *einen Gesandten auftreten lassen,* so auch Mohammed. Auf ihn hat Gott *das*

Buch mit der Wahrheit herabgesandt als Bestätigung dessen, was vor ihm da war (3,3). Mohammed wird im Koran sowohl Gesandter (rasūl) als auch Prophet (nabī) genannt (33,40; 7,157) – wie auch Mose und Jesus (19,51; 5,75; 61,6; 19,30). Im islamischen Glaubensbekenntnis wird »bezeugt«, dass Mohammed Gesandter (rasūl) ist. In seiner medinensischen Zeit tritt die Bezeichnung Prophet stärker hervor. Nach Sure 33,40 ist Mohammed »das Siegel der Propheten« und schließt damit die Reihe seiner Vorläufer ab.

So wie im Neuen Testament nach dem Schema von Verheißung und Erfüllung das Kommen Jesu als das des angekündigten Messias verstanden wird, sieht der Koran das Auftreten Mohammeds als Gesandter und Prophet bereits in Tora und Evangelium vorausgesagt (vgl. 2,129; 7,157; 26,196). Jesus selbst soll nach Sure 61,6 auf den nach ihm kommenden Gesandten hingewiesen haben:

O ihr Kinder Israel, ich bin (!) *der Gesandte Gottes an euch, um zu bestätigen, was von der Tora vor mir da war, und um einen Gesandten zu verkündigen, der nach mir kommen wird: sein Name ist Aḥmad.*

Aḥmad heißt der Hochgelobte, der Gepriesene und hat dieselben Konsonanten wie Mohammed! Wie in der Übersetzung angedeutet, wird Aḥmad von den Muslimen als Eigenname verstanden. Die Stelle wird auch mit dem Johannes-Evangelium (Joh 15,26) in Verbindung gebracht, wonach Jesus den Parakleten (Beistand) ankündigt. Ursprünglich habe aber Periklyt (der Hochberühmte) dagestanden, was Aḥmad gleichkommt und sich auf Mohammed beziehe. Das hätten die Christen später verfälscht.

Der Vorwurf des Korans an die Juden (und auch an die Christen), dass sie *vieles geheim halten*, was in ihren heiligen Schriften steht (6,91), bezieht sich nach muslimischer Überzeugung eben auf diese Ankündigungen Mohammeds.

Aus der Nennung von »Gesandten« und »Propheten« im Koran und der Tatsache, dass auf Mose, Jesus und Mohammed beide Bezeichnungen angewendet werden, ergibt sich die Frage, in welcher Beziehung die Gesandten und Propheten stehen. Nach dem koranischen Befund sind die Gesandten zu den Völkern ausgesandt worden und gehören jeweils zu einer Umma (vgl. o. Sure 16,36). Ihr Auftrag ist, göttliche Offenbarung an die Menschen eines Volkes weiterzugeben, die auch schriftlichen Niederschlag findet. So heißt es in Sure 35,25:

Ihre Gesandten kamen zu ihnen mit den deutlichen Zeichen (oder: Beweisen) *und mit den Schriften und dem erleuchtenden Buch* (Evangelium).

Die Gesandten haben nach dem Koran und nach muslimischer Tradition das größere Gewicht gegenüber den Propheten. Die Gesandten sind auch Propheten, aber nicht alle Propheten sind auch Gesandte, sondern nur jene, die eine Schrift (ein Buch) hinterlassen haben. Es fällt auf, dass die fünfzehn Propheten alle im Gefolge Abrahams innerhalb der »Schriftbesitzer« auftreten. Abraham, Mose und Jesus sind auch diejenigen Propheten und Gesandten, denen im Koran die meisten Suren gewidmet sind (vgl. S. 170–173; 198; 237). Nur neun Auserwählte gelten als Gesandte: Noah, Lot, Ismael, Mose, Jesus und Mohammed sowie Schu'aib (Jethro), Hud und Salih von den Völkern Median, Ad und Tamud.

Es fällt weiterhin auf, dass die bedeutendsten Propheten der Bibel, Amos und Hosea, Jesaja, Jeremia und Ezechiel im Koran fehlen. Auch gibt es keine Schriftbelege in Form von Schriftzitaten wie im Neuen Testament (vgl. z. B. Mt 2,5.15.17; 3,3 usw.). Andererseits nehmen die Gottesgesandten in Mohammeds Verkündigung breiten Raum ein. Das betrifft vor allem Abraham, Mose und Jesus, aber auch Josef, David und Salomo. (vgl. S. 170–221; 237–254). Zudem berichten die »Prophetengeschichten« nach einem einheitlichen Schema vom Auftreten der Gottesgesandten, ihren Mahnungen und Warnungen, ihrem Ruf zur Umkehr und zum gottgemäßen Leben, von ihrem Schicksal mit Prüfungen und Verfolgung und von ihrer Errettung (vgl. Sure 37,75ff.; 26,10ff.; 29,14ff.; 23,23ff.; 10,71ff.; 11,25ff.; 7,59ff.). Die Rede ist besonders von den Sünden derer, zu denen die Propheten kommen, und von ihrer Bestrafung (»Straflegenden«). Immer wieder geht es um Glaube, Dienst und Gehorsam gegenüber dem einen Gott, aber auch um Gehorsam gegenüber den Gottgesandten (Sure 71,3). Das alles spiegelt Mohammeds eigene Erfahrungen wider, und es wird alles zusammen dereinst »gewogen« werden:

Wahrlich, Wir werden die, zu denen Wir sandten, zur Rechenschaft ziehen, aber ebenso die, die gesandt worden sind ... Das Wägen an jenem Tag (geschieht) *gemäß der Wahrheit. Denjenigen, die schwere Waagschalen haben, wird es wohl ergehen. Diejenigen* (aber), *deren Waagschalen leicht sind, sind jene, die sich selbst verloren haben, weil sie sich gegenüber Unseren Zeichen versündigten.* (Sure 7,6-9)

Es ist deutlich geworden, dass Jesus unter den Propheten und Gesandten im Koran einen festen Platz und besonderen Rang hat. In den vorhergehenden Abschnitten (S. 105ff.) haben sich aber auch schon die wesentlichen Unterschiede im Verständnis der Person und des Wirkens Jesu gezeigt. Wenn daher Christen und Muslime von Jesus als »Propheten« reden, müssen sie sich darüber im Klaren sein, was Jesus für den einen und für den anderen bedeutet, theologisch gesprochen: welche (unterschiedliche) Christologie für Christen und Muslime sich damit jeweils verbindet.

4. Der Mensch vor Gott

4.1 Die Stellung des Menschen in Gottes Schöpfung

Die fundamentale Aussage der Bibel, dass der Mensch ein Geschöpf Gottes ist (1. Mose 1,27; 2,7), ist ein Glaubenssatz, den Juden, Christen und Muslime gleichermaßen bejahen. Auch in der Bestimmung des Menschen und seinen Aufgaben gibt es Gemeinsamkeiten, aber aufs Ganze gesehen weist das Menschenbild der Bibel und des Koran wesentliche Unterschiede auf, die sich nicht nur in der Theologie, sondern auch im Alltag auswirken. Im Blick auf die Bibel ist die Relation

Gott – Christus – Mensch nach den Zeugnissen des Neuen Testaments noch besonders zu bedenken. Die Frage nach dem Wesen des Menschen stellt und beantwortet Psalm 8:

Was ist der Mensch, dass Du seiner gedenkst,
und des Menschen Kind, dass Du Dich seiner annimmst?
Du hast ihn nur wenig geringer gemacht als Gott,
hast ihn mit Herrlichkeit und Ehre gekrönt.
Du hast ihn zum Herrscher gemacht über Deiner Hände Werk,
hast ihm alles zu Füßen gelegt. (Ps 8,5-7)

Höher kann aus religiöser Sicht der Mensch vor Gott nicht gestellt werden. Er ist Gott ähnlich, sein Abbild: *Dann sprach Gott: Lass uns Menschen machen als unser Abbild, uns ähnlich …* (1. Mose 1,26f.; 9,6). Doch der Mensch ist nicht selbst Gott. Das ist gegen die Gnostiker und manche Mystiker festzuhalten. Er ist Gott zwar näher als andere Wesen, aber es bleibt die Distanz zwischen Schöpfer und Geschöpf. Über dem Menschen steht Gottes Wort und Wille. Der Mensch ist Empfänger von Gottes Geboten, aber auch von seinen Segnungen, und er erhält bedeutende Aufträge von Gott: Er soll den »Garten Eden« *bebauen und hüten* und *jedes lebendige Wesen* benennen (1. Mose 2,15.19); er soll sich die Erde *unterwerfen*, und er soll *herrschen* über jegliches Getier. So lautet der Auftrag, das Mandat Gottes (1. Mose 1,28f.). Was daraus geworden ist, ist eine andere Frage. Das realistische Menschenbild der hebräischen Bibel weiß natürlich um Sünde und Schuld des Menschen und kann Gott sogar sagen lassen: *Das Trachten des Menschen ist böse von Jugend an.* Was Sünde ist und wie Gott mit dem Sünder umgeht, ist noch zu besprechen.

Eine bevorzugte Stellung in Gottes Schöpfung nimmt der Mensch auch im Koran ein. Was die »Kinder Adams« betrifft: *Wir haben sie vor vielen von denen, die Wir erschaffen haben, deutlich bevorzugt* (Sure 17,70). Gott ist dem Menschen besonders nahe, *näher als die Halsschlagader* (50,16). Er ist um ihn und beschützt ihn (9,51; vgl. Ps 139,5). Er ist des Menschen Freund und Helfer (9,116). Bei der Schöpfung hat er ihm von seinem Geist eingeblasen (15,29) und angekündigt, ihn als Statthalter auf der Erde einzusetzen (2,30 vgl. S. 161–165), das heißt: der Mensch soll Gottes Sache in der Welt vertreten, Gerechtigkeit walten lassen, Gutes tun (38,26; 2,195; 4,125) und natürlich der wahren Religion Anwalt sein. Dazu hat ihm der Schöpfergott Weisheit und Wissen und eine natürliche religiöse Anlage (fitra) mitgegeben, die er als Gottes Geschöpf nur zu entfalten braucht, um auf dem rechten Weg zu wandeln. Freilich gibt Gott nichts aus der Hand. Er bleibt der Souverän, dessen schöpferisches Wirken allgegenwärtig ist (vgl. 23,14). Es ist Gottes Wille, der alles lenkt und bestimmt. Der Mensch, der demgemäß lebt und handelt, befindet sich im Einklang mit dem Willen seines Schöpfers, er ist ein Gott Ergebener, ein Muslim (vgl. S. 18). Was Gottes Wille ist, erfährt er aus dem Koran (und daraus abgeleiteten Weisungen und Gesetzen). So ist die rechte Haltung des Menschen vor Gott die eines in Gottes Diensten stehenden Geschöpfs, das zwar hohe Verantwortung trägt, aber eben dient und sich unterordnet. *Niemand im Himmel und auf Erden wird anders zum Erbarmer kommen können denn als Diener* (Sure 19,93), und Gott betont im Koran: *Ich habe die Dschinn* (Geister) *und Menschen nur dazu erschaffen, dass sie Mir dienen.* (51,56; vgl. 21,25f.,92) So ist also der Mensch nicht mehr und nicht weniger als ein Diener Gottes (ʻabd Allah), der seinem Schöpfer Gehorsam schuldet und sich in Ehrerbietung vor ihm niederwirft, wie es im rituellen Gebet geschieht (13,15). Die Anbetung des Schöpfers ist sein vorzügliches Privileg vor allen anderen Geschöpfen. Als »Diener Gottes« steht er vor Gott als einer, der seiner wahren göttlichen Bestimmung entspricht, und er teilt diesen »Titel« mit den Propheten (38,17ff.; 18,1) und nicht zuletzt mit Jesus (19,30).

Vieles von dem, was der Koran über die Stellung und Haltung des Menschen vor Gott aussagt, findet sich auch in der Bibel. Der Gottes-Dienst mit seiner Gott und den Menschen zugewandten Seite steht im Mittelpunkt des christlichen Glaubens. Jesus verweist bei seiner Versuchung durch den Satan auf das Schriftwort: *Vor dem Herrn, deinem*

Gott, sollst du dich niederwerfen und ihm allein dienen. (Mt 4,10) Viele Bibelstellen finden sich zu »Diener« und »dienen«. Mit dem Bekenntnis *Dein Wille geschehe* (Mt 6,10) nimmt Jesus ein Thema auf, das sich durch das ganze Neue Testament zieht. Des Weiteren nimmt der Mensch eine bevorzugte Stellung in der Schöpfung ein. Sowohl im Koran wie in der Bibel überträgt Gott dem Menschen Verantwortung für die Schöpfung, wenn auch auf unterschiedliche Weise (vgl. 1. Mose 1,27; 2,7; Ps 8,5-7; Sure 2,30; 67,15), vertraut ihm also seine Schöpfung an. Dass der Mensch dabei auch versagt, weiß der Koran ebenso wie die Bibel. Davon ist weiter unten noch zu reden.

4.2 Vorherbestimmung und menschliches Handeln

Viele Aussagen des Koran bestärken die Muslime in der Überzeugung, dass Gott die Geschicke der Menschen lenkt (Sure 32,5) und alles, was geschieht, durch Gottes Vorsehung vorherbestimmt ist. *Sprich!* (sagt Gott zu Mohammed)*: Uns wird nichts treffen, was uns Gott nicht vorherbestimmt hat. Er ist unser Schutzherr. Auf Gott sollen die Gläubigen vertrauen* (9,51). *Gott hat euch und was ihr macht, erschaffen* (37, 96) und *kein Unglück trifft ein …, ohne dass es in einer Schrift stünde, bevor Wir es erschaffen.* (57,22; vgl. 82,10-12) Das gilt auch für den individuellen Tod, denn keiner kann ohne Gottes Erlaubnis sterben gemäß einer vorherbestimmten Frist (3,145; vgl. 39,42). Es gilt aber auch für die »Rechtleitung«, die nicht jedem zuteil wird, denn *Gott führt irre, wen Er will, und Er leitet recht, wen Er will.* (35,8; vgl. 13,27; 14,4; 7,178; 16,93 u.ö.)

Wen Gott rechtleiten will, dem weitet Er die Brust für den Islam. Wen Er aber irreführen will, dem macht er die Brust eng und bedrückt … So legt Gott Strafe (Khoury: das Gräuel) *auf die, die nicht glauben.* (6,125)

Während in diesem bekannten Vers einerseits die Aufgeschlossenheit oder Verschlossenheit des Menschen für die Religion determiniert erscheint, wird andererseits der Unglaube dafür verantwortlich gemacht, dass Gott einen »irreführt«. So ist doch der Mensch gefragt, ob er dem Schöpfergott und seinen Offenbarungen glauben will oder nicht (vgl. Sure 18, 29f.). Nur wer glaubt und sich in Gottes Willen ergibt, darf auf Gottes Rechtleitung hoffen: *Gott ist es …, der rechtleitet, wen Er will. Er weiß am besten, wer sich rechtleiten lässt* (!). (28.56 Übers. Paret) Es gibt auch die Möglichkeit von Umkehr, Buße und Vergebung (vgl. die Gerichtsworte!). Gott *leitet zu sich, wer sich Ihm reumütig* (bußfertig) *zuwendet,* also sich bekehrt (13,27). Diese und andere Koranstellen lassen Freiraum für menschliche Entscheidungen.

Erwählung und Vorherbestimmung, Prädestination und Determinismus begegnen auch in der Bibel. Vom Propheten Maleachi stammt der viel zitierte Satz des Paulus »*Jakob habe ich geliebt, Esau aber gehasst*«. (Röm 9,13; vgl. Mal 1,2.3) Gott setzt alles fest (*Bei euch aber sind sogar die Haare auf dem Kopf alle gezählt,* Mt 10,30). Es geschieht alles nach Gottes »Ratschluss« und Vorherbestimmung (vgl. Röm 8,28-30 zur Berufung, Rechtfertigung und Verherrlichung), und nichts geschieht ohne ihn (Mt 10,29). Daher kommt – nach dem Johannes-Evangelium – auch niemand zu Jesus, wenn Gott ihn nicht »zieht« (Joh 6,44.65). Die Prädestinationslehre ist schon in der frühen Kirche kontrovers diskutiert worden. Augustin (354–430) lehrte, dass nur wenige Menschen zur Seligkeit bestimmt sind, während sein Zeitgenosse Pelagius für das liberum arbitrium (= freier Wille) eintrat, wonach sich jeder für das Gute oder Böse frei entscheiden kann. In der Reformationszeit plädierte Erasmus von Rotterdam für den freien Willen (Diatribe de libero arbitrio, 1524), während Martin Luther zunächst nachdrücklich die Prädestination vertrat (De servo arbitrio, 1525), gefolgt von Philipp Melanchthon, der sie später sogar bekämpfte. Eine konsequente Lehre von der Vorherbestimmung lehrte Zwingli (1484–1531) und vor allem Calvin (1509–64), der von einer »doppelten Prädestination« sprach, wonach die einen von Gott zur Seligkeit, die anderen zur Verdammnis vorherbestimmt sind. Sichtbares Zeichen der Erwählung ist für ihn der Glaube und auch der Erfolg im Leben.

Die islamischen Theologen haben sich schon früh der Frage nach dem Verhältnis von Prädestination und Willensfreiheit zugewandt, sie aber auch unterschiedlich beantwortet. Die Kadariten und Mutaziliten bejahten die freie Entscheidung und Handlungsfreiheit des Menschen, während die Dschabriten oder Mudschbiriten darauf bestanden, dass Gott den Menschen zu seinen Handlungen zwingt. Im 10. Jahrhundert schlug Al-Aschari einen Mittelweg vor, der sich weithin durchsetzte: Der Mensch hat die Freiheit, sich Gottes Willen zu eigen zu machen oder sich ihm zu widersetzen. In diesem Sinne ist er für alle seine Handlungen verantwortlich und wird von Gott zur Rechenschaft gezogen (16,93). Wenn er sich von Gottes Willen leiten lässt und Gutes tut, wirkt Gott durch seine Handlungen. Gott kann natürlich menschliches Handeln auch durchkreuzen, und er kann Wunder bewirken. Er ist und bleibt die letzte und höchste Instanz, ohne die nichts geschieht (vgl. 8,17!) – und sei es nur mit seiner Erlaubnis wie beim Wirken des Satans (vgl. S. 136-138). Von Gott sind daher letztlich auch das Leiden und alle Prüfungen (Sure 2,155ff.; 11,7; 21,35; 39,49 u.ö.). In ihnen soll sich der Mensch bewähren. Dafür gibt der Koran viele Beispiele.

Wenn die göttliche Vorherbestimmung (der Determinismus) einseitig betont wird, kann das leicht zum Fatalismus führen. Gläubige Muslime setzen aber lieber auf Gottvertrauen. Gott in seiner Größe und Weisheit, von dem alles herkommt und zu dem alles hinführt, der alles Sichtbare und Verborgene kennt (32,6; 35,38), ist voller Wohltaten, Segen und Barmherzigkeit. Er *ist der Freund der Gläubigen. Er führt sie aus den Finsternissen zum Licht* (2,257), *und was ihr an Gnade erlebt, kommt von Gott* (16,53), dem Beschützer und Fürsprecher der Menschen (32,4). Dieser Gott – und nicht das polemische Zerrbild eines tyrannischen und ungerechten Gottes – ist es, dem sich der fromme Muslim anvertraut. Doch der Mensch ist auch undankbar gegenüber seinem Schöpfer (43,15). Oft genug ignoriert er Gottes Willen und richtet dadurch Unheil an. Damit sind wir bei der Frage, wie der Koran das Böse und die Sünde beurteilt.

4.3 Der Satan und das Böse. Sünde und Sünder

Als Gott seinen Engeln mitteilt, dass er *auf der Erde einen Statthalter einsetzen* will, reagieren sie mit Entsetzen: Ja, *willst Du auf ihr einen einsetzen, der auf ihr Unruhe stiftet und Blut vergießt?!* (Sure 2,30) Die Menschheitsgeschichte zeigt, dass ihre Bedenken berechtigt waren. Aber Gott sprach: *Ich weiß, was ihr nicht wisst* und lässt die Engel sich vor Adam niederwerfen. Nur Iblis weigert sich und wird für seinen Ungehorsam verflucht, erhält aber Strafaufschub. Diese Zeit will der zu den Ungläubigen gerechnete Iblis nutzen, um die Menschen zu verführen, und so kommt mit ihm das Böse in die Welt, was Gott nicht gewollt hat. Aber er lässt Iblis eine Zeit lang gewähren (Sure 7,14; vgl. Offb 12,12). Nun wird sich zeigen, wer sich von Gott rechtleiten oder von ihm abbringen lässt, wer Lohn oder Strafe, Paradies oder Hölle verdient.

Diese Geschichte ist dem Koran so wichtig, dass er sie mehrmals erzählt (Sure 2,30ff.; 4,117ff.; 7,11ff.; 15,29ff.; 17,61ff.; 38,71ff vgl. S. 164–165). Daraus folgt: *Was dich an Gutem trifft, kommt von Gott, was dich an Schlimmem trifft, ist von dir selbst.* (4,79) Denn es ist der Mensch selbst, der zum Unheil neigt und der sich zum Ungehorsam und zu schlechten Taten verführen lässt. Der Koran zählt eine Fülle menschlicher Eigenschaften auf, die seine Anfälligkeit für das Ungute begünstigen: er ist unwissend und ungerecht, undankbar und selbstherrlich, unzuverlässig, maßlos und frevelhaft. Ja, seine *Seele verlangt mit Nachdruck das Böse* (12,53). Das weiß Gott sehr wohl. Deshalb erbarmt er sich des Menschen und ist bereit, ihm zu vergeben. Er wendet immer wieder Unheil von ihm ab (vgl. 2, 251), aber er straft ihn auch. Jedenfalls können sich die Menschen bei ihren Schandtaten nicht auf Gott als Verursacher berufen (7,28). Es sind die Einflüsterungen des Satans, die Versuchungen und Verführungen durch Iblis (4,118ff.), die mit den menschlichen Neigungen zum Bösen zusammentreffen und zusammenwirken.

Der »Sündenfall« der ersten Menschen ist im Koran mit dem Fall des Iblis kombiniert. Adam und seine Frau sollen das Paradies bewohnen, aber der gefallene Iblis verführt sie, vom »Baum« zu essen

(2,35ff.; 7,19ff.). Das ist zum einen der Baum der Erkenntnis, wodurch sie ihre Blöße entdecken, zum anderen der »Baum der Ewigkeit« (20, 120). Daraufhin fordert Gott sie auf, das Paradies zu verlassen und eine Zeit lang auf der Erde zu leben, die sie zur Nutznießung erhalten, wo sie leben und sterben und einst bei der Auferstehung wieder *hervorgebracht* werden (7,24f.). Die Menschen haben erkannt, dass sie mit ihrem Ungehorsam gegen Gott *gegen sich selbst gesündigt* und sich selber Schaden zugefügt haben (7,23). Von Erbsünde ist nicht die Rede. Jeder Mensch steht für sich vor Gott und kann Gottes Rechtleitung folgen oder sich ihr widersetzen und muss dann entsprechend darunter leiden (20,123f). Diejenigen, *die gottesfürchtig sind und sich bessern* (!), haben jedoch *nichts zu befürchten, und sie werden* (am Ende der Tage) *nicht traurig sein!* (7,35)

Vor den Machenschaften des Satans werden die Menschen durch Gott selbst eindringlich gewarnt. Er ist des Menschen ausgemachter Feind (z. B. 7,22) und ein Freund derer, die nicht glauben. *Wenn du* (aber) *vom Satan* (zum Bösen) *angestachelt wirst, dann suche Zuflucht bei Gott!* (41,36; vgl. 4,119)

Hier treffen sich Koran und Bibel in der Sicht des Satans, des Feindes Gottes und der Menschen. In der hebräischen Bibel und besonders im nachbiblischen Judentum tritt diese widergöttliche Gestalt des Versuchers auf, um den Menschen zum Bösen zu verleiten und einen Keil zwischen Gott und seine Geschöpfe zu treiben. Im Neuen Testament tritt der Versucher auch an Jesus heran, durch den er seine eigene Macht und die der Dämonen gefährdet sieht (Mt 4,1-11). Damit trifft er den Kern der Sendung Jesu. Dazu heißt es im ersten Johannesbrief:

Ihr wisst, dass er erschienen ist, um die Sünde wegzunehmen, und er selbst ist ohne Sünde. Jeder, der in ihm bleibt, sündigt nicht. Jeder, der sündigt, hat ihn nicht gesehen und ihn nicht erkannt … Wer die Sünde tut, stammt vom Teufel … Der Sohn Gottes aber ist erschienen, um die Werke des Teufels zu zerstören. Jeder, der von Gott stammt, tut keine Sünde … (1. Joh 3,5-9)

Was aber ist Sünde? Sünde ist, was wider Gott ist. Sowohl im Koran als auch in der Bibel ist der Ungehorsam gegenüber Gottes Willen und Gebot die Ursache allen Übels. Der Ungehorsam der ersten Menschen hat ihre Vertreibung aus dem Paradies und ein irdisches Leben in Leiden zur Folge. Der Mensch weiß nun, was gut und böse ist, aber der Griff nach der Unsterblichkeit wird ihm von Gott verwehrt (1. Mose 3,22; Sure 20,120, wo 1. Mose 3,22 und 3,1-7 ineinanderlaufen). Der Mensch ist sterblich (Sure 7,25; 3,185 u.ö.; 1. Mose 3,19), was ja seiner Erfahrung entspricht, doch gehört nach der Bibel der Tod ursprünglich nicht zur Natur des Menschen (vgl. 1. Mose 3,3f.). (Das Verständnis des Todes als etwas ganz Natürliches ist erst eine Folge der Aufklärung.)

Hier beginnt die vertiefte Sicht der Sünde, wie sie im Neuen Testament, vor allem durch Paulus, herausgearbeitet wird. Er bringt es auf den Nenner: *Der Lohn der Sünde ist der Tod, die Gabe Gottes aber ist das ewige Leben in Christus Jesus, unserm Herrn.* (Röm 6,23)

Durch den Sündenfall ist das Verhältnis zwischen Mensch und Gott gestört, was sich auch auf das Verhältnis zum Mitmenschen auswirkt. Es ist die Abwendung von Gott, die verkehrte Haltung des Menschen, der Missbrauch der Freiheit, was der Sünde und dem Bösen Tür und Tor öffnet. Der Mensch will selbst wie Gott sein, die von Gott gesetzten Grenzen überschreiten und seine eigenen Maßstäbe setzen. Er weiß selbst, was gut und böse ist. Die verfluchte Schlange, sein rebellisches Ich, hat ihn zu dieser Selbstherrlichkeit verführt. Kein Wunder, dass er auch weiterhin gegen Gottes Gebot verstößt – und von Gott dafür bestraft wird. Die hebräische Bibel ist voll von Beispielen, angefangen bei der Sintflut bis hin zu den von den Propheten geschilderten Sünden. Dass der Mensch damit Gottes Liebe und Güte mit Füßen tritt, wiegt weitaus schwerer als die einzelnen Verstöße gegen Gottes Gebote, denn es offenbart das gestörte Vertrauensverhältnis zwischen Gott und Mensch. So hat sich der Mensch immer wieder und immer mehr in Sünde und Schuld verstrickt und kann sich aus diesem Teufelskreis nicht mehr selbst befreien. Es bedarf der Hilfe von außen, um diese Fesseln zu lösen. Das geschieht in der Sendung Jesu Christi – dies ist die zentrale Botschaft des Neuen Testaments, die sich von der des Koran deutlich unterscheidet.

4.4 Glaube und Unglaube. Entscheidung und Gericht

Es ist Gottes nicht nachlassende Liebe zu seinen Geschöpfen, die sich des sündigen Menschen erbarmt (vgl. Joh 3,16: *So sehr hat Gott die Welt geliebt …*). Jesus Christus *ist erschienen, um die Werke des Teufels zu zerstören* und *die Sünde wegzunehmen* (1. Joh 3,8.5). Alle Aussagen des Neuen Testaments, die um die Fragen von Schuldvergebung und Befreiung von der Macht des Bösen kreisen, zeigen, wie die Rettung des sündigen Menschen nach christlichem Glauben untrennbar mit Gottes Heilswirken in Jesus Christus verbunden ist. Auf den Seiten 116–122 wurden die Zusammenhänge von Jesu Leiden und Tod, von Stellvertretung und Sühne, Vergebung, Erlösung und Versöhnung bereits ausführlich dargestellt. Dabei kam auch das Thema »Rechtfertigung« zur Sprache. Paulus und die Reformatoren (Luther u.a.) haben diese Vorstellung von der Rechtfertigung des Sünders in den Mittelpunkt ihrer Theologie gestellt. Danach kommt das gestörte Verhältnis zwischen Mensch und Gott dadurch wieder in Ordnung, dass Gott *den Menschen ihre Verfehlungen nicht anrechnet* (2. Kor 5,19), und zwar um Christi willen, *der für unsere Sünden gestorben* ist (1. Kor 15,3) und durch dessen Gehorsam *die Vielen zu Gerechten gemacht werden* (Röm 5,19). Diese Gerechtmachung des Sünders ist ein Geschenk Gottes, das der Mensch nicht verdient hat und sich – etwa durch Leistung (»gute Werke«) – auch nicht verdienen kann. Es gilt allein der Glaube, das Vertrauen auf Gottes Liebe, wie sie sich durch sein Heilshandeln in Jesus Christus erweist (Röm 3,21ff., zitiert auf S. 122).

Solcher Glaube war beispielhaft bei Abraham vorhanden. Er *glaubte dem Herrn, und der Herr rechnete es ihm als Gerechtigkeit an.* (1. Mose 15,6; Röm 4,3; Gal 3,6; vgl. S. 184–185) Gott ist gerecht, weil er zu seinen Verheißungen und zu seinem Bund steht. »Der Mensch ist gerecht, sofern er … den Bund und die Gebote (also die Ordnung des Gemeinschaftsverhältnisses Gott–Mensch) bejaht«. (G. von Rad, ATD 2/4, zu 1. Mose 15,6) Solcher Glaube, Vertrauen und Gehorsam, allein auf Gott gesetzt, ist wiederum ein Gottesgeschenk und kein Verdienst.

Den existenziellen und aktuellen Bezug zwischen Gott und Christus auf der einen, Glaube und Unglaube auf der anderen Seite stellt besonders das Johannes-Evangelium heraus, indem es auf die Krisis, das Gericht, hinweist, das »schon jetzt«, hier und heute damit verbunden ist. In Joh 5,24 spricht Christus:

Wer mein Wort hört und dem glaubt, der mich gesandt hat, hat das ewige Leben; er kommt nicht ins Gericht, sondern ist (bereits) *aus dem Tod ins Leben hinübergegangen.*

Hiernach erfolgt die Befreiung vom Tode schon jetzt – bei der Entscheidung für die Annahme des göttlichen Heilsangebotes. Der erste Johannesbrief verbindet das mit dem Liebesgebot (*Wer nicht liebt, bleibt im Tod;* 1. Joh 3,14). Das heißt im Sinne Jesu: Liebe zu Gott, zum Nächsten und (sogar) zu den Feinden (Mt 5,38ff.; 19,19; 22,37-39).

Auf diese Weise findet die Liebe Gottes in der Hinwendung des Glaubenden zum anderen, ebenfalls von Gott geliebten Mitmenschen ihre wahre Erfüllung. Wenn Paulus nachdrücklich darauf hinweist, dass gerade das Bemühen, die Gebote zu erfüllen, Sünde und Schuld des Menschen aufdeckt (vgl. Gal 3,19ff.), so ist es eben der Glaube an die göttliche Erlösung in Jesus Christus, *der sich in tätiger Liebe auswirkt* (Gal 5,6; Gute Nachricht Übersetzung).

Bestünde die christliche Religion allein aus den ethischen Forderungen und Maßstäben Jesu (Bergpredigt, Gleichnisse), dann bedürfte es aller dieser Überlegungen nicht. Doch es geht in ihr auch und nicht zuletzt um die *Erlösung* des Menschen, der der Sünde und dem Tode ausgesetzt und verfallen ist.

Dem Koran ist diese Gebrochenheit des Menschen durch Sünde und Schuld jedoch fremd, auch wenn er um die Neigung des Menschen zum Schlechten weiß und deshalb Umkehr und göttliche Vergebung für nötig hält. Aber die Erlösung des sündigen Menschen durch einen sündlosen Gottesgesandten oder Propheten kennt der Koran nicht. Der Mensch soll nach Gottes Vorgaben (Geboten) Gutes tun und ist dazu aufgrund seiner natürlichen Beschaffenheit (fitra) auch in der Lage (Sure 30,30). Damit wird die zentrale Erlösungsbotschaft des Neuen Testaments gegenstandslos.

Andererseits sind Glaube und Unglaube, Gläubige und Ungläubige das zentrale Thema des Koran. Nur der Glaubende kann vor Gott bestehen. Was er zu tun und zu lassen hat, lässt ihn Gott durch Mohammeds Botschaft und dessen vorbildhaftes Verhalten wissen (Koran und Sunna). Wer sich danach richtet, erfährt Gottes Rechtleitung und wird im Diesseits wie im Jenseits belohnt:

Diejenigen, die glauben und tun, was recht ist, die leitet der Herr wegen ihres Glaubens recht. (Sure 10,9)

Diejenigen, die rechtschaffen sind, haben hier im Diesseits Gutes zu erwarten; aber die Wohnstätte des Jenseits ist (für die Gottesfürchtigen) *wahrlich* (noch) *besser …* (16,30; vgl. 4,121ff.; 13,29; 18,29)

In den schönsten Farben wird das Paradies ausgemalt, das die Gottesfürchtigen und Gläubigen bewohnen werden. Sie brauchen auch wegen des Gerichts keine Angst zu haben (vgl. 41,30ff.). Die Ungläubigen hingegen trifft Gottes ganzer Zorn; ihnen droht die Hölle (z.B. 3,196f.; 13,18). Es sind jene, die sein Wort und seine Weisungen verschmähen, seine(n) Boten verspotten und verfolgen und andere vom rechten Glauben abhalten (z.B. 13,18ff.; 47,34). Am schlimmsten ergeht es denen, die dem einen Gott andere Götter »beigesellen«, und jenen, die vom rechten Glauben wieder abfallen (Apostasie). Diese schwersten aller Sünden erlangen keine Vergebung (4,48.116.137; 3, 90). Das trifft auch auf jene zu, die ungläubig sterben (2,161; 4,18 u.ö.), und überhaupt auf alle, *die ungläubig sind und Unrecht tun* (4,168). Für solchen Unglauben gibt es Strafen im Diesseits (mit den entsprechenden gesellschaftlichen Folgen in einem islamischen Land!) und Strafen im Jenseits (13,33f.).

Auf die Vergebung seiner Verfehlungen darf nach Auskunft des Koran (vgl. S. 116–119) nur hoffen, wer an Gottes Offenbarungen glaubt, die schweren Sünden meidet, Gott um Vergebung bittet, umkehrt und sich bessert (11,3; 23,118; 53,32; 4,31; 2,160; 3,89). Das sind die Bedingungen, die der Glaubende zu erfüllen hat. Nur ihm gilt Gottes Liebe, denn *Gott liebt keinen Ungläubigen und Sünder* (2,276). Er liebt, die Gutes tun, gerecht handeln und ihn fürchten (19,96; 49,9; 9,4). Davon, dass sich Gott gerade dem Sünder zuwendet und nicht dem Gerechten, steht im Koran nichts.

Im Koran tritt Jesus auch nicht als der Sünden vergebende und sich den Sündern zuwendende Heiland auf – wie ihn die Zeugnisse des Neuen Testaments kennen (Mk 2,1-12.15-17; Lk 7,47-50; 15). Auch dabei spielt der Glaube eine große Rolle – aber als Vertrauen zu dem durch Jesus handelnden Gott, der *das Verlorene* sucht und findet, was den Weg vom Tod zum Leben bedeutet (zum verlorenen Sohn und verlorenen Schaf s. Lk 15, bes. Verse 24 und 32!).

Glaube heißt im Koran also *glauben* (an das), *was auf Mohammed herabgesandt worden ist.* Das ist die Wahrheit (47,2; vgl. 39,33ff.). Wer sich als Muslim damit in Übereinstimmung befindet und demgemäß handelt, *tut, was recht ist* (s. o. 10,9), der ist auf dem »geraden Weg«. Er folgt Gottes Rechtleitung und erweist sich damit als einer, der von Gott zum Glauben prädestiniert ist, der gläubig geworden ist mit Gottes Erlaubnis (10,99f.). Er realisiert nur seine schöpfungsgemäße Anlage. Unglaube und Sünde entsprechen dagegen nicht seiner wahren Natur!

Gedanken an Jenseits und Endgericht sind in diesen Vorstellungen über Glaube und Unglaube, Sünde und Vergebung, Tod und Leben sowohl im Koran als auch in der Bibel immer mit im Blick. Es wird kommen »der Tag der Auferstehung« der Toten, heißt es im Koran (19,95; 75,1ff. u. ö.). So wie Gott in seiner Schöpfung immer wieder neues Leben schafft und Totes zum Leben erweckt, wird er auch alle erwecken, *die in den Gräbern sind* (22,5-7; 37,78f.). Zugleich kommt das Gericht, das Mohammed in seiner frühen Verkündigung den Mekkanern so eindringlich vor Augen führt (vgl. S. 32f.; 115–116). Die »Stunde«, in der alle Menschen zur Rechenschaft gezogen werden (37,24), kommt gewiss und ist schon nahe gerückt (40,59; 53,57; 54,1). Doch den genauen Zeitpunkt weiß allein Gott (7,187), der ihn auch *für eine bestimmte Frist* verschieben kann (11,103f.). So wird die Naherwartung der Endzeit im Laufe der Verkündigung Mohammeds in die Zukunft verlegt – ein Vorgang, den auch die frühen Christen kennen.

Bei dem großen Gericht wird jedem Menschen *verkündet, was er früher* (Gutes) *getan und was er aufgeschoben* (d.h. versäumt) *hat* (75,13). Aber der Urteilsspruch erfolgt nicht undifferenziert. Gott, der gerechte Richter, entscheidet souverän über das Wohl und Wehe eines jeden Menschen. Er kann, wenn er will, *die schlechtesten Taten tilgen und ihre besten Taten belohnen* (39,35), *schlechte Taten gegen gute eintauschen* (25,70f.) und Fürsprache der Engel und Propheten annehmen (zu Jesus als Zeuge s. 4,159; vgl. 1. Joh 2,1; die islamische Tradition kennt Mohammed als Fürsprecher).

Worauf es in diesem Zusammenhang besonders ankommt ist, dass es auch nach koranischem Befund in erster Linie auf den Glauben ankommt, denn es gilt: *Wer den Glauben leugnet, dessen Werk ist hinfällig. Und im Jenseits gehört er zu den Verlierern* (5,5). Dass Glaube im Koran und Glaube im Neuen Testament nicht dasselbe sind, ist hinlänglich deutlich geworden.

Im Abschnitt »Gott, der Richter« (vgl. S. 113–116) sind weitere Aspekte des Gerichts zur Sprache gekommen, darunter auch das Spannungsverhältnis zwischen dem Gericht »schon jetzt« und »am Ende der Tage«. Die Vorentscheidung fällt sowohl nach dem Koran als auch im Sinne des Neuen Testaments bereits hier und heute. Der entscheidende Unterschied liegt aber wiederum in der Christologie. Sie stellt (bei all ihrer Vielfalt im Neuen Testament) die Mitte des christlichen Glaubens dar, von der her alle Vorstellungen und Begriffe ihre spezifische Bedeutung erhalten, auch die von Auferstehung, Gericht und ewigem Leben (vgl. Mk 13; Mt 25,31ff.). Diese Mitte ist Jesus Christus, der gekreuzigte und auferstandene Herr. Er ist »die Mitte der Zeit« und die Mitte der Geschichte. Hier offenbart sich nicht nur ein anderes Gottesbild, sondern auch ein anderes Verständnis von Zeit und Geschichte als im Koran. Für eine Heilsgeschichte im christlichen (und auch jüdischen) Sinne lässt der Koran keinen Raum. Nach muslimischer Überzeugung bleibt Gott in der Verborgenheit und tritt nicht in die Geschichte ein. Sein Wort ist überzeitlich. Das Heil ist kein geschichtliches Ereignis, sondern die Verwirklichung der vom Schöpfer mitgegebenen guten Anlage durch Glaubensgehorsam. Das geschieht in der Entfaltung der wahren Religion, des Islam.

Sure 1
Die Eröffnende (al-Fātiḥa)
Im Namen Gottes, des Erbarmers, des Barmherzigen.
Lob sei Gott, dem Herrn der Welten,
dem Erbarmer, dem Barmherzigen,
dem Souverän am Tag des Gerichts.
Dir dienen wir, und zu Dir rufen wir um Hilfe.
Führe uns den geraden Weg,
den Weg derer, denen Du Gnade erwiesen hast,
nicht derer, die dem Zorn verfallen sind und irregehen.

4.5 Die Bewährung des Glaubens

Judentum, Christentum und Islam sind sich darin einig, dass sich der Glaubende im Alltag zu bewähren hat, sei es in der Erfüllung göttlicher Gebote und ethischer Forderungen, sei es in der Bewahrung kultischer Traditionen und identitätsstiftender Bräuche. Dabei stehen natürlich an erster Stelle die göttlichen Gebote, wie sie in den heiligen Schriften niedergelegt sind.

Für den Muslim heißt Bewährung des Glaubens, das zu tun, was Gott will, sich Gott hinzugeben (Hingabe = Islam, vgl. S. 18) und ihm zu dienen. Das ist nach Sure 51,56 die wahre Bestimmung des Menschen: *Und Ich habe die Dschinn* (Geister) *und die Menschen nur dazu erschaffen, dass sie Mir dienen.* Dazu fordert im Koran auch Jesus auf (vgl. S. 243). Gott ist nicht nur der Urgrund, sondern auch das Ziel allen menschlichen Handelns. So sollte es jedenfalls sein. Deshalb legt der Islam großen Wert darauf, dass die Intention (niya) einer Handlung stets auf Gott gerichtet ist. Wenn das geschieht, rechnet Gott schon die gute Tatabsicht an, selbst wenn die Ausführung nicht gelingt. In der islamischen Tradition hat diese Vorstellung eine große Bedeutung erlangt.

Was der einzelne Gläubige tun soll, lässt ihn Gott durch seine Offenbarungen im Koran wissen, die im Prinzip das ganze Leben regeln. Wenn sich im Einzelfall keine Weisung findet, werden von den islamischen Theologen Verhaltensregeln aus Koran und Sunna (vgl. S. 71–73) abgeleitet, z. B. durch Analogieschluss oder theologischen Konsens. Auf diese Weise sind im Laufe der Zeit Sammlungen mit verbindlichen rechtlichen Vorschriften für alle Lebensbereiche entstanden. Es entstand ein umfassendes Rechtssystem, die scharīʿa (der »Weg«), das geistliche Gesetz, das alle Bereiche der Religion – religiöse Pflichten, Kultus und Ethik, aber auch Zivil- und Strafrecht – umfasst. In vielen islamischen Ländern sind heute nur noch Teile der Scharia in Kraft (vor allem Ehe- und Erbrecht). In anderen Bereichen wurde europäisches Recht übernommen. Manche islamische Staaten plädieren jedoch für eine Beibehaltung oder Wiedereinführung der Scharia.

Sinn der Gebote und Weisungen Gottes ist es, die Ordnung der Schöpfung zu gewährleisten und Unordnung abzuwehren. Es ist der Schöpfer selbst, der sich um seine Schöpfung kümmert und Vorsorge für ihre Erhaltung getroffen hat. Deshalb gebührt ihm vor allem und zuerst Lob und Dank: *Es preist Gott* (alles), *was in den Himmeln und auf Erden ist.* (Sure 57,1) Zum Gottes-Dienst gehört der Lobpreis Gottes ebenso wie der soziale Dienst in der Gemeinschaft der Muslime. In den sogenannten »fünf Säulen des Islam« sind die Grundpflichten der Muslime zusammengefasst, die in vielen Versen des Koran zu finden

DIE FÜNF SÄULEN DES ISLAM

Die religiösen Hauptpflichten der Muslime

1. **Das Glaubensbekenntnis** (schahāda)
»Ich bezeuge, dass es keine Gottheit gibt außer Gott;
ich bezeuge, dass Mohammed Gottes Gesandter ist«
(weitere Inhalte siehe Sure 4,136 und Sure 2,285)

2. **Das Gebet** (ṣalāt)
fünfmal am Tage von Sonnenaufgang bis Sonnenuntergang

3. **Das Fasten** (ṣawm)
im Monat Ramaḍān

4. **Die Almosensteuer** (zakāt)
Sozialabgabe

5. **Die Wallfahrt nach Mekka** (ḥaddsch)
einmal im Leben

sind. Zu ihnen gehört außer dem Glaubensbekenntnis das fünfmalige tägliche Gebet, das Fasten im Monat Ramadan, die Sozialabgabe und als Höhepunkt muslimischer Frömmigkeit eine Wallfahrt nach Mekka (s. Übersicht oben). Das alles ist nicht nur eine Angelegenheit des einzelnen Muslim, sondern zugleich der religiösen Gemeinschaft, die sich, zumindest in islamischen Ländern, in der Öffentlichkeit vollzieht. Religion ist im Islam keine Privatsache!

Ihre religiösen Pflichten nehmen Muslime in der Regel sehr ernst, denn es sind Pflichten gegenüber Gott. Sie stärken die Disziplin und die soziale Verantwortung des Gläubigen und festigen die Gemeinschaft. Viele Muslime pflegen neben dieser gemeinschaftsbezogenen und identitätsstiftenden Religionsausübung eine individuelle Frömmigkeit, auf die sie ihr gesamtes Leben ausrichten.

»Glauben und das Rechte tun« lautet die koranische Formel für das richtige Verhalten vor Gott.

Diejenigen, die glauben und tun, was recht ist, werden Wir (einst) *in die Gärten eingehen lassen, in denen Bäche fließen* (d.h. ins Paradies); *darin sollen sie verweilen immer und ewig. Das ist das Versprechen Gottes und* (die) *Wahrheit.* (4,122; vgl. 4,124; 42,23)

Wer glaubt und Gutes tut, wird belohnt (vgl. auch 6,84; 23,1ff.; 39,33-35; 47,2 u.ö.). Gute Taten vertreiben die bösen (11,114). Allerdings muss der Glaubende auch Anfechtungen und Prüfungen bestehen, die nicht nur von Iblis (dem Satan), sondern auch von Gott kommen: *Und Wir setzen euch mit Bösem und Gutem Prüfungen aus, um euch auf die Probe zu stellen.* (21,35)

Möglichkeiten, Gutes zu tun, gibt es für den Glaubenden genug. Der Koran enthält eine Fülle konkreter Weisungen, aus denen klar hervorgeht, was gut und schlecht bzw. böse ist. Die meisten betreffen den sozialen Bereich, das menschliche Zusammenleben. Dazu gehören mehrheitlich die Gebote in Sure 6 und 17, die den »Zehn Geboten« entsprechen (vgl. S. 206–215): keinen Menschen töten, den Gott für unverletzlich erklärt hat; den Eltern Gutes tun; das Vermögen der Waisen schützen; volles Maß und Gewicht geben; richtige Aussagen machen (in Rechtsfällen); sich vor schändlichen Handlungen und vor Unzucht hüten; Verwandte, Arme und Reisende unterstützen; nicht geizig, aber auch nicht verschwenderisch sein; nicht hochmütig daherschreiten (u.a.).

Viele weitere Gebote und Verbote sind über den Koran verteilt und finden sich vor allem in späteren Suren, als das Zusammenleben in der muslimischen Gemeinde geregelt werden musste. Zu diesen Bestimmungen gehören unter anderen: das Verbot von Zinsnehmen und Wucher (2,275ff.); anvertrautes Gut ist treu zu verwalten (z.B. 70,32), Diebstahl wird hart bestraft (5,38); verboten ist der Genuss von Schweinefleisch sowie von Blut und Verendetem und *worüber ein anderer Gott angerufen worden ist* (2,173; vgl. 5,3: erlaubt ist Geschächtetes); unter das Verbotene fallen auch Wein und Glücksspiele (2,219;

5,90). Liebe und Sexualität sind Gottesgaben (30,21; 2,223), doch sollen sich Männer und Frauen züchtig verhalten (Einzelheiten s. 24,30ff., u.a. zur Kleiderordnung); ausführlich werden Untreue und sexuelle Freizügigkeit behandelt – *wenn ein Mann und eine Frau Unzucht begehen*, dann erhalten beide je hundert Peitschenhiebe; wird eine Frau der Untreue beschuldigt, müssen das vier Zeugen bestätigen, sonst bekommen die Denunzianten achtzig Hiebe usw. (24,2ff.); Homosexualität und Prostitution werden verurteilt (4,16; 24,33).

Grundlegend für die islamische Ethik sind die muslimischen Ideale wie Gerechtigkeit, Wahrhaftigkeit, Mäßigung und Selbstbeherrschung, soziales Engagement (2,177), Freigebigkeit und Gastfreundschaft, Nachsicht, Verzeihen und Dankbarkeit. Böses ist durch Gutes »abzuwehren« (13,22; 23,96; 41,34). An erster Stelle aber steht die Gottesfurcht. *Das Kleid der Gottesfurcht ist besser als die schönste Kleidung!* (7,26)

Nach dem Koran sind Gottes Gebote erfüllbar, denn Gott verlangt vom Menschen nicht mehr, als er zu leisten imstande ist (6,152; 7,42 u.ö.) *Gott fordert von keinem mehr, als Er ihm gegeben hat* (65,7). Deshalb *müht euch für die Sache Gottes ab, wie es sich gehört. Er hat euch erwählt, und Er hat euch in der Religion nichts auferlegt, was euch bedrückt.* (22,78)

Im Rahmen dieser göttlichen Ordnung, die dem Menschen eine Hilfe sein soll, kann der Glaubende die »Rechtleitung« Gottes erfahren und sein Heil finden. Ein solches gottgefälliges Leben beschreibt der Koran auf vielfältige Weise (z.B. in Sure 22,30ff. und 25,63ff.). In der Erfüllung dessen, was Gott will und erwartet, erweist sich der Muslim als gehorsamer Diener Gottes. Darin zeigt sich sein Glaube.

Kehren wir zurück zur Bibel. Vieles von dem, was im Koran über religiöse Riten, kultische Praktiken und ethische Verhaltensweisen steht, findet sich auch in der Bibel. Das betrifft sowohl den Dekalog, die Ehegesetze, Speisegebote und Reinheitsvorschriften in der hebräischen Bibel als auch ethische Grundsätze und Moralvorstellungen im Neuen Testament, wobei es sehr auf den jeweiligen Zusammenhang ankommt. Viele Akzente sind ganz anders gesetzt, z.B. bei Jesu Äußerungen über »rein und unrein« (alle Speisen sind rein, aber was Böses aus dem Menschen kommt, das macht unrein; Mk 7,14ff.) oder bei Paulus und seiner Parole *Alles ist mir erlaubt, aber nicht alles nützt mir* (1. Kor 6,12; 10,23).

Für Christen besteht die Bewährung des Glaubens in der Nachfolge Jesu, der von seinen Jüngern verlangt, dass sie ihr Kreuz auf sich nehmen und sich selbst verleugnen (Mt 16,24f.; vgl. 10,37-39). Das ist ein hoher Anspruch, dem sich Jesus auch selbst gestellt hat. Solche Hingabe entspricht Jesu eigenem Gehorsam gegenüber Gott. Ausdruck dieser entschiedenen Haltung ist seine Radikalisierung der überkommenen Gebote in der »Bergpredigt« (*Ihr habt gehört, dass zu den Alten gesagt worden ist: … Ich aber sage euch: …* Mt 5–7). Auch hier begegnen uns kultische Bräuche und soziale Problemfelder, die im Koran eine Rolle spielen (Almosen, Beten, Fasten, Ehebruch, Ehescheidung, Schwören u.a.), aber eben im Kontext von Jesu neuer Ethik, wie sie im »Reich Gottes« gelten soll. Dieses ist mit dem Kommen Jesu Christi angebrochen (Mk 1,14f.), und der Christusgläubige ist als Erlöster dazu aufgerufen, es mit zu verwirklichen. Das Heil kommt nicht durch die guten Werke, sondern ist ein Geschenk Gottes, das dem Glaubenden zuteil wird, aber *der Glaube für sich allein ist tot, wenn er nicht Werke vorzuweisen hat* (Jak 2,17.14-26). Diese Dialektik von Glaube und Tun ist ein anderer Grundansatz als im Koran, was freilich nicht daran hindern sollte, gemeinsam das Gute zum Wohle des Menschen zu suchen.

Basmala: Im Namen Gottes des Erbarmers, des Barmherzigen.
Geschrieben von dem türkischen Kalligraphen Ahmad Karahisari, 16. Jahrhundert

Vielfalt des Islam – Die Glaubensrichtungen im Überblick

Die Gesamtzahl der Muslime beträgt ca. 1,2 Milliarden

Sunniten

Mehrheit der Muslime, ca. 90 Prozent.

Schiiten

die schiitischen Richtungen ergeben zusammen ca. 9,9 Prozent der Muslime

Charidschiten
ca. 0,1 Prozent in Omam und Norafrika (Ibaditen)

Zaiditen (»Fünfer-Schiiten«)
ca. 10 Millionen, vor allem im Jemen

Ismailiten (»Siebener-Schiiten«)
weite Verbreitung in Syrien, Zentralasien, Saudi-Arabien, Ostafrika und Indien, ca. 20–30 Millionen

Alawiten/Nusairier
über 10 Millionen, vor allem in Syrien, im Libanon und in der Türkei

Drusen
ca. 0,75 Millionen im Nahen Osten, besonders im Libanon und in Syrien

Imamiten (»Zwölfer-Schiiten«)
Hauptgruppe der Schiiten, vor allem im Iran, Irak und in weiteren Ländern Zentralasiens

Charakteristik der Richtungen und Gruppierungen

Sunniten
von Sunna = Gewohnheit des Propheten, d.h. Äußerungen und Taten. Die Sunna ist die zweite Glaubensquelle neben dem Koran. Der Kalif soll aus dem Stamme Mohammeds kommen. Kalifen der Sunniten waren nach Abu Bakr, Omar, Osman und Ali der Statthalter von Damaskus Mu ʿāwiya und die sich anschließenden Herrscher der Umayyaden und Abbasiden.
Schiiten
von schīʿat ʿAli, »Partei« Alis, der den Schiiten als erster rechtmäßiger Nachfolger des Propheten Mohammed gilt. Die drei Kalifen Abu Bakr, Omar und Osman werden als Usurpatoren angesehen. Die den Kalifen entsprechenden schiitischen Imame müssen direkte Nachkommen von Ali und Fatima, der Tochter Mohammeds, sein.
Charidschiten
von chāridschī = »Auszügler«; trennten sich 657 von Ali wegen dessen Verhalten in der Schlacht bei Siffin (Schiedsgericht); strenge Orientierung am Koran; Imam wird der würdigste Muslim ohne Ansehen der Herkunft.

Zu den Schiiten gehören mehrere Haupt- und Nebenrichtungen, die sich von den Imamen der Frühzeit ableiten.
Zaiditen
erkennen nur die ersten vier Imame der Zwölferreihe an (Ali, Hassan, Hussain und dessen Sohn Ali Zain), ihr 5. Imam ist Alis Urenkel Zaid (gest. ca. 740). Der Imam muss von Hassan oder Hussain abstammen. Zaiditen stehen der sunnitischen Lehre näher als andere Schiiten, sie sind religiös tolerant, politisch kämpferisch.

Ismailiten
Ihr 7. Imam ist Ismāʿīl (gest. um 760), der göttliche Lichtträger, den manche als Mahdi erwarten. Da er vor seinem Amtsantritt verstarb, bezeichnen andere seinen Sohn Muhammad als 7. Imam. Die Lehre hat spekulative, gnostische und mystische Züge. Durch geistliche Lehrer und Initiationsstufen kann der Gläubige von der äußeren Religion zum wahren Göttlichen gelangen. – 899 Spaltung in Karmaten (Altgläubige) und Fatimiden (Herrschaft in Ägypten, 969 bis 1171); weitere Spaltung 1094 (Nizariten in Persien, in Syrien: Assassinen).
Alawiten (Aleviten) **/ Nusairier**
Entstehung im 9. Jahrhundert aufgrund von Offenbarungen des 11. Imam al-ʿAskari an seinen Schüler ibn-Nusair; göttliche Verehrung Alis; gnostisch-mystisch-esoterische Lehren; die innere Erleuchtung steht über der äußeren Religion (Koran und Kultus); in der Türkei starker Einfluss von Hadschi Bektasch Veli (Bektaschiten); mehr ethische als religiöse Ausrichtung.
Drusen
Entstehung im 11. Jahrhundert; al-Hākim und andere Fatimiden-Kalifen werden neben Ali als göttliche Inkarnationen verstanden; daher Koran und Kultus nicht heilsnotwendig; wichtigster Glaubenssatz ist Gottes Einheit und Einzigartigkeit; in der Gemeinde gibt es »Weise«, d.h. Wissende und in die Lehre Eingeweihte, und (noch) »Unwissende«. Die Drusen (von ad-Darazi, einem frühen Vertreter) sind heute in erster Linie eine Volksgruppe.
Imamiten
Hauptgruppe der Schiiten; geht von 12 rechtmäßigen Imamen aus. Der 12. Imam, Muhammad ibn-Hassan al-Mahdi, wurde beim Tode seines Vaters al-ʿAskari als Fünfjähriger »entrückt« und lebt seit 873/74 in der »kleinen«, seit 941 in der »großen

Verborgenheit«, von wo aus er regiert. Bis zu seiner Wiederkehr vertreten ihn islamische Rechtsgelehrte (Ayatollahs). An den »Zwölfer-Schiiten« zeigt sich die Entwicklung der Schia zu einer Konfession mit eigener Koranauslegung und Tradition, speziellen Festen, ausgeprägtem Volksglauben, Märtyrer- und Heiligenverehrung und Erwartung des Mahdi. Die Nachkommen Mohammeds und Alis haben eine Mittlerfunktion zwischen Gott und den Gläubigen. Anders als die Sunniten haben die Imamiten eine hierarchische Struktur.

Reform- und Erneuerungsbewegungen

Wahhabiten

gegründet von Muhammad Abdul-Wahhab (1703–1792) gegen fremde Einflüsse und alle Neuerungen im Islam; Saudi-Arabien.

Reformer des 19. Jahrhunderts

u.a. al-Afghani (1838–1897) und Muhammad Abduh (1849–1905); Aufnahme ihrer Ideen durch die 1929 gegründete Muslim-Bruderschaft mit religiösen und politischen Zielen.

Aḥmadīya-Bewegung

1889 von Mirza Ghulam Ahmad (1836–1908) in Indien als Reform- und Missionsbewegung gegründet, 1914 Spaltung (Lahore- und Qadian-Gruppe); 1974 wurde die Aḥmadīya-Bewegung aus dem »Haus des Islam« ausgeschlossen.

Sufismus

Die islamische Mystik hat den Islam immer wieder geistlich vertieft und erneuert und sowohl großartige Dichter und Denken wie Rūmi, al-Ghazzāli und Ibn al-ʿArabī als auch bedeutende mystische Bruderschaften hervorgebracht, darunter den türkischen Derwisch-Orden Mewlewiye (13. Jahrhundert), den mittelasiatischen Nakschbandi-Orden (14. Jahrhundert), die türkische Bruderschaft Bektaschiye (15. Jahrhundert) und den in Nordafrika verbreiteten Senūssi-Orden (19. Jahrhundert).

Islamische Funktionsträger (»Ämter«)

Kalif Nachfolger Mohammeds
Sultan Herrschertitel seit dem 10. Jahrhundert
Ulema (Plural) Rechtsgelehrte und Theologen
Mufti Rechtsgelehrter und hoher geistlicher Würdenträger, kann Gutachten (arab. fatwa) zu Fragen der religiös-rechtlichen Lebensordnung erteilen
Imam im sunnitischen Islam Leiter der Gebete; bei den Schiiten Oberhaupt der Gesamtgemeinde in der Nachfolge Alis
Kadi Geistlicher Richter für Rechtsfragen
Muezzin Gebetsausrufer
Mulla(h), Molla Rechts- und Religionslehrer im schiitischen Islam
Scheich in der islamischen Mystik geistlicher Leiter, auch Ehrentitel

Das islamische Jahr

ist ein Mondjahr von 354 Tagen in 12 Monaten. Die ungeraden Monate haben 30, die geraden 29 Tage. Alle 2 bis 3 Jahre wird der letzte Monat durch einen Schalttag verlängert. Der Tag beginnt mit Sonnenuntergang. Das Jahr 1 islamischer Zeitrechnung beginnt mit der Hidschra am 16. Juli 622. Am 10. Januar 2008 war der Neujahrstag 1429. Der Mondkalender ist vor allem für die Festzeiten von Bedeutung, während sonst der gregorianische Kalender verwendet wird. Durch ihn verschieben sich die islamischen Festzeiten jährlich um 10 bis 12 Tage , sodass der Fastenmonat Ramadan in den Sommer fallen kann.

Islamische Feste

1. Muharram (I. Monat): Neujahr. Erinnerung an die Hidschra
10. Muharram: Aschura-Tag; freiwilliges Fasten bei den Sunniten; Erinnerung an das Verlassen der Arche durch Noah. Bei den Schiiten Trauertag zum Gedächtnis an den Märtyrertod Hussains im Jahre 680 bei Kerbela; dort Passionsspiele. Hussain ist für die Schiiten (und Aleviten) der dritte rechtmäßige Imam nach Mohammed und Ali.
12. Rabiʻ al-awwal (III. Monat): Geburtstag des Propheten; das Lichtfest der türkischen Muslime
27. Radschab (VII. Monat): Himmelsreise des Propheten
1. Ramaḍān (IX. Monat): Beginn des Fastens
27. Ramaḍān: Nacht der göttlichen Bestimmung, d.h. der Herabsendung des Koran (erste Offenbarung = Sure 96)
1. Schawwāl (X. Monat): Fest des Fastenbrechens, das »kleine Fest«; türkisch: Scheker Bayrami, Zuckerfest
10. Dhu'l-ḥiddscha (XII. Monat): Opferfest, das »große Fest«; türkisch: Kurban Bayrami; Abschluss der Wallfahrt nach Mekka. Schlachtung von Tieren (besonders Hammel) zur Erinnerung daran, wie Abraham seinen zum Opfer bestimmten Sohn durch ein großes Tieropfer auslöste. Falls ein Tieropfer nicht möglich ist, wird Geld für Bedürftige gespendet.

GENESIS בראשית

1 [ס א] 1 בְּרֵאשִׁית[a] בָּרָא אֱלֹהִים אֵת הַשָּׁמַיִם וְאֵת הָאָרֶץ׃ 2 וְהָאָרֶץ
הָיְתָה תֹהוּ וָבֹהוּ וְחֹשֶׁךְ עַל־פְּנֵי תְהוֹם וְרוּחַ אֱלֹהִים מְרַחֶפֶת עַל־פְּנֵי
3 4 הַמָּיִם׃ 3 וַיֹּאמֶר אֱלֹהִים יְהִי אוֹר וַיְהִי־אוֹר׃ 4 וַיַּרְא אֱלֹהִים אֶת־
5 הָאוֹר כִּי־טוֹב וַיַּבְדֵּל אֱלֹהִים בֵּין הָאוֹר וּבֵין הַחֹשֶׁךְ׃ 5 וַיִּקְרָא
אֱלֹהִים ׀ לָאוֹר יוֹם וְלַחֹשֶׁךְ קָרָא לָיְלָה וַיְהִי־עֶרֶב וַיְהִי־בֹקֶר יוֹם
6 אֶחָד׃ פ 6 וַיֹּאמֶר אֱלֹהִים יְהִי רָקִיעַ בְּתוֹךְ הַמָּיִם וִיהִי מַבְדִּיל
7 בֵּין מַיִם לָמָיִם׃[a] 7 וַיַּעַשׂ אֱלֹהִים אֶת־הָרָקִיעַ וַיַּבְדֵּל בֵּין הַמַּיִם אֲשֶׁר
8 מִתַּחַת לָרָקִיעַ וּבֵין הַמַּיִם אֲשֶׁר מֵעַל לָרָקִיעַ [a]וַיְהִי־כֵן׃[a] 8 וַיִּקְרָא
אֱלֹהִים לָרָקִיעַ שָׁמָיִם וַיְהִי־עֶרֶב וַיְהִי־בֹקֶר יוֹם שֵׁנִי׃ פ
9 וַיֹּאמֶר אֱלֹהִים יִקָּווּ הַמַּיִם מִתַּחַת הַשָּׁמַיִם אֶל־מָקוֹם[a] אֶחָד וְתֵרָאֶה
10 הַיַּבָּשָׁה וַיְהִי־כֵן׃[b] 10 וַיִּקְרָא אֱלֹהִים ׀ לַיַּבָּשָׁה אֶרֶץ וּלְמִקְוֵה הַמַּיִם
11 קָרָא יַמִּים וַיַּרְא אֱלֹהִים כִּי־טוֹב׃ 11 וַיֹּאמֶר אֱלֹהִים תַּדְשֵׁא הָאָרֶץ
[a]דֶּשֶׁא עֵשֶׂב[a] מַזְרִיעַ זֶרַע עֵץ[b] פְּרִי עֹשֶׂה פְּרִי לְמִינוֹ[c] אֲשֶׁר זַרְעוֹ־בוֹ
12 עַל־הָאָרֶץ וַיְהִי־כֵן׃ 12 וַתּוֹצֵא הָאָרֶץ דֶּשֶׁא עֵשֶׂב מַזְרִיעַ זֶרַע לְמִינֵהוּ
13 וְעֵץ עֹשֶׂה פְּרִי אֲשֶׁר זַרְעוֹ־בוֹ לְמִינֵהוּ וַיַּרְא אֱלֹהִים כִּי־טוֹב׃ 13 וַיְהִי־
14 עֶרֶב וַיְהִי־בֹקֶר יוֹם שְׁלִישִׁי׃ פ 14 וַיֹּאמֶר אֱלֹהִים יְהִי מְאֹרֹת
בִּרְקִיעַ הַשָּׁמַיִם לְהַבְדִּיל בֵּין הַיּוֹם וּבֵין הַלָּיְלָה וְהָיוּ לְאֹתֹת וּלְמוֹעֲדִים
15 וּלְיָמִים וְשָׁנִים׃ 15 וְהָיוּ לִמְאוֹרֹת בִּרְקִיעַ הַשָּׁמַיִם לְהָאִיר עַל־הָאָרֶץ
16 וַיְהִי־כֵן׃ 16 וַיַּעַשׂ אֱלֹהִים אֶת־שְׁנֵי הַמְּאֹרֹת הַגְּדֹלִים אֶת־הַמָּאוֹר

Die Schöpfungsgeschichte der hebräischen Bibel (1. Mose/Genesis 1,1ff.)

V. Adam, Abraham und Mose – Jüdische Traditionen im Koran

1. Der Befund

Wie stark der Islam mit dem Judentum und Christentum verwoben ist, haben schon die bisherigen Ausführungen gezeigt. Mohammed fühlte sich beiden Religionen verbunden und setzte sich mit ihnen auseinander. Er wahrte die Kontinuität der beiden Offenbarungsreligionen und wusste sich als Vollender des monotheistischen Schöpfungsglaubens in seiner reinsten Form. Was Wunder, dass der Koran eine Fülle von Aussagen enthält, die ihre Parallele in der hebräischen Bibel, im Neuen Testament und auch in außerbiblischen jüdischen und christlichen Überlieferungen haben. Das ist zunächst eine Feststellung, die noch nichts über ihre Herkunft besagt. Dem Begriff »Parallele« kann auch ein Muslim zustimmen, der diese Aussagen direkt auf die durch Mohammed übermittelten Offenbarungen Gottes zurückführt. Wer hingegen die geschichtlichen Umstände mit berücksichtigt, wird davon ausgehen, dass Mohammed das an ihn ergangene Gotteswort in der Sprache und Vorstellungswelt seiner Zeit ausgedrückt hat, und dazu gehören auch die jüdischen und christlichen Traditionen. Diese letztere Betrachtungsweise erklärt die Unterschiede in den Paralleltexten damit, dass bekanntes Traditionsgut in eine neue religiöse Botschaft eingeht und dabei neu akzentuiert wird. Dabei ergeben sich Raffungen, Weglassungen und Hinzufügungen. Das ist ein ganz normaler Vorgang in der Religionsgeschichte. Eine Wertung ist mit dieser Betrachtungsweise nicht verbunden. Sie ergibt sich erst aus der Sicht der Vertreter der »alten« Religion(en) auf die »neue« Botschaft und umgekehrt.

Jedenfalls enthält der Koran eine Fülle von Geschichten, Vorstellungen und Gedanken, die aus der Bibel und aus außerbiblischen Quellen bekannt und vielen Menschen vertraut sind, und das war auch schon bei Mohammeds Zeitgenossen und den Hörern seiner Botschaft der Fall. Um diese jüdischen und christlichen Traditionen soll es in den Kapiteln V und VI gehen. Sie finden sich vorwiegend in der Bibel, aber auch in der nachbiblischen jüdischen Überlieferung von Talmud und Midrasch, vor allem in den volkstümlichen Erzählungen der Haggada (dem nichtgesetzlichen Bereich der Bibelauslegung) sowie in den apokryphen Schriften der frühen Christen, z.B. in den Kindheitsevangelien. Oft sind es auch nur einzelne Züge von Menschen oder Ereignissen in außerbiblischen Quellen, die sich im Koran in Verbindung mit biblischen Aussagen wiederfinden.

Da biblische Geschichten, Erzählungen aus der rabbinischen Literatur und christliche Legenden zur Zeit Mohammeds bereits einer breiteren Bevölkerungsschicht in Arabien bekannt waren, konnten auch verkürzte biblische Aussagen oder Andeutungen in Mohammeds Verkündigung verstanden werden. Mit all diesen Traditionen waren und sind auch die islamischen Theologen wohl vertraut.

Die folgenden Abschnitte sind hauptsächlich den biblischen Stoffen gewidmet, die sich im Koran finden. Auf außerbiblische Schriften wird hingewiesen, soweit es im Rahmen dieser Publikation möglich ist. Die islamische Hadith-Literatur muss jedoch aus Raumgründen unberücksichtigt bleiben. Das Anliegen der beiden Kapitel V und VI ist es, biblische Parallelen im Koran, ihre Gemeinsamkeiten und Unterschiede vorzuführen.

2. Schöpfer und Schöpfung, Paradies und Sündenfall

Am Anfang schuf Gott Himmel und Erde ist der erste Satz der Bibel. »Der Schöpfer aller Dinge« (Sir 1,7; Sure 13,16; 40,62) steht demzufolge in der Bibel und ebenso im Koran am Anfang aller Theologie. Der erste Artikel des christlichen Glaubensbekenntnisses gilt »Gott, dem Vater, dem Allmächtigen, dem Schöpfer des Himmels und der Erde«. *Er ist Gott, der Schöpfer, der Erschaffer, der Bildner* heißt es in Sure 59,24. Ihm gilt die Verehrung der Gläubigen.

Koran und Bibel sind voll des Lobes über die Wunder der Schöpfung und ihren Schöpfer.

Hast du nicht gesehen, dass Gott preisen, die in den Himmeln und auf Erden sind, auch die Vögel mit ausgebreiteten Schwingen? Jedes (Geschöpf) *kennt sein Gebet und seinen Lobpreis …* (Sure 24,41)

Wie in Psalm 104, wo die Schöpfungswerke Gottes besungen werden, loben und preisen auch mehrere Suren das von Gott Geschaffene im Einzelnen (24,43ff.; 78,6ff.; 80,24ff.; 43,9ff.) und stellen voller Bewunderung fest:

Preis sei dem, der uns dies (alles) *dienstbar gemacht hat. Wir wären dazu nicht imstande gewesen.* (Sure 43,13)

In der »Bergpredigt« weist Jesus auf das Wunder hin, dass Gott für jegliche Kreatur sorgt (Mt 6,25ff.), und er ruft *vom Heiligen Geist erfüllt* voll Freude aus: *Ich preise dich, Vater, Herr des Himmels und der Erde …* (Lk 10,21) Der Schöpfer hat also nicht nur Himmel und Erde geschaffen, er sorgt auch für sein Geschöpfe (Lk 12,22ff.; Sure 23,17ff.). *Er lenkt alle Dinge* und schafft sie immer wieder neu (Sure 32,5; 56,58ff.; 30,11). Denn: »Was unser Gott erschaffen hat, das will er auch erhalten« (aus dem Lied: »Sei Lob und Ehr dem höchsten Gut« EG 326). Was er geschaffen hat, ist gut, ja sehr gut (1. Mose 1,18.31; Sure 32,7; 67,3) und sollte von seinen Geschöpfen mit aller Kraft gepflegt werden. Schöpfung und Geschichte sind deshalb nicht voneinander zu trennen, und dieser Schöpfungsglaube schließt auch die Zukunftshoffnung mit ein (vgl. Offb 21,1: ein neuer Himmel und eine neue Erde).

Der Schöpfungsbericht der Bibel findet sich im 1. Buch Mose, Kapitel 1–2 und umfasst die Version der Priesterschrift (1,1–2,4a) und die des sogenannten Jahwisten (2,4b–25). Die Erschaffung der Welt, des Himmels und der Erde, der gesamten Natur, von Sonne, Mond und Sternen, der Tiere sowie des Menschen »als Abbild Gottes«, von »Mann und Frau« (1,27), geschieht durch Gottes Wort innerhalb von sechs Tagen. Der siebte Tag ist Ruhetag. Der ältere Bericht (2,4bff.) stellt die Erschaffung des Menschen in den Mittelpunkt und schildert den Lebensraum des Menschen, das »Paradies« von Adam und Eva (Adam: 2,25; Eva: 3,20).

Auf die Berichte von Schöpfung und Paradies lässt die Bibel den Sündenfall in 1. Mose folgen: Die Schlange tritt als Versucher auf, und es gelingt ihr, die Frau (Eva) zu überreden, Früchte vom Baum der Erkenntnis zu essen, was Gott verboten hatte. Die Frau gibt auch ihrem Mann davon zu essen. *Da gingen beiden die Augen auf, und sie erkannten, dass sie nackt waren.* (3,7) Daraufhin wird die Schlange verflucht (3,14). Die Menschen werden mit vielerlei Mühsal bestraft (3,16-19) und aus dem Garten Eden vertrieben (3,22-24).

Im Koran wird die Erschaffung der Welt und des Menschen in vielen Suren berichtet, vor allem in den mittelmekkanischen Suren (15, 20, 23, 38 u.a.) sowie in den Suren 16, 17, 32 und 41 aus spätmekkanischer Zeit, außerdem in wenigstens drei Suren kurz vor der Hidschra (6, 7, 46) und in den Suren 2 und 57 aus Medina. Von der Erschaffung des Menschen ist schon in ganz frühen Suren kurz die Rede (96 und 95), wenig später auch schon von Gottes »Wohltaten« für seine Geschöpfe (55,80). Das über die Schöpfung und ihre Begleiterscheinungen Berichtete hat unterschiedlichen Umfang (zwischen 1 und 20 Versen). Die ausführlichen Berichte decken sich weitgehend, enthalten aber auch interessante Varianten. Aufs Ganze gesehen ergänzen und kommentieren sich die einzelnen Texte gegenseitig.

Gott ist es, der (in sechs Tagen) *die* (sieben) *Himmel und die Erde und was dazwischen ist, geschaffen und sich dann auf den Thron gesetzt hat* (zur Herrschaft über die Schöpfung; Sure 32,4). Er schuf die Engel und die Dschinn (Geister; 6,100), Sonne, Mond und Sterne, Tag und Nacht, Berge und Flüsse und *alles, was auf der Erde ist* (2,29) – und alles ist gut und ohne jeden Mangel (32,7; 67,3).

Und Wir haben den Menschen aus trockenem Lehm (oder Ton), *aus schwarzem, gestaltlosem Schlamm erschaffen.* (15,26; 3,59: aus Erde) Sure 23,12 bestätigt die Erschaffung des Menschen und ergänzt:

Hierauf machten Wir ihn zu einem Tropfen (Sperma) *in einem festen Behälter* (d.h. im Mutterleib). *Hierauf schufen Wir den Tropfen zu einem Embryo, diesen zu einem Fötus und diesen zu Knochen. Und Wir bekleideten die Knochen mit Fleisch. Hierauf ließen Wir ihn als neues* (wörtlich: anderes) *Geschöpf entstehen.* (23,13f. nach R. Paret, vgl. 22,5; 35, 11; 16,4; 96,1f.)

Danach bläst Gott dem Menschen Seinen Geist ein (15,29; 32,9; 38,72). Nach Sure 7,189 hat Gott die Menschen *aus einem einzigen Wesen erschaffen* und daraus seine Frau gemacht, damit er ihr beiwohne und ein Kind mit ihr zeuge.

In Sure 2 kündigt Gott hinsichtlich des Menschen den Engeln an: *Ich werde auf der Erde einen chalifa* (Nachfolger, Statthalter, vgl. 6,165; 35,39) *einsetzen.* Diese aber reagieren empört: *Willst Du auf ihr einen einsetzen, der auf ihr Unheil stiftet und Blut vergießt, wohingegen wir Dir lobsingen und Deine Heiligkeit preisen?!* (2,30) Allein Gott weiß es besser und führt den Engeln die Überlegenheit des Menschen vor, nachdem er ihn alle Dinge und ihre Namen gelehrt hat (2,31-33).

Großen Raum nimmt im Koran die Szene ein, in der Gott den Engeln befiehlt, sich anbetend vor Adam niederzuwerfen, was alle tun außer Iblis (dem Satan). Durch seinen Ungehorsam erweist er sich als Ungläubiger (vgl. 2,34ff.; 7,11ff.; 15,29ff.; 17,61ff.; 38,72ff.). Da er aus Feuer erschaffen ist, meint er höher zu stehen als der Mensch (7,12; 38,76). Deshalb wird er von Gott aus dem Paradies hinabgestoßen und verflucht (7,13; 15,34f.). Listig ersucht Iblis um eine Galgenfrist bis zum Tage der Auferweckung und des Gerichts, und sie wird ihm gewährt. Das nutzt Iblis sofort aus und erklärt: *Weil Du mich hast abirren lassen, will ich ihnen auflauern* (und sie verführen) *auf Deinem geraden Weg* (7,16) – mit Ausnahme der von Gott erwählten Diener (15,40). So kommt das Böse in die Welt! Aber Gott wird mit Iblis und allen, die ihm folgen, die Hölle anfüllen. Die Gottesfürchtigen hingegen gelangen in das Paradies (vgl. 15,45ff.; 16,30ff.).

Adam soll mit seiner Frau, die im Koran nicht namentlich genannt wird, »den Garten«, das Paradies bewohnen, wo es in Hülle und Fülle zu essen gibt. Nur jenem einen Baum soll er sich nicht nähern.

Doch Satan verleitet Adam und seine Frau zur Übertretung von Gottes Gebot mit der Verlockung, alles zu wissen und ewig zu leben. So verlieren sie das Paradies und müssen hinab auf die Erde, die sie auf Zeit zur Nutznießung erhalten. Dennoch gibt ihnen Gott eine Chance: Adam nimmt Gottes Wort entgegen, und wer Gottes Rechtleitung gemäß lebt, wird gerettet, die anderen kommen in die Hölle. Eine Erbsünde gibt es hiernach nicht (2,35-39; 7,19-25; 20,115ff.).

Für das Leben der Menschen auf der Erde, die Gott den Menschen untertan macht (67,15), hat er in jeder Hinsicht Vorsorge getroffen. Er hat das Vieh erschaffen, das den Menschen als Nahrung, Kleidung und bei der Arbeit dient. Er sendet das Wasser, woraus alles Lebendige kommt (21,30; nach 77,20 auch der Mensch). Er lässt für die Menschen Getreide, Ölbäume, Weinstöcke und vielerlei Früchte wachsen, kurz: Er umsorgt sie und leitet sie, und der Koran wird nicht müde, Gottes Vorsorge und Fürsorge für die Menschen zu preisen (vgl. 6,95ff.; 16,5ff.; 23,17ff.; 27,60ff.) und – wie die Bibel – den Schöpfer zu loben (z.B. 24,41ff.; 43,9ff.).

Schöpfer und Schöpfung sind der Dreh- und Angelpunkt der koranischen Heilslehre. Davon zeugt schon die Fülle der Stellen, in denen es quer durch den Koran um den Schöpfergott und sein Werk geht – während in der hebräischen Bibel die Schöpfung weit weniger im Mittelpunkt steht (ausgenommen 1. Mose 1–2, die Psalmen, Jesaja ab Kapitel 40 und Hiob 38–41). Nach dem Koran liegt in der Schöpfung alles beschlossen, auch der Glaube, die Religion des Menschen, die naturgegeben, von Gott geschaffen und auf den Schöpfer hin ausgerichtet ist (Sure 30,30).

Diese Heilskonzeption ist etwas anderes als die Heilsgeschichte des Volkes Israel (von den Erzvätern bis zu Mose und Josua) und als das Heilsgeschehen in Jesus Christus. Hier liegt ein wesentlicher Unterschied zwischen Koran und Bibel!

3. Kain und Abel

In der Bibel folgt die Geschichte von Kain und Abel (1. Mose) unmittelbar auf den Sündenfall. Nicht so im Koran, wo die Geschichte vom Brudermord in Sure 5,27-31 in einem ganz anderen Rahmen (s. u.) erzählt wird. In beiden Fällen ist der Anlass ein Opfer, das Gott nur von einem der »beiden Söhne Adams« (die im Koran nicht namentlich genannt werden) annimmt. In der Bibel heißt es: *Der Herr schaute auf Abel und sein Opfer, aber auf Kain und sein Opfer schaute er nicht* (1. Mose 4,4f.), was Kain zutiefst erregt, und er erschlägt seinen Bruder Abel auf einem Feld. *Da sprach der Herr zu Kain: Wo ist dein Bruder Abel? Er entgegnete: Ich weiß es nicht. Bin ich der Hüter meines Bruders?* (4,9) Daraufhin verflucht ihn Gott und verbannt ihn vom Ackerboden: *Rastlos und ruhelos wirst du auf Erden sein!* (4, 12). Schuldbewusst klagt Kain, dass ihn nun jeder erschlagen könne. Gott aber entgegnet, dass derjenige, der das tut, siebenfacher Rache verfallen soll und versieht Kain mit einem Zeichen, *damit ihn keiner erschlage, der ihn finde* (4,15).

Im Koran kündigt Kain seinem Bruder an, ihn erschlagen zu wollen; Abel hingegen erklärt, aus Gottesfurcht (die ja auch der Grund ist, weshalb Gott sein Opfer annahm!), seine Hand nicht gegen den Bruder zu erheben, und spricht zu Kain: *Ich möchte, dass du meine Sünde und deine Sünde auf dich lädst und so ein Gefährte des* (Höllen-) *Feuers wirst. Das ist der Lohn der Frevler* (Sure 5,27-29). *Da trieb ihn seine Seele dazu, seinen Bruder zu töten, so tötete er ihn und wurde einer der Verlorenen.* (5,30) Nun schickt Gott einen Raben, um ihm zu zeigen, wo er seinen Bruder verscharren und so die Missetat verbergen kann. (Die Begebenheit mit dem Vogel ist ein Anklang an Midrasch Tanchuma; Text bei Thyen.) Der Abschnitt schließt mit Kains Reue (5,31).

Wie schon angedeutet, steht die Geschichte vom Brudermord im Koran in einem anderen Zusammenhang als in der Bibel. In Sure 5 geht es um Mohammeds Auseinandersetzung mit den Juden und Christen. Unmittelbar vor dem Abschnitt über Kain und Abel wird über die Weigerung der Israeliten berichtet, das ihnen von Gott bestimmte »heilige Land« in Besitz zu nehmen, weshalb sie zur Strafe vierzig Jahre lang umherirren müssen (5,20-26). Darauf folgt die Kain- und Abel-Geschichte (5,27-31), an die sich als »Nutzanwendung« Vers 32 (nach einer Mischna-Tradition) anschließt: *Aus diesem Grund haben Wir den Kindern Israels vorgeschrieben: Wenn einer jemanden tötet, der nicht Mörder und Gewalttäter ist, dann soll es so sein, als ob er alle Menschen getötet hätte* … Immerhin gibt es diese Ausnahmen! Nach Vers 33 ist der »Lohn« derer, die gegen Gott und seinen Gesandten Krieg führen und auf Erden Unheil stiften, dass sie getötet, gekreuzigt, verstümmelt und aus dem Lande vertrieben werden – es sei denn, dass sie noch rechtzeitig bereuen (vgl. Vers 34). Das alles kann auf dem Hintergrund der aktuellen Situation in Medina verstanden werden – als Drohung gegenüber den Juden, die sich dem Gesandten Gottes nicht fügen, und als Rechtfertigung ihrer zum Teil harten Behandlung durch Mohammed (vgl. S. 46–53; H. Busse 1991,72).

4. Noah, die Sintflut und der Turmbau

Noah ist eine der bedeutendsten biblischen Gestalten. Das 1. Buch Mose widmet Noah und der Sintflut vier Kapitel (6,1-9,17), und die Bibel kommt auf ihn als einen wahrhaft Gerechten und Glaubenden immer wieder zurück (z.B. Hes 14,14.20; Hebr 11,7; 2. Petr 2,5). Noah ist eng mit der Sintflut verbunden (vgl. Jes 54,9; Mt 24,37ff.), die wegen der zunehmenden Bosheit und Schlechtigkeit der Menschen von Gott angedroht wird: *Ich will den Menschen, den ich erschaffen habe, vom Erdboden vertilgen, mit ihm auch das Vieh!* (1. Mose 6,5ff.) Allein Noah *fand Gnade in den Augen des Herrn* (1. Mose 6,8). Er soll eine Arche bauen und sich mit seiner Familie und je einem Paar aller Lebewesen auf sie flüchten. Mit Noah will Gott einen Bund schließen (1. Mose 6,18), dann lässt er die Flut kommen, die detailliert geschildert wird. Nach ihrem Ende baut Noah *dem Herrn einen Altar* und bringt ihm ein Brandopfer dar. Gott aber spricht: *Ich will die Erde wegen des Menschen nicht noch einmal verfluchen, denn das Trachten des Menschen ist böse von Jugend an …* (1. Mose 8,21) Er segnet Noah und ruft ihm und seinen Söhnen Sem, Ham und Jafet zu: *Seid fruchtbar, mehrt euch und bevölkert die Erde!* (1. Mose 9,1) Dann schließt Gott mit ihnen, ihren Nachkommen und allen anderen Lebewesen seinen Bund und setzt den Regenbogen als Bundeszeichen in die Wolken.

Ein so furchtbares Strafgericht wie diese Flut soll nie wieder über die Erde kommen (1. Mose 9,8-17).

Auch der Koran widmet Noah (Nūḥ) große Aufmerksamkeit in etwa 30 Suren, vor allem aus der zweiten und dritten mekkanischen Periode. Sure 71 aus der mittelmekkanischen Periode trägt den Titel Noah (Nūḥ). In ihr tritt Noah als von Gott zu seinem Volk gesandter »Warner« auf (einer der haggadisch-talmudischen Züge Noahs im Koran). Die Menschen sollen Gott dienen und ihn fürchten, aber auch dem Gottesgesandten gehorchen. Dann wird Gott ihnen etwas von ihrer Schuld vergeben und *eine bestimmte Frist Aufschub* gewähren (71,1-4). Allein Noahs Bußruf nützt nichts. Er ruft die Menschen auf, Gott um Vergebung zu bitten, und erinnert sie an die Segnungen der Schöpfung. Vergebens, sie bleiben verstockt, widersetzen sich dem Gottgesandten und rufen sogar dazu auf, die alten Götter/Götzen nicht zu verlassen. Also möge sie Gott weiter in die Irre gehen lassen (71,5-24). Die Folge ist: *Wegen ihrer Sünden wurden sie ertränkt und (zudem) ins Feuer geführt …* (71,25) Noah bittet Gott, von den Ungläubigen keinen weiter auf der Erde wohnen zu lassen. Den Gläubigen möge Gott vergeben, die Frevler aber ins Verderben stürzen (71,26-28).

Das ist die Situation und Erfahrung Noahs, und sie gleicht derjenigen Mohammeds. Für ihn hat der Gottgesandte und Prophet Noah

(26,107; 33,7; 59,61) als gottergebener Diener Gottes (10,72; 17,3; 37,81) und als Warner seines Volkes das Gleiche erlebt wie er selbst und die anderen Gesandten auch: Ablehnung, Spott und Hohn, Drohungen und Verfolgung (Sure 26, bes. 105ff.).

Dem entspricht auch Sure 11, wo die Geschichte von Noah und dem Strafgericht in der Sintflut am ausführlichsten berichtet wird (11,25-49; des Weiteren in den Suren 7,23, 26 und 29). Noah wird als Warner zu seinem Volk gesendet, dass sie keiner anderen Gottheit als dem einen Gott (Allah) dienen sollen. Doch er wird von den Ungläubigen der Lüge bezichtigt, wie Mohammed! Da Noahs Bußpredigt nichts fruchtet und die Strafe für die widerspenstigen Landsleute unabwendbar scheint, lässt Gott ihn eine Arche bauen (11,37) und sie mit seiner Familie und je einem Paar von jeder Tierart und den wenigen, die glauben (!), besteigen (11,40; vgl. 23,27). Sein ungläubiger Sohn (Ham) hält sich jedoch abseits, besteigt die Arche nicht und ertrinkt in den Fluten (11,42f.). Noahs Bitte, ihn zu verschonen, da er zur Familie gehört, findet bei Gott kein Gehör. Was zählt, ist allein der Glaube (11,45f.). Daraufhin bekennt Noah:

Mein Herr! Mögest Du mich davor bewahren, dass ich Dich um etwas bitte, wovon ich kein Wissen habe! Wenn Du mir nicht vergibst und Dich meiner (nicht) *erbarmst, werde ich zu den Verlierern gehören.* (11,47; vgl. Vers 46)

Noah wird schließlich aus der Arche mit Gottes Segen entlassen, der auch für die Gemeinschaften derer gilt, die mit ihm sind. Nur »die Gottesfürchtigen« dürfen auf einen solchen guten Ausgang hoffen (zu Noahs Frau s. 66,10). Das Strafgericht aber ist ein Zeichen für die Menschen, und trotzdem glauben die meisten nicht (26,121).

Noah gehört zu den Auserwählten (3,33!). Wie Abraham, Mose und Jesus ist er ein Glaubensvorbild. Was Gott diesen Propheten als Religion gegeben hat, das verordnet er durch Mohammed auch den Muslimen (42,13; vgl. 4,163; 57,26). Darin besteht die Kontinuität. Außerdem hat Gott mit diesen Auserwählten einen Bund geschlossen

(33,7), der im Rahmen der Flutgeschichte allerdings nicht ausdrücklich erwähnt wird. In der islamischen Legende wird die koranische Noahgeschichte um vieles erweitert.

Die kurze Geschichte vom Turmbau zu Babel (1. Mose 11,1-9) steht in der Bibel unmittelbar vor den Erzvätergeschichten. Damals, so wird erzählt, hatten alle Menschen noch ein und dieselbe Sprache. Als sie vom Osten her in der Ebene von Babylon siedelten, bauten sie aus Ziegeln und Asphalt eine Stadt – und einen hohen Turm als weithin sichtbares Zeichen ihres Könnens und Selbstbewusstseins. Da stieg Gott herab, um sich Stadt und Turm anzusehen. *Er sprach: ›Seht nur, ein Volk sind sie, und eine Sprache haben sie alle. Und das ist erst der Anfang ihres Tuns. Jetzt wird ihnen nichts mehr unerreichbar sein, was sie sich auch vornehmen‹* (1. Mose 11,6), und so verwirrt er ihre Sprache, *so dass keiner mehr die Sprache des anderen versteht,* und zerstreut sie *über die ganze Erde.*

Im Koran wird die Turmgeschichte Mose zugeordnet: *Und Pharao sagte: ›Haman! Baue mir einen Turm‹* (Khoury: einen offenen Hochbau) um die *Zugänge zum Himmel* zu erreichen und *zum Gott des Mose* emporzusteigen, den der Pharao für einen Lügner hält (Sure 40,36f; 28,18; Haman gehört in das Buch Ester). Die Hybris des Menschen geißelt der Koran an vielen Stellen. Dass sie ursprünglich nur »eine einzige Gemeinschaft« (umma) waren und dann uneins wurden, bezeugt Sure 10,19. Die »Verschiedenartigkeit« der Sprachen ist jedoch gottgewollt (30,22)!

5. Abraham und seine Familie

5.1 Abraham im Koran

Im Koran kommt Abraham eine große Bedeutung zu. Er ist nicht nur der Prototyp des wahren Gottesglaubens und großes Glaubensvorbild, sondern auch der Repräsentant des mekkanischen Kults. Als Vertreter des reinen Monotheismus garantiert er die Priorität des Islam vor dem Judentum und dem Christentum. Im Schicksal Abrahams sieht Mohammed sein eigenes Schicksal vorgeprägt. Mit alledem ist Abraham eine Schlüsselfigur des Koran und Islam, und er steht nicht zuletzt im Mittelpunkt aller Überlegungen zur Zusammengehörigkeit der drei »abrahamitischen Religionen«, wovon im jüdisch-christlich-muslimischen Gespräch viel die Rede ist und worauf in Publikationen nachdrücklich hingewiesen wird. Es ist deshalb der Gestalt Abrahams im Koran im Vergleich mit der Bibel besondere Aufmerksamkeit zu schenken.

Art und Umfang der koranischen Abrahamtraditionen

Abraham, arabisch Ibrāhīm, begegnet zunächst in den sogenannten Prophetenreihen, in denen er bei aller Variation ein tragendes Element bildet (vgl. Sure 6,83ff.; und schon 51,24ff.). Von den größeren Abschnitten, die Abraham gewidmet sind, stehen die »Reden« und Gespräche an erster Stelle. Bei den in Frage kommenden Suren (2, 6, 15, 19, 21, 26, 29, 37, 43, 51) handelt es sich meistens um Gespräche Abrahams, vor allem mit seinem Vater und seinem Volk, aber auch mit seinem Sohn Ismael und nicht zuletzt mit Gott. Der inhaltliche Schwerpunkt der Dialoge mit Vater und Volk ist die Verwerfung der heidnischen Götter und Kulte. Das hat oft dramatische Züge (vgl. Sure 19,41-50, 21,51-71), was auch für die koranische Version der Opferung des Sohnes gilt (Sure 37,101-107).

Abrahams »Reden« sind ebenfalls an seinen Vater und sein Volk gerichtet (Sure 6,74-81; 29,16-19; 43,26f.), wobei der Monolog bei seiner Begegnung mit den Gestirnen und sein Bekenntnis zum Schöpfer und wahren Gott an Poesie und Bedeutung herausragt (s.u. Sure 6,74ff.).

Außerdem enthält der Koran Erzählungen über Abraham – wie die Geschichte von Abrahams Gästen, die aus 1. Mose 18 bekannt ist (vgl. Sure 51,24ff.; 11,69ff.), des Weiteren Gebete Abrahams (darunter die Sure »Abraham« 14,35-41 und Sure 26,83-89), Worte und Weisungen

Gottes an Abraham sowie zahlreiche Einzelaussagen über Abraham, seine Familie, seinen Charakter, seinen Glauben und sein Verhältnis zu Gott.

Alles in allem ergibt das eine starke Repräsentanz des »Erzvaters« Abraham im Koran, wobei die Suren 2 und 3 mit ihrer kräftigen Akzentuierung der »Religion Abrahams« besonderes Gewicht haben (vgl. noch 2,130; 135,3; 3,95). Umso erstaunlicher ist es, dass Abraham nur in 25 der 114 Suren vorkommt und nur etwa 3 Prozent aller Koranverse auf ihn entfallen. Geschichtlich und theologisch hingegen hat die Gestalt Abrahams im Islam eine Vorrangstellung, wie bereits die Ausführungen in Kapitel II gezeigt haben (vgl. S. 55–57).

Mohammed und Abraham

Die zeitliche Ansetzung der Koransuren, in denen Abraham eine Rolle spielt, geschieht in der Koranforschung zwar nicht ganz einheitlich, doch geht aus ihr hervor, dass Abraham in Mohammeds Verkündigung bereits in Mekka und nicht erst in Medina einen wichtigen Platz einnimmt. Nur 8 der 25 Suren sind medinensisch (2, 3, 4, 9, 22, 33, 57, 60), zwei entstanden in einer Übergangsperiode (6, 42), fünf Suren sind spätmekkanisch (11, 12, 14, 16, 29), acht stammen aus mittelmekkanischer (15, 19, 21, 26, 37, 38, 43, 51) und zwei aus frühmekkanischer Zeit (53, 87). Daraus ergibt sich, dass Mohammed schon lange vor seinen Auseinandersetzungen und dem schließlichen Bruch mit den Juden in Medina (624) Abraham besonders schätzte. Die Gründe dafür sind vielfältig. Abraham war den Mekkanern schon bekannt und wahrscheinlich mit der Kaaba verbunden (vgl. S. 31). Für Mohammed war er ein Vorbild, mit dem er das Schicksal des Gottgesandten und Propheten teilt (vgl. S. 55–57). Schon in den Suren 53 und 87 werden die »Blätter Abrahams«, also heilige Texte, zusammen mit denen des Mose erwähnt und dabei Abrahams Treue und Pflichterfüllung betont (53,36). Viele Prädikate, die von der Hochschätzung Abrahams zeugen, kommen im Laufe der Offenbarungen hinzu: *Abraham war ein*

Vorbild, Gott ganz ergeben und Anhänger des reinen Glaubens; er war kein Polytheist. Er war dankbar für (Gottes) *Wohltaten, und im Jenseits gehört er zu den Rechtschaffenen* (Sure 16, 120ff.). Abraham war bußfertig (11,75), ein Freund und Vertrauter Gottes (4,125; Jes 41,8). *Wer* (also) *hätte einen schöneren Glauben als der, der sich ganz Gott hingibt und rechtschaffen ist und der Religion Abrahams, des Lauteren im Glauben, folgt?!* (Sure 4,125) An ihm hat Gott seine Gnade vollendet (12,6).

Dieser Abraham, der Gott gehorsam war und den Gott liebte, hatte es Mohammed angetan. Mit ihm konnte er sich identifizieren. Auf ihn konnte er bauen. So trat das theologische Profil Abrahams immer deutlicher hervor, bis die Gestalt Abrahams in Medina schließlich eine Schlüsselposition erhielt.

Abraham findet den wahren Gott

Schon in Mekka fiel Abraham eine wichtige Aufgabe innerhalb von Mohammeds Verkündigung des einen Gottes und der geforderten Lossagung von den altarabischen Gestirngöttern zu (vgl. Sure 53,19ff!). In Sure 6 kurz vor der Hidschra geht es um Abrahams Entdeckung des wahren Gottes und seinen Durchbruch zum reinen Gottesglauben:

Und so zeigten Wir Abraham das Reich der Himmel und der Erde, damit er zu denen gehöre, die Gewissheit (im Glauben) *haben. Als nun die Nacht ihn umgab, sah er einen STERN. Er sagte: ›Das ist mein Herr‹. Als er aber* (am Horizont) *verschwand, sagte er: ›Ich liebe die nicht, die verschwinden.‹ Als er dann den MOND aufgehen sah, sagte er: ›Das ist mein Herr‹. Als der aber* (am Horizont) *verschwand, sagte er: ›Wenn mich mein Herr* (Gott) *nicht recht leitet, werde ich zum Volk derer gehören, die irregehen.‹*

Und als er die SONNE aufgehen sah, sagte er: ›Das ist mein Herr. Das ist größer (als Mond und Sterne).*‹ Als sie aber verschwand, sagte er: ›Leute! Ich bin unschuldig an dem, was ihr* (dem einen Gott an anderen Göttern) *beigesellt. Ich wende mich nunmehr demjenigen zu, der die Himmel* *und die Erde erschaffen hat – als Hanif* (d.h. als einer, der den wahren, reinen Glauben vertritt). *Und ich bin keiner von denen, die* (dem einen Gott andere Götter) *beigesellen*‹. (6,75-79; vgl. 43,26-28)

Diese Geschichte voller Poesie und innerer Dynamik steht nicht in der hebräischen Bibel, hat aber ihre Parallelen im Buch der Jubiläen, Kapitel 12, bei Philo, De Abrahamo, 60, und bei Josephus (Antiquitates 1,7,1; s. Thyen, 42.44).

Wenn es in der Fortsetzung dieser Passage heißt: *Und sein Volk stritt mit ihm. Er* (jedoch) *sagte: ›Wollt ihr mit mir über Gott streiten, wo Er mich schon recht geleitet hat?!‹* (6,80; vgl. 81ff.!), so scheint hier Mohammed selbst zu den Mekkanern zu sprechen. Es dreht sich alles um die Erkenntnis des einen und rechten Gottes. Darum ging es Abraham, und darum geht es Mohammed.

Hast du nicht auf den geblickt, der mit Abraham über seinen Herrn stritt (das ist nach islamischer Auslegungstradition Nimrod), *ob Gott ihm die Königsherrschaft gegeben habe? Da sprach Abraham: ›Mein Herr ist es, der lebendig macht und sterben lässt.‹ Er sagte: ›ICH mache lebendig und lasse sterben. Sprach Abraham: ›Gott bringt die Sonne vom Osten her, bringe du sie vom Westen!‹ Da war der Ungläubige verwirrt, denn Gott leitet die Ungerechten nicht recht.* (Sure 2,258)

Um den allmächtigen Gott, der die Himmel und die Erde erschaffen hat, der lebendig macht und sterben lässt, geht es auch beim Vogelwunder.

Und als Abraham sprach: ›Mein Herr, zeige mir, wie Du die Toten lebendig machst‹, sprach Er: ›Glaubst du denn nicht?‹ Er sagte: ›Doch, aber mein Herz will sicher sein.‹ Er sprach: ›So nimm vier Vögel und ziehe sie zu dir (um sie zu töten). *Dann lege auf jeden Berg ein Stück von ihnen; dann rufe sie, und sie werden eilends zu dir kommen. Und wisse, dass Gott mächtig und weise ist!‹* (Sure 2,260)

Ein Vogelwunder berichtet der Koran auch von Jesus (Sure 5, 110).

Abraham verwirft die Götterbilder

Vom Kampf Abrahams gegen die Götter seines Volkes und seines Vaters berichtet der Koran mehrfach und ausführlich. So lautet in Sure 6, Vers 74 der Vorwurf Abrahams an seinen Vater Azar:

Nimmst du dir denn Götzen(bilder) *zu Göttern?! Ich sehe dich und dein Volk in einem offenkundigen Irrtum.*

An »sein Volk« gerichtet, spricht Abraham: *Ihr dient an Gottes Stelle nur Götzen*(bildern) *und schafft* (damit) *nur eine Lüge* (Sure 29,17; vgl. 16-25).

Von den nichtigen Göttern als einer Lüge spricht Abraham gegenüber Vater und Volk auch in Sure 37: »*Was verehrt ihr da? Wollt ihr eine Lüge – Götter an Gottes statt?*« (37,85f.) Die Gescholtenen sind sich allerdings keiner Schuld bewusst, wie aus dem folgenden Dialog zwischen Abraham auf der einen, seinem Vater und seinem Volk auf der anderen Seite hervorgeht.

Abraham fragt sie: ›*Was betet ihr an?*‹ *Sie sprachen:* ›*Wir beten Götzen an und dienen ihnen beständig.*‹ *Er sagte:* ›*Hören sie euch, wenn ihr sie anruft? Oder nützen oder schaden sie euch?*‹ (vgl. Sure 21,66). *Sie sagten:* ›*Nein, aber wir fanden, dass unsere Väter es auch so taten.*‹ (Sure 26,70-74)

Darauf Abraham: *Ihr und eure Väter seid in einem offensichtlichen Irrtum!* (Sure 21,54)

Abraham will jedenfalls mit den Götzen und ihren Bildern nichts zu tun haben. Sie sind ihm »feind«. Er hält sich allein an seinen Schöpfer, der ihn rechtleitet und mit allem versorgt (vgl. 26,75ff.; 43,26-28). Er belässt es aber nicht bei verbalen Attacken gegen seine Landsleute und ihre »falschen Götter«. Er verspottet die Götzen und wird sogar gegen sie handgreiflich.

Abraham zerschlägt die Götterbilder

In zwei Suren wird davon berichtet, dass Abraham auf die Götterbilder seines Volkes einschlägt und wie die betroffenen Landsleute darauf reagieren. Beide Suren stammen aus der mittelmekkanischen Periode.

Abraham sprach zu *ihren Göttern: ›Wollt ihr nicht essen? Was hat es mit euch, dass ihr nicht redet?‹ Und er wandte sich zu ihnen und schlug sie mit der Rechten. Da kamen sie* (das Volk, wütend) *zu ihm geeilt. Er sagte: ›Wie könnt ihr das verehren, was ihr selbst* (wie Bildhauer) *ausgemeißelt, da doch Gott euch und alles, was ihr macht, erschaffen hat?!‹ Sie* (aber) *sprachen: ›Baut ihm einen Bau* (d.h. einen Scheiterhaufen) *und werft ihn in den Feuerpfuhl* (oder: die Hölle).‹ (Sure 37,91-97)

Abraham wird gerettet und die ihm ans Leben wollen, unterliegen. Ähnlich wird der Vorgang in Sure 21,51-71 geschildert, wo Abraham die Götterverehrung seines Volkes verurteilt und den Schöpfer aller Dinge dagegensetzt. Dann wendet er sich den Götterbildern zu und *schlug sie in Stücke mit Ausnahme des größten von ihnen …* Zur Rede gestellt schiebt er seine Tat diesem Größten zu: *Getan hat das dieser Oberste unter ihnen. Fragt sie doch, so sie reden können!* Das können sie natürlich nicht, was auch ihre Verehrer zugeben. Diese fordern, in die Enge getrieben:

›Verbrennt ihn (Abraham) *und helft euern Göttern, so ihr handeln wollt!‹ ›Wir* (Gott, aber) *sprachen: Feuer sei kühl und unschädlich für Abraham!‹* (Sure 21,68f.; vgl. 29,24)

Die Rettung Abrahams aus dem Feuer(ofen) erinnert an Daniel 3 (Rettung der drei Jünglinge aus dem Feuerofen). Abrahams Rettung wird in Midrasch Rabba zum 1. Buch Mose berichtet (Genesis Rabba 44,16), ist aber auch Hieronymus und Augustin bekannt. Die Zerschlagung der Götzenbilder findet sich ebenfalls in Midrasch Rabba (Genesis Rabba 17), desgleichen die Lossagung Abrahams von seinem Vater (Genesis Rabba 39,7; auch im Buch der Jubiläen und in der Apokalypse Abrahams).

Abrahams Trennung von Vater und Volk

Die Auseinandersetzungen Abrahams mit seinem Vater Azar (in der Bibel heißt er Terach) drehen sich im Koran immer wieder um die Verehrung der alten Götter. Als Abrahams wiederholte Appelle, sich von den falschen Göttern loszusagen, nichts fruchten, verlässt er Vater, Volk und Heimat. In Sure 19 mit dem Titel Maryam (Maria) steht zu lesen:

Und gedenke im Buch des Abraham. Er war aufrichtig und ein Prophet. Als er zu seinem Vater sagte: ›O mein Vater, warum verehrst du, was nicht hört und dir nichts nützt? O mein Vater, zu mir ist ein Wissen gekommen, das nicht zu dir kam. So folge mir, dass ich dich auf einen ebenen Weg leite. O mein Vater, diene nicht dem Satan. Der Satan ist rebellisch gegen den Erbarmer. O mein Vater, ich fürchte, dass dich vom Erbarmer Strafe trifft und du ein Freund des Satans wirst.‹ Er (der Vater) *sprach: ›Verschmähst du meine Götter, o Abraham? Wenn du damit nicht aufhörst, werde ich dich steinigen. Halte dich eine Weile von mir fern.‹ Er* (Abraham) *sprach: ›Friede sei über dir! Ich werde meinen Herrn um Vergebung für dich bitten.* (vgl. 9,114; 26,86; 60,4) *Er ist mir wohlgesonnen. Ich halte mich von euch und von dem, was ihr an Gottes Stelle anruft, fern. Ich rufe meinen Herrn an. Vielleicht rufe ich meinen Herrn nicht umsonst an.‹ Als er sich von ihnen und von dem, was sie an Gottes Stelle verehrten, getrennt hatte, schenkten Wir ihm Isaak und Jakob und machten beide zu Propheten.* (Sure 19,41-49; zweite mekkanische Periode)

Die Trennung Abrahams von seinem Vater und seinen Landsleuten begegnet uns in mehreren Suren. *Als ihm offenbar wurde, dass er* (der Vater) *ein Feind Gottes war, sagte er sich von ihm los.* (9,114) Zwischen Abraham und seinen Landsleuten ist *Feindschaft und Hass auf immer* entstanden, bis diese *an Gott allein* glauben (60,4). Der Glaube an den einen und wahren Gott hat Vorrang vor allen anderen Bindungen. Der Gehorsam gegen Gott steht vor dem Gehorsam gegenüber dem Vater.

Nach Sure 21,71 wurde Abraham (zusammen mit Lot) durch Gott *in das Land* errettet, das *Wir für die Menschen in aller Welt segneten.* Das ist nach 1. Mose 12,5ff. Kanaan. Hier beginnt die biblische Geschichte von Abraham. Zuvor war nur von Abrahams Vorfahren die Rede und vom Aufbruch der Familie aus Ur in Chaldäa, *um in das Land Kanaan zu ziehen.* Doch siedeln Terach, Abram und Sarai (ab 1. Mose 15 Abraham und Sara) zusammen mit Lot zunächst in Haran (Mesopotamien), wo Terach stirbt (1. Mose 11,27-32). Von den harten Auseinandersetzungen Abrahams mit seinem Vater und Volk, und auch mit Nimrod (!) um den wahren Glauben erfährt man in der Bibel nichts. Das berichten erst die rabbinischen Quellen (Haggada, Midrasch, Talmud), die auch Mohammed aus mündlichen Quellen kennenlernte. Viele dieser haggadischen Stoffe finden sich in den großen islamischen Traditionssammlungen. Nur bei Josua wird erwähnt, dass die Väter »anderen Göttern« dienten (24,2).

Anders als im Koran geht in der Bibel die Initiative für Abrahams Trennung von Heimat und Vater von Gott aus: *Gehe in das Land, das ich dir zeigen werde!* Großer Segen soll auf Abraham kommen und von ihm auch wieder ausgehen. Abraham gehorcht und verlässt Haran mit Sarai, Lot und Gefolge. »Sie wanderten nach Kanaan und kamen dort an« (1. Mose 12,1ff.).

Abrahams geheimnisvolle Gäste

Aus der zweiten und dritten mekkanischen Periode stammen die Suren, die von Abrahams Gästen in Mamre handeln (51,24-37; 15,51-60; 11,69-76; 29,31f.; 1. Mose 18). Der Ort Mamre taucht im Koran nicht auf, die »Berichte« über dieses Ereignis sind weniger ausführlich als in der Bibel. Abraham wundert sich, warum »die Gäste« nicht essen wollen und fürchtet sich vor ihnen. Sie aber sprachen:

›Fürchte dich nicht!‹ Und sie verkündeten ihm einen klugen Knaben. Da kam seine Frau schreiend hinzu, schlug sich ins Gesicht und sprach: ›Eine alte unfruchtbare Frau!‹ Sie sprachen: ›So hat dein Herr gesprochen. Er ist der Weise und der Wissende.‹ (Sure 51,28-30)

In Sure 15,54 verweist Abraham auf sein eigenes Alter, in Sure 11,72 wird beider Alter als Hinderungsgrund für Nachwuchs genannt

– gemeint ist *Isaak und nach Isaak Jakob*! (V. 71; vgl. Sure 14,39 und 29,27; dagegen in Sure 37,101.112 nur Isaak) Wer »die Gäste« sind, nämlich Boten oder Engel Gottes, wird in den Suren 11,69 und 29,31 ausgesprochen (»Unsere Boten«).

Lot und das Strafgericht über Sodom

Der Besuch der Gottesboten bei Abraham ist mit der Ankündigung des Strafgerichts über Sodom, dem Besuch in Lots Haus und dem schrecklichen Gericht verbunden (Sure 51,31ff.; 15,61ff.; 11,77ff.; 29,26. 28-35). Die Gottesboten sagten:

Wir sind zu einem Volk gesandt, das sündigt (oder: frevelt) *mit Ausnahme der Sippe Lots. Wir werden sie alle retten – außer seiner Frau.* (15,58-60)

Sie sprachen: ›Wir werden die Einwohner dieser Stadt zu Grunde gehen lassen. Sie haben gefrevelt.‹ (29,31)

Abraham wendet ein, dass sich Lot in dieser Stadt befindet, deren Name im Koran nicht genannt wird. Daraufhin wird ihm zugesichert, dass Lot mit seiner Familie gerettet wird (29,32). Auch nach Sure 11 tritt Abraham für das »Volk Lots« ein und erhält zur Antwort: *O Abraham, sieh davon ab, die Entscheidung deines Herrn ist schon eingetroffen, und so wird eine unabwendbare Strafe über sie kommen* (11,74f.). Das »Zorngericht vom Himmel« (29,34) ist beschlossene Sache.

In der Bibel ist die Ankündigung von Gottes Strafgericht über Sodom und Gomorra wegen ihrer schweren Sünden (1. Mose 18,17ff.) mit einem langen Dialog zwischen Abraham und Gott verbunden, in welchem Abraham um der Gerechten willen um Vergebung für Sodom und um Verschonung der Stadt bittet. Die Gerechten sind jene, die Gottes Willen tun und nach seinen Geboten leben. Dieser Dialog wird oft so verstanden, dass Abraham mit Gott handelt und feilscht, wo er sich doch nachdrücklich für andere Menschen einsetzt, was der Abraham des Koran auch tut. Wollte man annehmen, dass ein Handel mit Gott, dem gerechten Richter (1. Mose 18,25), für einen frommen

Muslim undenkbar wäre, so könnte man immerhin auf die Schilderung der »Himmelfahrt des Propheten« bei al-Buchari (gest. 870) verweisen, wo Mohammed in Rücksprache mit Mose bei Gott die Anzahl der täglichen Gebete von 50 auf 5 herunterhandelt.

Lots Rettung

Die Fortsetzung dieser Geschichte steht in 1. Mose 19,1-29 und – viel kürzer – in den Suren 11,77-82 und 15,61-74. Berichtet wird der Besuch der Gottesboten bei Lot, die bösen Absichten von Einwohnern (Sodoms) gegen Lots Gäste und das Angebot Lots, ihnen seine Töchter zu überlassen, wenn sie nur diese Gäste in Ruhe lassen (*Ihr Leute, da habt ihr meine Töchter. Die sind reiner für euch. Fürchtet Gott und bringt mich nicht in Schande, was meine Gäste betrifft,* Sure 11,78; 1. Mose 19,6-8.14). Lot wird von diesen Leuten bedroht und hart bedrängt, er hingegen warnt sie vor dem nahen Gericht, doch sie wollen ihn und seine Familie loswerden (*Vertreibt die Familie Lots aus eurer Stadt. Das sind Menschen, die sich für rein halten!,* Sure 27,56)

Die Rettungsaktion für Lot und seine Familie und das Verhalten von Lots Frau (als sie *zurückblickte, wurde sie zu einer Salzsäule*, vgl. 1. Mose 19,15ff., Vers 26) wird im Koran nur angedeutet:

So zieh los mit deiner Familie zu nächtlicher Stunde und folge (als letzter) *nach. Und keiner von euch soll sich umdrehen. Geht, wohin euch befohlen wird!* (Sure 15,65; vgl. V. 60 und Sure 11,81)

Darauf wird im Koran mehrmals Bezug genommen (z.B. 7,83; 26,171). Das große Strafgericht erreicht die Stadt am frühen Morgen:

Und als Unsere Entscheidung eintraf, kehrten Wir das Oberste ihrer Stadt zuunterst (Sure 15,74; 11,82; 27,58).

Nach der Bibel bestraft »der Herr« nicht nur Sodom, sondern auch Gomorra und die ganze Gegend, indem er Schwefel und Feuer darauf regnen ließ. Lot konnte sich nach Zoar retten (1. Mose 19,23ff.). Die Rettung Lots und seiner Familie, seine Frau ausgenommen, wird im Koran öfter erwähnt (z.B. 15,59f.; 27,57; 11,81). In Sure 51,35 (aus mittelmekkanischer Zeit) ist diese Rettung unmittelbar auf den Glauben bezogen:

Und Wir brachten die, die in ihr (der Stadt) *gläubig waren, hinaus* (in Sicherheit). *Aber Wir fanden in ihr nur ein* (einziges) *Haus von Gottergebenen.*

Die Opferung des Sohnes

In der Bibel wie im Koran ist die Geschichte von der Opferung des Sohnes ein Zeugnis für Abrahams beispielhafte Glaubensstärke und sein starkes Gottvertrauen. Im Koran steht der Bericht in Sure 37 (aus der 2. mekkanischen Periode im Verbund mit anderen Abraham-Geschichten; vgl. V. 83ff.):

Er (Abraham) *sagte: ›Ich gehe zu meinem Herrn, Er wird mich rechtleiten. Herr schenke mir* (als Sohn) *einen von den Rechtschaffenen.‹ Und Wir verkündeten ihm einen milden* (d.h. braven) *Jungen. Als dieser das Alter erreichte, da er mit ihm laufen konnte, sagte er* (Abraham)*: ›Mein Sohn, ich sah im Traum, dass ich dich schlachte* (d.h. opfere). *Nun schau, was du* (dazu) *meinst!‹ Er sagte: ›Mein Vater, tu, was dir befohlen ist! Du wirst, so Gott will, finden, dass ich zu den Standhaften gehöre.‹*

Als nun beide (Gott) *ergeben waren und er ihn auf die Stirn niedergeworfen hatte, da riefen Wir ihm zu: ›Abraham, du hast den Traum wahrgemacht.‹ So vergelten Wir den Rechtschaffenen. Das ist eine offenkundige Prüfung. Und Wir lösten ihn* (den Sohn) *mit einem großen Schlachtopfer aus. Und Wir hinterließen ihm unter den Späteren* (den Segenswunsch)*: ›Friede sei über Abraham!‹ So vergelten Wir den Rechtschaffenen. Er gehört zu Unseren gläubigen Dienern.*

Und Wir verkündeten ihm Isaak, einen Propheten von den Rechtschaffenen. Und Wir segneten ihn (Abraham) *und Isaak. Unter ihren Nachkommen gibt es Rechtschaffene und solche, die offenkundig gegen sich selbst Unrecht tun* (37,99-113).

Die Meinung darüber, wer geopfert werden sollte, ist bei den muslimischen Auslegern dieses Textes geteilt. Die einen sind für Isaak, wie es auch der biblischen Überlieferung in 1. Mose 22 entspricht, andere denken an Ismael, der im Koran neben Abraham eine große Rolle spielt (s.u.!). Die »Verkündigung«, d.h. Verheißung des Isaak in Vers 112f. schließt an Vers 100f. an, ist also für sich genommen kein ausreichendes Argument dafür, dass der zu opfernde Sohn Ismael ist.

Die biblische Erzählung von diesem wichtigen Ereignis ist umfänglicher und hochdramatisch angelegt. Das »Brandopfer« soll im »Land Morija« »auf einem der Berge« stattfinden. Das ist nach 2. Chronik 3,1 der Jerusalemer Tempelberg. Auch für die Muslime gilt der heilige Felsen im Felsendom als Ort der von Gott befohlenen Opferung des Sohnes, an dessen Stelle (nach biblischer Sicht) schließlich ein Widder geopfert wird. Nach einer anderen muslimischen Tradition fand die Opferszene in der Nähe von Mekka auf einem Felsen in Mina statt, wo noch heute das große Opferfest während der Wallfahrt (und zugleich in der gesamten islamischen Welt) zur Erinnerung an die große Glaubensprüfung Abrahams begangen wird. Der Koran betont, dass sowohl der Vater als auch der Sohn Gott ergeben waren, sich somit als wahre Muslime erwiesen!

Abrahams Glaube und Nachkommenschaft

In der hebräischen Bibel wird Abraham eine große Nachkommenschaft verheißen: *Ich mache deine Nachkommen zahlreich wie den Staub auf der Erde* (1. Mose 13,16; vgl. 12,2; 15,5; 17,2ff.). In 1. Mose 15,6 wird in diesem Zusammenhang betont, dass der bisher kinderlos gebliebene Abraham Gott *glaubte, und der Herr rechnete es ihm als Gerechtigkeit an.* Dieses große Vertrauen in Gottes Zusage, diesen starken Glauben nimmt der Apostel Paulus in seinen Briefen an die Römer und Galater als das vor Gott Entscheidende auf (Röm 4; Gal 3).

Wenn Abraham im Koran Prüfungen durch Gott zu bestehen hat, dann besteht er sie allein durch seinen festen Glauben an Gottes Verheißungen und Führung – so bei der Ankündigung eines Knaben und der Opferung des Sohnes (s. o.). Dieser unverbrüchliche Glaube, eine

Verbindung von Vertrauen und Gehorsam gegenüber Gott, ist allenthalben die zentrale Botschaft Mohammeds. Nur die Gläubigen zählen zu den Gerechten, und das gilt auch für Abrahams Nachkommen! (Sure 2,124) Die leibliche Abstammung reicht nicht aus, um das Erbe Abrahams anzutreten. Seine wahren Kinder sind die Glaubenden; ihnen wird das Erbe anvertraut (Sure 6,89; vgl. Matth 3,9; Joh 8,31ff.). Das sind für Mohammed die Muslime. Schon in Mekka, noch mehr aber in Medina wird Abraham zum Leitbild aller Glaubenden an den einen und einzigen Gott.

Abraham war weder Jude noch Christ, sondern ein Gott ergebener Hanif (ein Anhänger des reinen Gottesglaubens) … *Die Menschen, die Abraham am nächsten stehen, sind diejenigen, die ihm gefolgt sind, und dieser Prophet* (d.h. Mohammed) *und die, die glauben. Gott ist der Freund der Gläubigen* (Sure 3,67-68).

Also gilt es, der »Religion Abrahams« zu folgen. Diese Aufforderung ergeht durch Gott an Mohammed (16,123), der sie beherzigt (12,38) und den eingeschlagenen Weg als den *geraden Weg und richtigen Glauben* bezeichnet (6,161). In der muslimischen Gemeinde, *der besten Gemeinschaft, die unter den Menschen hervorgebracht worden ist* (3,110), finden sich Abrahams Erben zusammen (2,128) und folgen der »Religion Abrahams« (3,95; 2,135).

Und wer hätte eine schönere (bessere) *Religion, als wer sich Gott ergibt und dabei rechtschaffen ist und der Religion Abrahams folgt, eines Hanifen? Gott hat sich Abraham zum Freund genommen* (Sure 4,125).

Mit ihm geht Gott besondere Abmachungen ein, wie er sie mit anderen Propheten (Noah, Mose, Jesus und Mohammed) auch eingeht (Sure 33,7; 3,81 u. ö.), und er schließt mit ihm einen Bund (2,124).

Über Abrahams Verbindung mit der Kaaba – der »Stätte Abrahams« (Sure 3,96f.) – ist bereits gesprochen worden (vgl. S. 55–57). Aufs Ganze gesehen begegnet Abraham im Koran nicht als eine herausragende Gestalt der Heilsgeschichte wie in der Bibel, sondern als Vertreter der Uroffenbarung und des Monotheismus, der für den wahren und reinen Glauben Prüfungen und Bedrückungen auf sich nimmt. Darin ist er Mohammeds Vorbild und Vorkämpfer.

5.2 Abraham in der Bibel

Während die Abrahamtraditionen über den Koran verteilt sind, begegnen sie in der hebräischen Bibel als Komplex im 1. Buch Mose (Genesis). Die sogenannten Erzvätergeschichten setzen – nach einem Vorspann zu Abrahams Vorfahren – mit Kapitel 12 ein (Abrahams Berufung und Wanderung nach Kanaan). Auf Abrahams Tod und Begräbnis (1. Mose 25,7-11) folgen die Geschichten von Esau und Jakob, danach die Erzählungen über Josef (Kap. 37–50). Damit endet das 1. Buch Mose und die Geschichte der Erzväter, an die sich im 2. Buch Mose (Exodus) die Geschichte des Mose und der Israeliten, der Nachkommen Jakobs in Ägypten, anschließt. Das alles ist Geschichte, Heils- und Glaubensgeschichte des Volkes Israel. Damit gehen die Verheißungen an Abraham (1. Mose 12,1-2.14-18) in Erfüllung. Der in seine neue Heimat gekommene Abraham lässt sich in Hebron nieder, einer alten Hethiterstadt, wo er auch stirbt und »in der Höhle von Machpela bei Mamre« beigesetzt wird, neben ihm auch Sara, Isaak und Rebekka, Lea und Jakob, ein geschichtsträchtiger Ort der Israeliten (Davids erster Residenz!), ein heiliger Ort auch der Muslime.

So ist Abraham in der Geschichte und Theologie Altisraels neben und vor Mose zur wichtigsten Gestalt in vorstaatlicher Zeit geworden. Er ist das Urbild des gläubigen und gehorsamen Gottesmannes, einer der Gerechten, und Träger weitreichender Verheißungen und Segnungen Gottes, an denen die leiblichen Nachkommen Anteil haben.

Abraham im Neuen Testament

Das Neue Testament betont das geistige Erbe und die geistige Nachkommenschaft Abrahams, wie es dann auch im Koran geschieht. *Nicht die Kinder des Fleisches sind Kinder Gottes, sondern die Kinder der Verheißung werden als Nachkommen* (Abrahams) *anerkannt* (Röm 9,8;

vgl. Vers 7). *Abraham ist unser aller Vater!* (Röm 4,16f.; 4.12; Jak 2,21). Das frühe Christentum beansprucht Abraham als geistigen Vater und Glaubensvorbild und deutet ihn theologisch auf Christus hin. Nach Paulus ist Christus der einzig legitime Nachkomme Abrahams:

Abraham und seinem Nachkommen wurden die Verheißungen zugesprochen. Es heißt nicht: ›und den Nachkommen‹, als wären viele gemeint, sondern es wird nur von einem gesprochen: ›und deinem Nachkommen‹; das aber ist Christus (Gal 3,16).

Die Gotteskindschaft in Christus wird durch Glaube und Taufe erlangt (Gal 3,26f). *Wenn ihr aber zu Christus gehört, dann seid ihr Abrahams Nachkommen, Erben kraft der Verheißung* (Gal 3,29; vgl. 4, 4-7).

Die großen und theologisch bedeutsamen Passagen zur Frage der Gerechtigkeit vor Gott in den Briefen des Apostels Paulus an die Römer und Galater kulminieren alle in dem Hinweis auf Abrahams Glaubensstärke und Gottvertrauen:

Von Abraham wird gesagt: Er glaubte Gott, und das wurde ihm als Gerechtigkeit angerechnet. Daran erkennt ihr, dass nur die, die glauben, Abrahams Söhne sind (Gal 3,6f.; Röm 4,3.9), und sie werden wie er gesegnet (Gal 3,8f.).

Die Gerechtigkeit kommt allein durch den Glauben – *nicht durch die Werke des Gesetzes* (Gal 2,16ff.). Dafür ist Abraham der Kronzeuge. Christlich gesprochen aber heißt das: Die Gerechtigkeit vor Gott kommt allein durch den Glauben an Jesus Christus (Gal 2,14-21; Röm 4,1ff.). *Käme die Gerechtigkeit durch das Gesetz, so wäre Christus vergeblich gestorben* (Gal 2,21).

Eine große Rolle unter den Glaubenszeugen spielt Abraham im Hebräerbrief (11,8ff.; vgl. 6,13ff.). *Urheber und Vollender des Glaubens* aber ist Jesus (12,2). Auch der Evangelist Lukas hat in seiner Geschichte vom reichen Mann und armen Lazarus Abraham ein Denkmal gesetzt (Lk 16,19ff.). Im Johannes-Evangelium begegnet uns Abraham in einem erregten Disput zwischen Jesus und seinen Kontrahenten. Diese sagen:

›Abraham ist unser Vater.‹ Jesus (aber) *sagte zu ihnen: ›Wenn ihr Kinder Abrahams wärt, würdet ihr so handeln wie Abraham. Jetzt aber wollt ihr mich töten, einen Menschen, der euch die Wahrheit verkündet hat, die Wahrheit, die ich von Gott gehört habe. So hat Abraham nicht gehandelt.‹* (Joh 8,39f.; vgl. 8,30-59)

Der Abschnitt gipfelt in den Versen 56-58:

Jesus sagt: ›Euer Vater Abraham jubelte, weil er meinen Tag sehen sollte. Er sah ihn und freute sich.‹ Die Juden entgegneten: ›Du bist noch keine fünfzig Jahre alt und willst Abraham gesehen haben?‹ Jesus erwiderte ihnen: ›Amen, amen, ich sage euch. Noch ehe Abraham wurde, bin ich.‹ Da versuchten sie, ihn zu steinigen.

Hiernach war Abraham auf das Kommen des Messias eingestellt, als der sich nun Jesus zu erkennen gibt. Ja, er ist der ewige Logos, der immer schon bei Gott existierte. Das empfinden die mit Jesus diskutierenden Juden als ungeheuere Anmaßung und Gotteslästerung.

Abraham ist also auch im Neuen Testament eine zentrale Gestalt, die in eine neue, christologische Konzeption eingebunden ist. Jetzt steht das Christusereignis im Mittelpunkt, von dem her alle Traditionen neu bewertet werden (vgl. S. 92–95). Es ist allerdings ein Unterschied wie das geschieht – ob Paulus mit seiner inklusiven Christologie die bisherigen Träger der Abrahamstradition, also die Juden, in Gottes Heilshandeln mit einschließt oder ob Johannes mit seiner exklusiven Christologie Abraham durch Christus ersetzt und damit die Juden enterbt. Die Wirkungsgeschichte einer solchen Theologie, die den Antijudaismus befördert hat, darf im Religionsdialog nicht ausgeklammert werden. Allerdings gilt in jedem Falle für das Neue Testament wie für den Koran, dass die jeweils neue Religion das Erbe der vorangegangenen angetreten hat und die neue Gemeinde universalen Anspruch erhebt.

Was die Gestalt Abrahams im Judentum, Christentum und Islam betrifft, haben die einschlägigen Stellen in Koran und Bibel gezeigt, dass sich die unterschiedlichen Selbstverständnisse von Juden, Christen und Muslimen im jeweiligen Abrahamsbild wiederfinden. Abraham verbindet zwar die drei großen monotheistischen Religionen, aber er trennt sie auch, denn jede von ihnen hat ihren »eigenen« Abraham!

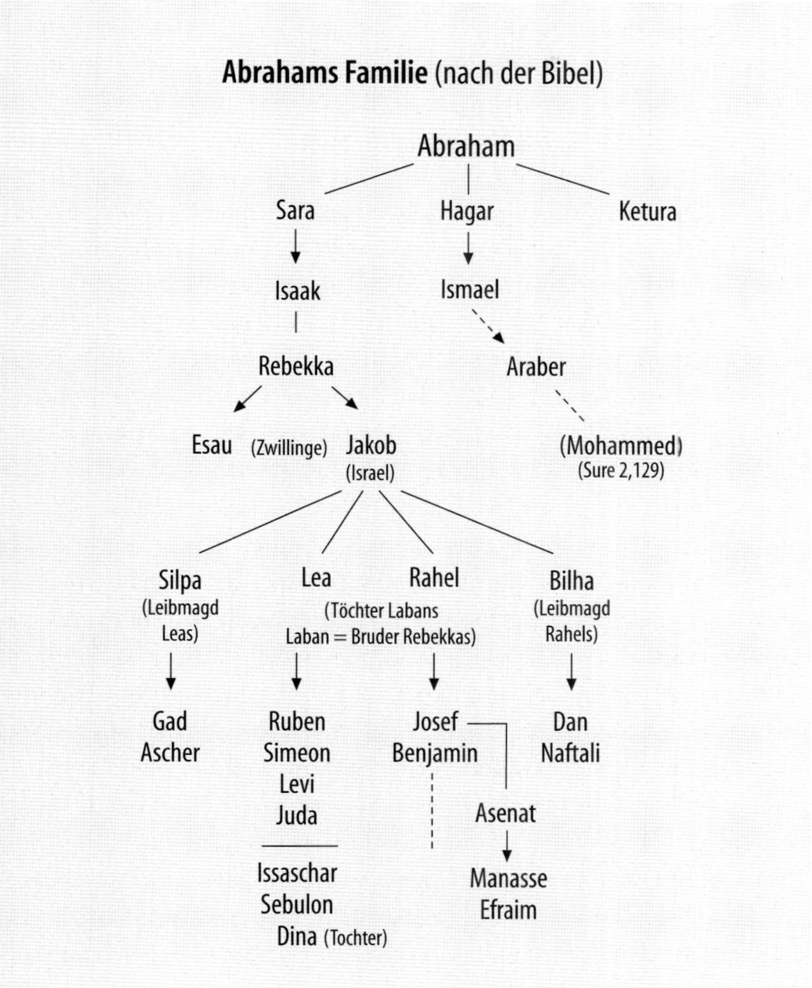

Sara und Hagar, Isaak und Ismael

Die Namen von Abrahams Frauen Sara und Hagar (vgl. 1. Mose 11,29ff.; Kap. 16, 18 und 21) kommen im Koran nicht vor, obwohl in der Geschichte vom Besuch der geheimnisvollen Gäste mit Abrahams Frau nur Sara gemeint sein kann (Sure 11,72; 51,29). In der islamischen Tradition und in Kommentaren sind beide Frauen aber gut bekannt und dadurch den Muslimen auch vertraut. Das gilt vornehmlich für Hagar (arabisch: Hādschar) und ihre Beziehungen zu Mekka. Wie in der Bibel (1. Mose 16) gibt Sara ihrem Mann Abraham ihre Magd Hagar zur Nebenfrau, damit sie ihnen Kinder gebiert, und so bringt sie ihnen Ismael (Ismāʿīl) zur Welt. Wegen der Differenzen zwischen beiden Frauen begibt sich Abraham mit Hagar und Ismael nach Arabien. In Mekka legt Abraham mit Ismael die Fundamente der Kaaba, des heiligen Hauses bzw. reinigt es (Sure 2,127 und 125). Von Abraham allein gelassen, leiden Hagar und Ismael in der trockenen Wüstengegend unerträglichen Durst. Da sucht Hagar verzweifelt nach Wasser und läuft aus diesem Grund siebenmal zwischen den Hügeln as-Safa und al-Marwa hin und her – wie die Muslime beim heutigen Ritus (saʿy) während der Wallfahrt. Aber erst als Ismael einen Finger in den Sand bohrt (nach anderer Version der Engel Gabriel seine Ferse in den Wüstensand gräbt), sprudelt Wasser hervor und erquickt Mutter und Sohn. Es ist die Quelle des Zemzem-Brunnens im heiligen Bezirk von Mekka. Nur wenige Meter davon entfernt begräbt Ismael später seine Mutter. Die halbrunde Mauer al-Hidschr an der Kaaba ist ihr Grab. Ein schlanker, kleiner Kuppelbau neben dem Zemzem-Brunnen überdacht die »Stätte Abrahams« (Sure 2,125), von der aus Abraham die Kaaba errichtete. Ismael soll auch eine Frau aus Mekka geheiratet haben. Das alles passt zu Abrahams Gebet in Sure 14,35-41, das sich auf »dieses Gebiet« bezieht und in dem es u.a. heißt: *Herr, ich habe einige aus meiner Nachkommenschaft in einem Tal, wo kein Getreide wächst, bei Deinem heiligen Haus* (der Kaaba) *wohnen lassen* (14,37). So sind Abraham, Ismael und Hagar am heiligsten Ort des Islam den Muslimen in lebendiger Erinnerung und werden im Kultus verehrt.

In der Bibel finden sich zwei größere Abschnitte über Hagar und Ismael »in der Wüste«: zum einen die Flucht der schwangeren Hagar vor Sara und das Gespräch mit dem Engel Gottes an einer Wasserquelle sowie Ismaels Geburt (1. Mose 16,1-16), zum anderen Hagars und Ismaels Vertreibung durch Sara um Isaaks, des Erben, willen in die Wüste, wo sie Durst leiden, und das wunderbare Aufsprudeln einer Quelle. Abraham war nicht mit aufgebrochen (1. Mose 21,1-21).

Abrahams Grab wird von Juden, Christen und Muslimen in der Machpelahöhle von Hebron verehrt. Sie ist nach 1. Mose 23 das Erbbegräbnis von Abrahams Familie (Sara, später Abraham: 1. Mose 25, 7-10; Isaak, Rebekka, Lea und Jakob: 1. Mose 49,29ff.).

Ismael ruht in arabischer Erde. Er ist der Stammvater der (nord)-arabischen Stämme (vgl. 1. Mose 21,18ff.; 25,12-18) und Mohammeds Vorfahre. Durch Ismael ist die verwandtschaftliche Beziehung zwischen Mohammed und Abraham hergestellt. Auch Ismael ist Gesandter und Prophet (Sure 19,54) und ein von Gott Bevorzugter (6,86). In den mittel- und spätmekkanischen Suren erscheint Ismael noch als eine eigenständige Heilsgestalt, die ihrem »Volk« Gebet und Almosen befiehlt (19,55; vgl. 1. Mose 21,13 und 18). Das ist sowohl im Koran als auch in der Bibel die ältere Version (gegenüber der jüngeren in 1. Mose 25). Im Laufe von Mohammeds Verkündigung rückt nun Ismael immer näher an Abraham heran, bis er schließlich an seiner Seite die Kaaba errichtet.

Isaak (arabisch: Ishāk) wird zwar häufig namentlich genannt, hat auch Offenbarungen erhalten und zählt zu den Propheten (vgl. Sure 4,163; 19,49). An Abraham und Isaak hat Gott seine Gnade vollendet (Sure 12,6). Gleichwohl rückt Isaak hinter Ismael deutlich in die zweite Reihe. Wenn er zusammen mit diesem genannt wird, dann erst nach ihm: »Ismael und Isaak« (vgl. 14,39; 2,136 u.ö.). In der markanten Passage von Sure 2, wo es um die Glaubensnachfolge Abrahams geht, bekennen Jakobs Söhne: *Dienen werden wir deinem Gott und dem Gott deiner Väter Araham, Ismael* (!) *und Isaak, dem einzigen Gott* (2,133 vgl. 2,136); dagegen 12,38 *die Religion meiner Väter Abraham, Isaak und Jakob* wie in 2. Mose 3,6!).

Anders als in der Bibel steht im Koran und in der islamischen Tradition nicht Isaak als der legitime Erbe, sondern Ismael an erster Stelle. Er ist der Erstgeborene, der nach Ansicht der Muslime von den Juden zugunsten Isaaks zurückgesetzt wurde und erst im Koran, der letztgültigen Offenbarung, die ihm zukommende Position wieder einnimmt. Er ist nicht nur der Repräsentant des Volkes der Araber, über ihn führt auch die direkte Linie von Abraham zu Mohammed.

Jakob (arabisch: Ya'kūb) ist wie Isaak einer der Propheten (19,49). Häufig werden »Isaak und Jakob« zusammen genannt, wobei Jakob nicht als Enkel, sondern als Sohn Abrahams erscheint (Sure 11,71; 21,72; 29,27; 6,84). Erst in den Suren 2, 3 und 4 ist Jakob ein Enkel Abrahams. Vom Bekenntnis der Söhne Jakobs, als dieser auf dem Sterbebett liegt, war oben schon die Rede (Sure 2,133). Die Offenbarung des einen und einzigen Gottes ist außer auf Abraham, Ismael und Isaak auch auf Jakob gekommen (2,136; 4,163).

Von den umfangreichen Geschichten um Jakob und seine Familie in der Bibel (1. Mose 25–50) findet sich im Koran nur die Josefsgeschichte, die aber zugleich eine Jakobsgeschichte ist.

6. Josef und seine Brüder

Thomas Mann hat die spannenden Erzählungen über Josef, den Sohn von Jakob und Rahel (1. Mose 30,22-24), in einer Roman-Tetralogie verarbeitet. In der Bibel beginnt die Geschichte von Josef und seinen Brüdern mit Josefs Traum (1. Mose 37,5ff.) und endet mit seinem Tod in Ägypten am Ende des ersten Buches Mose (50,26). Dazwischen liegen viele Ereignisse und Episoden, die hier nur aufgezählt, ansonsten aber zur anregenden Lektüre empfohlen werden. Wer eine gefällige, spannend erzählte Kurzfassung der biblischen Geschichten bevorzugt, greife zu dem Buch »Meine schönsten Erzählungen der Bibel. Altes Testament« von Pearl S. Buck.

Die Josefsgeschichte ist aber nicht nur eine ebenso unterhaltsame wie tiefsinnige Lektüre – sie erfüllt auch eine wichtige Funktion in der Geschichte des Gottesvolkes. Sie stellt das Verbindungsglied zwischen den Erzvätergeschichten von Abraham, Isaak und Ismael, Esau und Jakob einerseits und dem Beginn der Geschichte Altisraels in Ägypten andererseits dar. Die Josefsgeschichte erklärt, wieso die Nachkommen Jakobs (der ab 1. Mose 32,29 Israel heißt) und die Vorfahren des Mose und der Israeliten nach Ägypten gekommen waren (H. Busse, 92).

Nach 1. Mose 37,1 lässt sich Jakob in Kanaan nieder. Von seinen zwei Frauen Lea und Rahel, den Töchtern Labans, und zwei Nebenfrauen, Silpa und Bilha, bekommt er zwölf Söhne (die Stämme Israels). Von Rahel stammen Josef und Benjamin (1. Mose 30,22-24 und 35,16f.). Jakob liebt Josef besonders, weshalb seine Brüder ihn hassen. In seinen Träumen sieht Josef, wie sich die Garben auf dem Felde, aber auch Sonne, Mond und elf Sterne vor ihm verneigen. Vor Eifersucht beschließen die Brüder, Josef umzubringen, werfen ihn aber auf Rubens Rat nur in eine leere Zisterne und verkaufen ihn schließlich an midianitische Kaufleute (Ismaeliter), die Josef nach Ägypten bringen und an Potifar, »den Obersten der Leibwache« des Pharao, weiterverkaufen. Ihrem Vater Jakob bringen die Brüder ein in Tierblut getauchtes Gewand, sodass er glaubt: »Ein wildes Tier hat ihn gefressen« (alles in 1. Mose 37).

Im Haus Potifars ist Josef, *schön von Gestalt und Aussehen*, wohl gelitten, Potifars Frau jedoch will ihn verführen. Als Josef sich ihr verweigert, verleumdet sie ihn bei ihrem Mann, der ihn ins Gefängnis werfen lässt (1. Mose 39). Dort deutet er die Träume des Obermundschenks und Oberbäckers des Pharao (Weinreben bzw. Feingebäck – Freiheit bzw. Hinrichtung; 1. Mose 40).

Es folgt die Deutung der Pharao-Träume: sieben magere Kühe fressen sieben wohlgenährte Kühe; sieben kümmerliche Ähren verschlingen sieben prallgefüllte Ähren – das bedeutet sieben Jahre Wohlstand und sieben Jahre Hungersnot. Der Pharao möge dementsprechend Vorsorge treffen (1. Mose 41,1-36). Daraufhin setzt der Pharao Josef als »Herrn über Ägypten« ins höchste Staatsamt unter dem König ein. Als die Hungersnot nach sieben Jahren ausbricht, hat Josef so viele Vorräte angelegt, dass »alle Welt« bei ihm Getreide kaufen kann (41,37-57). Zu diesem Zweck schickt auch Jakob seine Söhne – außer Benjamin – (!) nach Ägypten. Josef erkennt seine Brüder, gibt sich ihnen aber nicht zu erkennen und bezeichnet sie als Spione. Sie sollen ihren jüngsten Bruder herbeiholen. Simeon aber lässt Josef festnehmen. Die anderen kehren heim und berichten das Geschehene ihrem Vater Jakob (1. Mose 42).

Als das Getreide aufgebraucht ist, brechen die Brüder zu ihrer zweiten Reise nach Ägypten auf und nehmen Benjamin mit. Sie überreichen Josef ein Geschenk und werfen sich vor ihm nieder. Er weint vor Rührung und bewirtet seine Brüder, die ihn nicht erkennen (1. Mose 43). Josef gibt ihnen Getreide in Fülle und lässt ihr Geld, wie schon beim ersten Mal, in ihr Gepäck zurücklegen, jedoch nicht ohne seinen Silberbecher in Benjamins Sack zu stecken, wo er kurz nach ihrer Abreise von Josefs nachgeeiltem Hausverwalter gefunden wird. Zu ihrem Entsetzen werden die Brüder des Diebstahls bezichtigt. Sie zerreißen ihre Kleider und werfen sich vor Josef nieder. Ihr Vater, sagen sie, würde sterben, wenn sie ohne Benjamin zurückkehrten (1. Mose 44).

Da beginnt Josef zu weinen und spricht zu seinen Brüdern: *Ich bin Josef, den ihr nach Ägypten verkauft habt.* Aber grämt euch nicht mehr, *denn um Leben zu erhalten, hat mich Gott vor euch hergeschickt* (1. Mose 45,1ff.). Es ist Gott, der alles so gefügt und der Josef so geführt hat (vgl. 1. Mose 39,2-5.23; 41,16). Der Vater soll auf Josefs Wunsch rasch nach Ägypten kommen und sich dort niederlassen mit seiner ganzen Familie und allen seinen Tieren. Dem stimmt auch der Pharao zu (45,9ff.). Und so geschieht es. Jakob bricht auf, bringt Gott in Beerscheba Opfer dar und hört Gottes Stimme in einer nächtlichen Vision:

Fürchte dich nicht, nach Ägypten hinabzuziehen; denn zu einem großen Volk mache ich dich dort. Ich ziehe selbst mit hinunter nach Ägypten und ich führe dich auch selbst wieder herauf … (1. Mose 46,1-4)

So kommt Jakob mit seiner Familie und seiner ganzen Habe nach Ägypten. Damit ist der Anschluss zum 2. Buch Mose (Exodus) hergestellt.

Die restlichen vier Kapitel (1. Mose 47-50: Jakob beim Pharao, Josefs segensreiches Wirken in Ägypten, Jakob und Josefs Söhne, der große Jakobssegen, Jakobs Tod und Begräbnis, Josefs Ende) spielen im Koran keine Rolle – mit Ausnahme der schon erwähnten Szene bei Jakobs nahem Tod, in der es im Koran allerdings nicht um die Begräbnismodalitäten, sondern um die Verehrung des rechten Gottes geht (Sure 2,133f.).

Im Koran ist der Josefsgeschichte eine eigene Sure gewidmet, die Sure 12, »geoffenbart zu Mekka« mit Namen »Yūsuf«. Sie umfasst 111 Verse und sei zur Lektüre empfohlen. Josef ist einer der Gottesgesandten (Sure 40,34) und Rechtgeleiteten (Sure 6,84) und genießt hohes Ansehen. Sure 12 ist eine Kurzfassung der Josefsgeschichte mit eigenen Akzenten, manchen Abweichungen und Zusätzen. Wie andere Beispielgeschichten des Koran beschreibt sie, was einen Propheten auszeichnet und durch welche Höhen und Tiefen sein Weg führt. Es sind Mohammeds eigene Erfahrungen.

Am Anfang heißt es:

Wir (Gott) *erzählen dir* (Mohammed) *die schönste Geschichte, indem Wir dir diesen Koran offenbart haben. Du hattest zuvor keine Ahnung davon.* (12,3)

Sodann berichtet Josef seinem Vater von seinem Traum:

O mein Vater, ich sah elf Sterne und die Sonne und den Mond; ich sah sie vor mir niederfallen. (12,4)

Jakob erkennt sofort die Bedeutung des Traumes und fordert Josef auf, ihn nicht seinen Brüdern zu erzählen.

So (wie es der Traum voraussagt) *wird dein Herr dich erwählen und dich lehren, Geschichten zu deuten und Seine Gnade an dir und der Sippe Jakobs vollenden …* (12,6)

Siehe, in Josef und seinen Brüdern sind Zeichen für diejenigen, die (nach der Wahrheit) *fragen.* (12,8)

Damit ist klar, wie die Josefsgeschichte gelesen und verstanden werden soll.

Die Brüder beschließen, Josef nicht zu töten, sondern in eine Zisterne zu werfen. Das geschieht. (Aber sie verkaufen ihn nicht!) Dem Vater erzählen sie, dass ihn der Wolf gefressen habe, was dieser schon befürchtet hatte (!), und zeigen ihm ein blutbeflecktes Hemd. Jakob reagiert gelassen und glaubt dem Bericht nicht. Es gilt, Geduld zu haben und bei dieser Prüfung auf Gott zu vertrauen (Vers 18). Josef wird von reisenden Kaufleuten gefunden, die ihn als Ware verstecken. *Aber Gott wusste genau, was sie taten!* (Vers 19) Sie verkaufen Josef für wenige Drachmen an einen Ägypter, der ihn seiner Frau als Hausknecht überlässt. Danach das Wort Gottes :

Und Wir gaben Josef eine einflussreiche Position im Lande, und Wir wollten ihn lehren, Geschichten zu deuten. Und Gott ist in dem, was Er tut, souverän. Aber die meisten Menschen wissen es nicht. (Vers 21)

Gott schenkt dem zum Mann gereiften Josef »Urteilskraft und Wissen« (Vers 22). Die Geschichte von der versuchten Verführung Josefs durch die Frau des Ägypters ist breit und dialogisch angelegt und mit haggadischem Material angereichert (Vers 23-33). Gott greift ein, um Schande von Josef abzuwehren (Vers 24 und 34). Josef bleibt standhaft, und die eingeladenen Freundinnen der leidenschaftlichen, von Josef abgewiesenen Ägypterin (in der Legende »Suleika«) müssen bekennen: *Das ist kein Mensch. Das ist ein edler Engel* (Vers 31). Doch auch sie sind von Josefs Schönheit so geblendet, dass sie sich mit den Messern, die (nach einer jüdischen Überlieferung) zur Zerteilung von Orangen gedacht waren, in die Hände schneiden (Vers 31 und 50).

Obwohl unschuldig, wird Josef, weil auffällig schön und begabt, ins Gefängnis geworfen, wo er die Träume von zwei mitgefangenen

Jünglingen (in der Bibel der Obermundschenk und der Oberbäcker des Pharao) deutet (Vers 35-42) und ihnen »die richtige Religion« von dem einen Gott, dem »nichts beigesellt« werden darf, verkündigt. Von sich selbst bekennt Josef: *Ich bin der Religion meiner Väter Abraham, Isaak und Jakob gefolgt.* (Vers 38) Vom Gefängnis aus deutet Josef auch die Träume des Pharaos von den sieben fetten Kühen, die von sieben mageren gefressen werden, und von den sieben grünen und sieben verdorrten Ähren. Da Jakobs Deutung dieses Traumgesichts wertvollen Rat für die Bevorratung des Landes gibt (Vers 43-49), holt der Pharao Josef an seinen Hof, wo die Frauengeschichte nochmals aufgerollt wird. Josef wird rehabilitiert.

Er betrachtet die Ereignisse unter einer beachtlichen theologischen Einsicht:

Und ich erkläre mich nicht selbst für unschuldig. Die Seele verlangt gebieterisch das Böse – es sei denn mein Herr erbarmt sich. Siehe, mein Herr ist vergebend und barmherzig (Vers 53).

Kurz darauf spricht Gott selbst:

So gaben Wir Josef Macht (Khoury: eine angesehene Stellung) *im Land, sodass er darin Wohnung nehmen konnte, wo er wollte. Wir treffen mit Unserer Barmherzigkeit, wen Wir wollen und lassen den Lohn der Rechtschaffenen nicht verlorengehen. Und der Lohn des Jenseits ist für diejenigen, die glauben und gottesfürchtig sind, wahrlich besser.* (Vers 56f.)

So wird die Josefsgeschichte immer wieder durch theologische und moralische Schlussfolgerungen unterbrochen und religionspädagogisch überhöht.

Nachdem Josef nun die Aufsicht über die Vorräte in den Speichern führt (Vers 55), reisen seine Brüder nach Ägypten, um Nahrungsmittel zu holen (Vers 58ff.; von hier an weicht Sure 12 zum Teil stark vom biblischen Text ab). Josef erkennt sie, während sie ihn nicht erkennen. Er fordert sie auf, das nächste Mal einen Bruder väterlicherseits mitzubringen – sonst erhalten sie keine »Zuteilung« mehr. Wieder zu Hause

(Vers 63ff.) geht Jakob im Vertrauen auf Gott auf diese Forderung ein (Vers 66). Die Brüder sollen aber nicht durch ein, sondern mehrere Tore eingehen. Sie brechen zu ihrer zweiten Reise auf (Vers 67f.).

Es folgt die von Josef inszenierte Diebstahlgeschichte (Vers 70ff.), eine von Gott ausgeführte List (Vers 76)! Der kleine Bruder (also Benjamin) soll den Pokal des Königs gestohlen haben, den Josef selbst heimlich in das Gepäck getan hat. Deshalb wird er gefangen gehalten.

Jakob reagiert auf alles wiederum gelassen. Geduld und Gottvertrauen ist seine Devise (Vers 83ff.), jedoch erblindet er vor Gram (Vers 84).

Als die Brüder erneut bei Josef erscheinen, gibt er sich ihnen zu erkennen (Vers 90) und überreicht ihnen sein Hemd, um es auf die Augen des Vaters zu legen. So wird Jakob tatsächlich geheilt (Vers 88ff., bes. 96). Josef besitzt als auserwählter Prophet also auch die Gabe der Heilung.

Jakob seinerseits weiß durch Gott bereits, dass Josef lebt (so auch ein Midrasch) und teilt das seinen Söhnen mit. Diese bitten ihn um Verzeihung, und Jakob sagt: *Ich werde meinen Herrn um Vergebung für euch bitten.* (Vers 96-98)

Auf Josefs Einladung (Vers 93) ziehen Josefs Eltern und Brüder schließlich nach Ägypten (Vers 99ff.; nach dem biblischen Bericht ist Rahel schon gestorben: 1. Mose 35,18) und erscheinen vor Josef (nicht wie in der Bibel vor dem Pharao). Josef setzt »seine Eltern« voller Ehrerbietung auf den Thron. Danach werfen sich Jakob und seine Söhne vor Josef nieder. Dieser erinnert an sein früheres Traumgesicht, das nun wahr geworden ist, resümiert alles Erlebte, dankt Gott für seine Durchhilfe und betet zu seinem himmlischen Herrn und »Freund« (Vers 101). Das Gebet endet mit den Worten: *Lass mich* (dereinst) *als Muslim* (wörtlich: als gottergeben) *sterben und vereine mich mit den Rechtschaffenen.*

Dies ist eine der verborgenen Geschichten, die Wir dir offenbaren. (Vers 102) Was da berichtet wird, ist beispielhaft für die Verkündigung des Propheten (Mohammed), für das Ränkespiel seiner Gegner und für Gottes Handeln an denen, die glauben und ihm vertrauen (Vers 102-111). In Sure 40,34 wird an »die deutlichen Zeichen« Josefs kurz erinnert. Die nachkoranische Legende hat die Josefsgeschichte in Sure 12 um zahlreiche Namen und Einzelheiten bereichert und erweitert.

7. Mose und Aaron

Das zweite bis fünfte Buch Mose enthält die dramatischen und entscheidenden Ereignisse aus der Frühzeit Israels, in der das werdende Volk unter Führung des Mose auf seinem dornenreichen Weg aus der ägyptischen Gefangenschaft bis an die Schwelle des verheißenen Landes gelangt. Dort, im Lande der Moabiter östlich des Jordan, tritt Mose noch einmal vor sein »Volk«, hält Rückschau und würdigt die gnädige Führung durch die Wüste. Er schärft den Israeliten die Einhaltung der göttlichen Gesetze ein und ordnet seine Nachfolge. Dann erteilt er den zwölf (!) Stämmen Israels seinen Abschiedssegen, besteigt den Berg Nebo und schaut das ganze Land Kanaan jenseits des Jordan, das Gott den Israeliten »als Grundbesitz« geben will (5. Mose 32,49). Hierauf stirbt er und wird am Fuße des Berges begraben (5. Mose 34). Es ist ihm nicht vergönnt, das »gelobte Land« zu betreten. Seine Mission ist erfüllt. Von der Eroberung des verheißenen Landes westlich des Jordan berichtet anschließend das Buch Josua.

Soweit der biblische Bericht. Die Wanderung der Ägypten-Gruppe unter Mose erscheint darin als die dominierende Tradition. Es gab aber auch andere Gruppen, die auf anderen Wegen nach Norden zogen, wie die Kaleb-Gruppe, die von Kadesch aus den Negev erreichte (vgl. 4. Mose 13,6; 32,12; Jos 14,6ff.; Ri 1,9ff.). Im Vergleich mit dem Koran interessieren aber in erster Linie die Mose-Traditionen, die der Koran in reichem Maße enthält. Zwar kommen die eindrucksvollen Abschiedsszenen im Koran nicht vor, wohl aber viele andere Ereignisse und Höhepunkte der Geschichten um Mose. Wenn im Folgenden die parallelen Texte verglichen werden, zeigen sich bemerkenswerte Unterschiede sowohl in der Tendenz als auch im Detail. Da jedoch aus Platzgründen nicht alle Einzelheiten festgehalten werden können, empfiehlt sich die Lektüre der Mosepassagen in den Suren 7, 20, 26, 28 und 40, wobei auch die unterschiedlichen Fassungen der Mosegeschichte deutlich hervortreten.

Mose (arabisch Mūsā) begegnet uns im Koran zunächst in den sogenannten Prophetenreihen (vgl. S. 128) wie z. B. Sure 2,136 (vgl. 6,84: Mose und Aaron). Gott hat Mose, der in Sure 7,143 als Erster der Gläubigen bezeichnet wird, vor den Menschen erwählt (7,144; 20,41) und zum Gesandten bestimmt (26,21; 28,7 u. ö.). Für sein Volk erhält er eine Offenbarungsschrift (al-kitāb; 2,53; 6,91f.; 28,43 u. ö.). Er soll dieses Volk zur Umkehr rufen (2,54) und aus der Finsternis zum Licht führen (14,5).

Ein Blick in das Register einer Koranausgabe zeigt, wie zahlreich die Stellen sind, in denen uns Mose begegnet. Es sind vor allem die Suren 2, 5, 7, 10, 18, 20, 26, 27, 28 und 40, darüber hinaus viele Koranverse in über 30 Suren. Nach Sure 20,99 hat Gott Mohammed die Geschichten von dem, was früher geschah, als mahnende Beispiele übermittelt. Darin nimmt Mose einen bevorzugten Platz ein (20,9ff.). Mohammed sieht in ihm den Vorgänger (7,157) und ein Vorbild. Einige Suren enthalten die Geschichten von Mose in zusammenhängender Form wie die Suren 20 und 26 aus der zweiten und die Suren 28 und 40 aus der dritten mekkanischen Periode. Sure 7 stammt aus der Übergangszeit zwischen Mekka und Medina, Sure 2 aus Medina (V. 49-61). Eine Kurzfassung der Mosegeschichte aus der Frühzeit enthält Sure 79, die in Vers 26 betont, dass es dabei um eine »Lehre für die Gottesfürchtigen« geht. Wie das Erzählte verstanden werden soll, zeigen eingeschaltete Verse oder der Rahmen einer Geschichte (wie in Sure 20,2-8 und 99ff.).

Am Beginn der Mosegeschichten (2. Mose 1ff.) und als Vorspann zu ihnen wird von der Unterdrückung der Israeliten durch die Ägypter (im 13. Jahrhundert vor Christus) berichtet, wobei auch die vom Pharao befohlene Tötung der männlichen Nachkommen, nicht aber der Mädchen, erwähnt wird (Sure 28,4; 2,49). Daran schließt sich bereits eine Verheißung Gottes für die Unterdrückten an (28,5f.). Es folgt der Bericht über die Geburt des Mose, seine vorsorgliche Aussetzung im Wasser (des Nil) und seine Errettung (2. Mose 2,1-10; Sure 28,7-14; 20,37-40). In der Bibel ist es die Tochter des Pharao, im Koran seine Frau, die sich des Knaben annimmt, den Gott beschützt und zum Gesandten erwählt hat (28,7). Nachdem ihn seine Mutter zunächst zum Stillen zurückerhält, wächst er später im Hause des Pharao auf.

Die Geschichte des erwachsenen Mose setzt mit einem tragischen Ereignis ein. Mose kommt einem Landsmann beim Kampf mit einem Ägypter zu Hilfe und tötet diesen. Daraufhin flieht Mose nach Midian und heiratet dort (2. Mose 2,11-22; Sure 28,15-28). Im Koran ist der Bericht von Moses Vergehen an dem Ägypter umfänglicher als in der Bibel und enthält Zwiegespräche mit Gott, den Mose um Vergebung für diese Tat bittet, die ihm »der Herr« auch gewährt (28,16f.).

Die Umstände der Verehelichung des Mose in Midian variieren in Bibel und Koran. Nach der Bibel hilft Mose den sieben Töchtern des Priesters von Midian (hier Reguel, in 2. Mose 18 Jetro) beim Wasserschöpfen und erhält zur Belohnung Zippora zur Frau. Nach dem Koran soll Mose als Lohn für seine Hilfe eine der beiden Töchter (nach Sure 7,85 des Schu'aib) erhalten, wenn er seinem künftigen Schwiegervater acht (d.h. volle sieben) Jahre dient. Das erinnert an Jakobs Begegnung mit Rahel am Brunnen in Haran und seine Heirat mit Lea und Rahel nach siebenjährigem Dienst bei Laban (1. Mose 29).

Ausführlich berichten Bibel und Koran von der entscheidenden Begegnung des Mose mit dem sich offenbarenden Gott am Gottesberg. Nach 2. Mose 3,1ff. kommt Mose zum Berg Horeb, wo ihm der

Engel des Herrn in einem brennenden Dornbusch erscheint. Dann stellt sich Gott selbst vor: *Ich bin der Gott deines Vaters, der Gott Abrahams, der Gott Isaaks und der Gott Jakobs* (V. 6), kündigt die Befreiung der Israeliten aus ägyptischer Knechtschaft und ihre Führung in das gelobte Land an und sendet Mose, der dieses Werk in Gottes Namen ausführen soll, zum Pharao. Zu seinen Landsleuten soll Mose sagen: *Der ›Ich bin da‹ hat mich zu euch gesandt,* um *euch aus dem Elend Ägyptens* herauszuführen *in ein Land, in dem Milch und Honig fließen* (V. 14 und 17). Als Beglaubigungswunder soll der Stab dienen, der zur Schlange wird und wieder zum Stab, die Hand, die *von Aussatz weiß wie Schnee* wird und wieder zur reinen Hand, sowie Nilwasser, das zu Blut wird (2. Mose 4). Auf der Rückkehr des Mose nach Ägypten gesellt sich Aaron zu ihm. Beide treten vor die Israeliten. Aaron vermittelt ihnen Gottes Worte, Mose vollbringt die Zeichen und Wunder. Das Volk glaubt (2. Mose 4,18-31).

Nach der koranischen Version (Sure 20,9ff.; 28,29ff.) sah Mose »auf der Seite des Berges ein Feuer«, von dem er sich nähere Information (Rechtleitung) oder ein brennendes Scheit zum Aufwärmen erhofft. Da offenbart sich ihm Gott: *Mose! Ich bin dein Herr. Ziehe deine Sandalen aus! Du befindest dich im heiligen Tal Tuwa. Ich habe dich erwählt. Höre nun, was* (dir) *offenbart wird: Ich bin Gott. Es gibt keinen Gott außer Mir. Darum diene Mir und verrichte das Gebet zu Meinem Gedächtnis! Die Stunde* (des Gerichts) *kommt* … (20,11-15) Die Selbstvorstellung Gottes in Sure 28,30 lautet kurz und prägnant: *Ich bin Gott, der Herr der Welten.* Glaubensbekenntnis, Gebet und Gericht stehen hier im Mittelpunkt der Gottesoffenbarung. Die Beglaubigungszeichen – Stab und Hand – schließen sich an (20,18-23; 27,10. 12; 28,31f.). Das Nilwasser wird nicht erwähnt. Mose erhält von Gott den Auftrag, zum Pharao zu gehen, weil dieser das Maß an Freveltaten überschreitet. Er meint aber, im Reden zu schwerfällig zu sein, und bittet deshalb, seinen Bruder Aaron (Hārūn) mitzuschicken, was ihm Gott gewährt (20,24ff.; 26,10ff.; vgl. 2. Mose 4,10ff.).

Nun stehen beide vor dem Pharao und fordern ihn im Namen Gottes auf, die Israeliten ziehen zu lassen. Der aber denkt nicht daran. Jahwe, den er gar nicht kenne, sei für ihn nicht maßgebend – und er verschärft die Arbeits- und Lebensbedingungen der Israeliten (2. Mose 5). Der Koran widmet dieser Szene größte Aufmerksamkeit, erweist sich doch hier, was Glaube und Unglaube an den wahren und einzigen Gott bedeuten und welche Konsequenzen sich daraus ergeben. Schon die frühere Sure 51 erwähnt die Sendung des Mose zum Pharao (V. 38).

Spätere Suren, vor allem 20, 26, 28, 40 und 7, behandeln dieses Ereignis ausführlicher. Der Auftrag der beiden »Gesandten« Gottes ist der gleiche wie in der Bibel: *Schicke die Kinder Israels mit uns weg und peinige sie nicht!* (20,47) Die Reaktion des Pharao ist heftig und böse. Er wirft Mose Undankbarkeit vor und erinnert ihn an seine Schuld wegen der Tötung eines Ägypters (Sure 26,17ff.). Er bezeichnet Mose als Besessenen, Lügner und Zauberer und will ihn töten lassen, damit er nicht die Religion der Ägypter ändert oder im Lande Unheil anrichtet (26,27; 40,24-26). Die Parallele zu Mohammeds Erfahrungen in Mekka ist evident.

Als Mose – in der Bibel ist es Aaron – bei der zweiten Begegnung mit dem Pharao die Beglaubigungswunder einsetzt (2. Mose 7,8ff.), lässt der Pharao seine Zauberer antreten, die aber bei dem Wettstreit mit Mose (Aaron) den Kürzeren ziehen. Nach der koranischen Version werden sie nach ihrer Niederlage zu Boden geworfen und bekennen: *Wir glauben an den Herrn der Welten, den Herrn von Mose und Aaron.* Da droht der Pharao, ihnen Hand und Fuß wechselseitig abzuhacken und sie anschließend zu kreuzigen. Doch sie bleiben bei ihrem Bekenntnis und bitten den »Herrn«, sie dereinst als Gottergebene (Muslime) abzuberufen (7,106-126; 10,75ff.; 20,56ff.; 26,32ff.). Ein schönes Beispiel für den rechten Glauben ist auch die Rede eines Ägypters aus der Umgebung des Pharao, der seine Landsleute zum mächtigen und vergebenden Gott führen will (40,28-46)!

Die Hartherzigkeit des Pharao durchzieht in der Bibel die ganze Vorgeschichte des Auszugs der Israeliten aus Ägypten. Seine Schuldbekenntnisse sind Lippenbekenntnisse, seine Versprechungen nicht ehrlich, und so wird sein Herz durch Gott immer wieder verhärtet (vgl. 2. Mose 7-12). Im Koran zeigt sich die frevelhafte Selbstherrlichkeit des Pharao in seiner Verachtung des Schöpfergottes. Er selbst bezeichnet sich als den »höchsten Herrn« und einzigen Gott und treibt seine Hybris so weit, dass er sich einen Turm aus Ton bauen lassen will, um zu dem vermeintlichen Gott des Mose emporzusteigen (79,24; 28,38; 40,36-38). Als er aber beim Durchzug durch das (Schilf-) Meer am Ertrinken ist, bekennt er in Todesnot, dass es keinen Gott gibt als den, an den die Kinder Israels glauben. Gerettet wird jedoch nur sein Leib (10,90-92).

Von den großen »Plagen« werden in Sure 7 die Dürre und der Mangel an Früchten, die Flut, Heuschrecken, Läuse, Frösche und das Blut genannt (V. 130-133). Das »Strafgericht« (V. 134) ist vielleicht eine siebte Plage. Die Zahl der Plagen variiert sowohl in der Bibel als auch im Koran (vgl. 2. Mose 7-12[10]; Psalm 105,28ff.[8]; Sure 17, 101f. und 27,12f.[9]).

Endlich dürfen die Israeliten Ägypten verlassen. Nach den furchtbaren Plagen will sie der Pharao los sein (2. Mose 12,31; vgl. Sure 17,103). Er lässt sie ziehen, verfolgt sie dann aber mit seinem Heer. Während die Israeliten mit Gottes Hilfe trockenen Fußes durch das Schilfmeer ziehen, weil Mose es mit seinem Stab zerteilt, ertrinken die Ägypter in den nachfolgenden Fluten (2. Mose 14). Das ist das große Strafgericht, das Gott angekündigt hat (2. Mose 7,4). So sieht es auch der Koran (Sure 28,39-42), der in mehreren Suren die Rettung der Israeliten und die Vernichtung der Ägypter berichtet (10,90; 20,77ff.; 26,52ff.; 51,40). Dieses Strafgericht ist – wie die vielen anderen auch – ein Zeichen; doch die meisten Menschen glauben trotzdem nicht (26,67; 43,55f.).

Die Herausführung aus Ägypten ist das zentrale Heilsereignis in der Geschichte des Volkes Israel. An diese Heilstat sollen sich die Israeliten bei der Feier des Passahfestes erinnern (2. Mose 12/13), das im Koran aber nicht erwähnt wird. Allein, die so wunderbar Geretteten murren immer wieder auf, wenn es auf dem Weg in das gelobte Land Beschwernisse und Gefahren gibt. Dann hätten sie doch lieber in Ägypten bleiben wollen, wo es ihnen angeblich besser ging (2. Mose 14,10ff.; 16/17). Gleichwohl bleibt Gott seinem Volk zugewandt, weist den Israeliten den rechten Weg, stillt ihren Hunger mit Wachteln und Manna und ihren Durst mit Wasser, das Mose mit seinem Stab aus dem Felsen schlägt.

Davon weiß auch der Koran zu berichten (Sure 2,57 und 60; hier die Wolke als Schattenspender und 12 Quellen!), verbunden mit der Mahnung, doch mit dem zufrieden zu sein, was Gott beschert, und nicht Unheil auf der Erde zu stiften (2,60, vgl. 20,80ff.). Aber sie murren weiter und beschweren sich, dass es immer nur »einerlei Speise« (Manna) gibt. Mose soll Gott ersuchen, auch Gemüse, Gurken und Knoblauch, Linsen und Zwiebeln wachsen zu lassen. Da verliert Mose die Geduld: »Wollt ihr denn Minderwertiges gegen das Bessere eintauschen? Zieht (doch wieder) nach Ägypten. Dort findet ihr, was ihr erbeten habt!« (Sure 2,61; 4. Mose 11,4-6; 21,5)

Den Höhepunkt auf dem Weg der Israeliten aus der ägyptischen Knechtschaft in das gelobte Land bilden die Ereignisse am Sinai, die in den Gottesbegegnungen, dem Erhalt der göttlichen Gebote und dem Bundesschluss kulminieren. Davon ist ausführlich im folgenden Abschnitt 8 die Rede. An diese Ereignisse von 2. Mose 19-24 erinnert vor allem Sure 7 (vgl. 7, 142ff.). Diese Sure erzählt auch die schlimme Geschichte vom Abfall des Volkes zum Götzendienst am »Goldenen Kalb«, vom Bruch des Bundes mit Jahwe und dessen Erneuerung (7, 148-154; 2. Mose 32-34). Welche große Sünde die Israeliten mit der Anbetung des aus ihren Schmucksachen gefertigten goldenen Kalbes begehen, hebt Sure 2 hervor (51-54.92f.). Eine eigene Version bietet Sure 20, 83ff, wo as-Sāmirī, also ein Samaritaner, das Volk zum Götzendienst verführt und dafür hart (mit Aussatz) bestraft wird. Aaron erfährt eine zwiespältige Beurteilung: In Sure 7,142 setzt ihn Mose zu seinem Stellvertreter ein mit der Maßgabe, für Ordnung zu sorgen und nicht dem Weg der Unheilstifter zu folgen. Als der Abfall passiert ist, entschuldigt sich Aaron bei seinem zurückkehrenden Bruder Mose damit, dass er vom Volk unter Druck gesetzt und bedroht worden sei (7,150). In Sure 20 versucht Aaron, den Abfall zu verhindern, fürchtet aber, unter den Israeliten Zwietracht zu stiften (20,90-94).

Umkehr zum Schöpfergott (2,54) und Gottes Vergebung sind auch hier wieder das Entscheidende: *Diejenigen, die böse Taten begehen, dann aber umkehren und glauben,* (denen gegenüber) *ist dein Herr hernach verzeihend und barmherzig.* (7,153; vgl. Vers 149 und 151) Und so hebt Mose die Tafeln mit den Geboten, die er zuvor voller Zorn hingeworfen hatte, wieder auf als Rechtleitung für die Gottesfürchtigen (7,150.154). In der Bibel zerschmettert Mose die beiden Tafeln, als er vom Berg kommt und das Volk um das goldene Kalb tanzen sieht. Bei der Erneuerung des Bundes haut er zwei neue Tafeln zurecht, auf die er nach Gottes Diktat die Bundesurkunde schreibt (2. Mose 32,15ff.; 34,1-4.27-29).

Der Aufbruch vom Sinai setzt (nach zahlreichen kultischen Bestimmungen) erst in 4. Mose 10,11 ein. Das 5. Buch Mose endet mit dem Lied des Mose, dem Mose-Segen und dem Tod des Mose. Mit der Landnahme, die im Buch Josua erzählt wird, endet die Vorgeschichte Altisraels.

Von alledem berichtet der Koran nur zwei Ereignisse: die Erkundung des heiligen Landes und den Aufruhr Korahs (vgl. 4. Mose 13-16). In Sure 5 fordert Mose das Volk auf, in das heilige Land, das Gott den Israeliten bestimmt hat, einzutreten und nicht gleich wieder umzukehren, wenn es Schwierigkeiten mit den Bewohnern gibt. Allein das Volk sträubt sich, was zur Folge hat, dass Gott ihm das Land vierzig Jahre lang verwehrt und es zum Umherirren (in der Wüste) verurteilt (Sure 5,21-26; vgl. 7,161f.; 4. Mose 14,33f.; 32,13). Das will die koranische Botschaft festhalten: der Widersetzlichkeit und dem Unglauben gegenüber Gott folgt die gerechte Strafe auf dem Fuße. Ein solches Beispiel ist auch der Aufruhr Korahs und seiner Anhänger gegen Mose und Aaron, letztlich aber gegen Gott. Korah will das Priesteramt und damit mehr Einfluss und Macht in der Gemeinde. Er wird zur Strafe für seine Gottlosigkeit mit seinem ganzen Anhang von der Erde verschlungen. Sure 28,76-84 hebt vor allem auf das Verlangen des Korah nach mehr Reichtum und irdischen Besitz ab, was nicht im Sinne Gottes ist. *Gottes Lohn ist besser für diejenigen, die glauben und tun, was recht ist.* (V. 80) Gott teilt den Unterhalt reichlich zu, *wem von seinen Dienern er will*, und er begrenzt ihn auch (V. 82). *Das Ende fällt zugunsten derer aus, die gottesfürchtig sind.* (V. 83) Das ist nicht zuletzt an die Adresse der Mekkaner gerichtet, denen es um die Vermehrung ihres Reichtums und die Erhaltung ihrer Macht geht, weshalb sie sich gegen Mohammed und seine Verkündigung stellen (28,56ff.; 102,1ff.).

Vergleicht man die Geschichten von Mose im Koran mit denen in der Bibel, so ergibt sich, dass die meisten der für Israels Geschichte prägenden Ereignisse auch im Koran vorkommen. Allerdings ist nicht nur der Gesamtumfang der Mose-Überlieferungen in der Bibel ungleich größer als im Koran – die biblische Darstellung ist auch viel kompakter als die in mehreren Suren enthaltene, stark auf das Wesentliche konzentrierte und daher oft nur sehr knappe Abfolge von Gotteserfahrungen des Mose und der Israeliten. Sie wirken oft wie die Strophen eines Liedes, in denen typische Episoden erzählt werden, aus denen der Hörer seine Lehren ziehen soll. Dieser Beispielcharakter des Erzählten, das die aktuelle Situation von Mohammeds Verkündigung und ihre Hörer vor Augen hat, ist typisch für den Koran. Wie Gott an den Israeliten handelte, so handelt er auch an anderen Menschen und Völkern. Dabei geht es immer wieder um Glaube und Unglaube, Gericht und Strafe, Vergebung und Rückkehr auf Gottes geraden Weg. Das aber ist nicht die heilsgeschichtliche Sicht der hebräischen Bibel, wo es speziell um die Geschichte des Volkes Israel, um die geschichtlichen und religiösen Urerlebnisse der Israeliten geht.

Für das Neue Testament ist Mose, der Vertraute Gottes, ebenso Vorbild des Glaubens, Mittler des Gesetzes und Prophet wie in der hebräischen Bibel und im Koran. Er ist Vorläufer Jesu, wie er nach dem Koran Vorgänger und Vorbild Mohammeds ist. Mose steht für das Gesetz, Jesus Christus für das Evangelium. *Denn das Gesetz wurde durch Mose gegeben, die Gnade und Wahrheit kamen durch Jesus Christus.* (Joh 1,17) Darin liegt nun der entscheidende Unterschied! *Ihr sollt also wissen, meine Brüder: Durch diesen wird euch die Vergebung der Sünden verkündet, und in allem, worin euch das Gesetz des Mose nicht gerecht machen konnte, wird jeder, der glaubt, durch ihn gerecht gemacht.* (Apg 13,38f.) So sieht es auch der Apostel Paulus (Gal 3-6; Röm 7; 2. Kor 3).

Was im Gesetz und bei den Propheten geschrieben steht und auf den kommenden Messias hinweist, hat sich in Jesus Christus erfüllt (Apg 3,22; Joh 1,45). Er ist es, der »die Schrift«, d.h. das Gesetz und die Propheten, in Vollmacht neu auslegt (Lk 24,27 und 45f.; »Bergpredigt« Mt 5–7), und er ist der Mittler des Neuen Bundes (Hebr 8; Jesus und Mose: Hebr 3,1ff.; 11,23ff.). Mit ihm ist das Alte vergangen und Neues geworden (2. Kor 5,17).

So ist also Mose für alle drei »abrahamitischen Religionen« eine herausragende Glaubens- und Heilsgestalt, wenn auch mit unterschiedlicher Prägung und Bedeutung für das Selbstverständnis von Judentum, Christentum und Islam. Wenn das beachtet wird, bleibt auch bei den Mosetraditionen viel Gemeinsames und Verbindendes.

8. Die Zehn Gebote (Dekalog), Tora und Gesetz

In der Bibel sind die Zehn Gebote mit der Gottesoffenbarung (Jahwes) am Sinai und seinem Bundesschluss mit den Israeliten verbunden (2. Mose 19). Was Gott dem Volk Israel mitzuteilen hat, steht in den Zehn Geboten, die in einer älteren und einer jüngeren Fassung überliefert sind (2. Mose 20,2-17 und 5. Mose 5,6-20). Der Dekalog enthält das Konzentrat göttlicher Verfügungen zur Gewährleistung von Sicherheit und Ordnung im Gemeinwesen der Israeliten. Diese Gebote sind nicht nur verbindliche Forderungen, sondern auch Hilfe und Schutz für das Zusammenleben der Menschen, die sich Gott (Jahwe) verpflichtet wissen und ihm zu dienen bereit sind. Beide Dekalogfassungen beginnen mit der Selbstvorstellung Gottes und seiner unmittelbaren Zuwendung zum Gläubigen: *Ich bin Jahwe, dein Gott.*

Die Ausführungsbestimmungen dieser Grundnormen enthält »das Bundesbuch« (2. Mose 21–23), ein Zivil- und Strafgesetzbuch, das auch kultische Vorschriften enthält. Nach 2. Mose 24,7 verliest Mose diese »Urkunde des Bundes« dem ganzen Volk, das sie annimmt. Dann wird der Bundesschluss besiegelt. In 2. Mose 25–31 folgen weitere Kultvorschriften, die in der Sabbatheiligung (2. Mose 31,12-17) kulminieren. Am Schluss von 2. Mose 31 heißt es:

Nachdem der Herr zu Mose auf dem Berg Sinai alles gesagt hatte, übergab er ihm beide Tafeln der Bundesurkunde, steinerne Tafeln, auf die der Finger Gottes geschrieben hatte. (2. Mose 31,18; vgl. 32,15f.)

Nach dem Abfall des Volkes durch die Verehrung des Goldenen Kalbes und dem damit erfolgten Bruch des Bundes mit Gott zerschmettert Mose die Tafeln (2. Mose 32,19), doch es kommt zur Erneuerung des Bundes und zu zwei neuen Tafeln (33,7ff.) sowie weiteren göttlichen Bestimmungen (2. Mose 34,10-27). Es folgen Sabbatgesetz und kultische Anordnungen. Das dritte Buch Mose enthält Opfervorschriften, Priester- und Reinheitsgesetze und das Heiligkeitsgesetz. Das vierte Buch Mose beginnt mit dem Priestergesetz (Kap. 1–10) und beschreibt anschließend den Weg der Israeliten vom Sinai zum Jordan, angereichert durch zahlreiche Festlegungen zum Erbrecht, zu Opfer und Fasten und zur Landverteilung. Eingerahmt vom Zug der Israeliten in das Ostjordanland und einer großen Rede des Mose vor seinem Tode umfasst auch das fünfte Buch Mose vor allem zivilrechtliche und kultische Bestimmungen. Alle fünf Bücher Mose ergeben die Tora.

Der Koran bezeichnet als Tora das heilige Buch, das Mose von Gott übermittelt und das später durch Jesus bestätigt worden ist (S. 84–86). Die Begegnung des Mose mit Gott am Berg (Sinai), wo Mose beim Anblick Gottes ohnmächtig niederstürzt und sich danach zu Gott bekennt, schildert Sure 7,142-145. Hier ist auch von den Tafeln die Rede, auf die Gott »eine Ermahnung und Darlegung aller Dinge« schrieb. Mose soll seinem Volk befehlen, »das Schönste in ihnen« anzunehmen. Auch der Bund Gottes »mit den Kindern Israel« wird im Koran erwähnt. In diesem Zusammenhang spricht Gott:

Ihr sollt nur Gott (allein) *dienen und zu den Eltern gut sein und* (ebenso) *zu den Verwandten, Waisen und Armen. Verrichtet das Gebet und entrichtet die Almosensteuer!* (Sure 2,83f.)

Der Koran enthält viele ethische Ausführungen und Bestimmungen, die sich im Grundkonsens mit dem Dekalog befinden, doch in zwei Suren finden sich geschlossene Abschnitte, die in Form und Inhalt den Zehn Geboten der Bibel entsprechen. Es sind die Sure 17 aus der dritten mekkanischen Periode und Sure 6 aus der Zeit des Übergangs von Mekka nach Medina. Sure 17 enthält eine längere, Sure 6 eine kürzere Fassung der Gebote. Sowohl die Übereinstimmungen als auch die Unterschiede zwischen den Gebotsreihen in Bibel und Koran fallen bei einem Vergleich deutlich auf. Das betrifft zum einen die Weglassungen, Zusätze und Akzentuierungen, zum anderen aber die unterschiedlichen Lebenssituationen der unmittelbar Angesprochenen, die die Unterschiede im Detail erst bedingen.

Die Zehn Gebote (Dekalog) in der Bibel

2. Mose 20,1-17

1 *Dann sprach Gott alle diese Worte:*

2 *Ich bin Jahwe, dein Gott, der dich aus Ägypten geführt hat, aus dem Sklavenhaus.*

3 *Du sollst neben mir keine anderen Götter haben.*

4 *Du sollst dir kein Gottesbild machen und keine Darstellung von irgend*

etwas am Himmel droben, auf der Erde unten oder im Wasser unter der Erde.
5 *Du sollst dich nicht vor anderen Göttern niederwerfen und dich nicht verpflichten, ihnen zu dienen. Denn ich, der Herr, dein Gott, bin ein eifersüchtiger Gott: Bei denen, die mir feind sind, verfolge ich die Schuld der Väter an den Söhnen, an der dritten und vierten Generation;*
6 *bei denen, die mich lieben und auf meine Gebote achten, erweise ich Tausenden meine Huld.*
7 *Du sollst den Namen des Herrn, deines Gottes, nicht missbrauchen; denn der Herr lässt den nicht ungestraft, der seinen Namen missbraucht.*
8 *Gedenke des Sabbats: Halte ihn heilig!*
9 *Sechs Tage darfst du schaffen und jede Arbeit tun.*
10 *Der siebte Tag ist ein Ruhetag, dem Herrn, deinem Gott geweiht. An ihm darfst du keine Arbeit tun: Du, dein Sohn und deine Tochter, dein Sklave und deine Sklavin, dein Vieh und der Fremde, der in deinen Stadtbereichen Wohnrecht hat.*
11 *Denn in sechs Tagen hat der Herr Himmel, Erde und Meer gemacht und alles, was dazugehört; am siebten Tag ruhte er. Darum hat der Herr den Sabbattag gesegnet und ihn für heilig erklärt.*
12 *Ehre deinen Vater und deine Mutter, damit du lange lebst in dem Land, das der Herr, dein Gott, dir gibt.*
13 *Du sollst nicht morden.*
14 *Du sollst nicht die Ehe brechen.*
15 *Du sollst nicht stehlen.*
16 *Du sollst nicht falsch gegen deinen Nächsten aussagen.*
17 *Du sollst nicht nach dem Haus deines Nächsten verlangen. Du sollst nicht nach der Frau deines Nächsten verlangen, nach seinem Sklaven oder seiner Sklavin, seinem Rind oder seinem Esel oder nach irgend etwas, das deinem Nächsten gehört.*

5. Mose 5,5-21

5 *Der Herr sprach:*
6 *Ich bin Jahwe, dein Gott, der dich aus Ägypten geführt hat, aus dem Sklavenhaus.*
7 *Du sollst neben mir keine anderen Götter haben.*
8 *Du sollst dir kein*

Gottesbildnis machen, das irgendetwas darstellt am Himmel droben, auf
der Erde unten oder im Wasser unter der Erde. 9 *Du sollst dich nicht vor*
anderen Göttern niederwerfen und dich nicht verpflichten, ihnen zu die-
nen. Denn ich, der Herr, dein Gott, bin ein eifersüchtiger Gott: Bei de-
nen, die mir feind sind, verfolge ich die Schuld der Väter an den Söhnen
und an der dritten und vierten Generation; bei denen, die mich lieben
und auf meine Gebote achten, erweise ich Tausenden meine Huld.
11 *Du sollst den Namen des Herrn, deines Gottes, nicht missbrauchen;*
denn der Herr lässt den nicht ungestraft, der seinen Namen missbraucht.
12 *Achte auf den Sabbat: Halte ihn heilig, wie es dir der Herr, dein Gott,*
zur Pflicht gemacht hat. 13 *Sechs Tage darfst du schaffen und jede Arbeit*
tun. 14 *Der siebte Tag ist ein Ruhetag, dem Herrn, deinem Gott, geweiht.*
An ihm darfst du keine Arbeit tun: du, dein Sohn und deine Tochter, dein
Sklave und deine Sklavin, dein Rind, dein Esel und dein ganzes Vieh und
der Fremde, der in deinem Stadtbereich Wohnrecht hat. Dein Sklave und
deine Sklavin sollen sich ausruhen wie du. 15 *Denk daran: Als du in*
Ägypten Sklave warst, hat dich der Herr, dein Gott, mit starker Hand
und hoch erhobenem Arm dort herausgeführt. Darum hat es dir der
Herr, dein Gott, zur Pflicht gemacht, den Sabbat zu halten.
16 *Ehre deinen Vater und deine Mutter, wie es dir der Herr, dein Gott,*
zur Pflicht gemacht hat, damit du lange lebst und es dir gut geht in dem
Lande, das der Herr, dein Gott, dir gibt.
17 *Du sollst nicht morden.*
18 *Du sollst nicht die Ehe brechen.*
19 *Du sollst nicht stehlen.*
20 *Du sollst nicht Falsches gegen deinen Nächsten aussagen.*
21 *Du sollst nicht nach der Frau deines Nächsten verlangen, und du sollst*
nicht das Haus deines Nächsten begehren, nicht sein Feld, seinen Sklaven
oder seine Sklavin, sein Rind oder seinen Esel, nichts, was deinem Nächs-
ten gehört.

Die den Zehn Geboten entsprechenden Gebote im Koran:

Sure 6, 151-152

151 *Sprich: Kommt her! Ich will euch verlesen, was euer Herr euch verboten hat:*
Ihr sollt Ihm nichts beigesellen;
und den Eltern (sollt ihr) *Gutes tun;*
und ihr sollt nicht eure Kinder wegen Verarmung töten – euch und sie werden Wir doch versorgen;
und nähert euch nicht schändlichen Handlungen, (weder) *den offen sichtbaren oder verborgenen;*
und tötet nicht das Leben (Khoury: den Menschen), *das* (den) *Gott für unverletzlich erklärt hat – außer mit gegebener Rechtfertigung* (d.h. nach geltendem Recht). *Das hat Er euch geboten, auf dass ihr verständig werdet.*
152 *Und kommt dem Vermögen der Waise nicht zu nahe, es sei denn auf die beste Art* (d.h. um es zu mehren), *bis sie volljährig geworden ist. Und gebt volles Maß und Gewicht in Gerechtigkeit. Von niemand wird mehr verlangt, als er* (zu leisten) *vermag.*
Und wenn ihr aussagt, dann seid gerecht, auch wenn es einen Verwandten betrifft.
Und haltet den Bund Gottes. Das hat Er euch geboten, damit ihr es euch zu Herzen nehmt.

Sure 17,22-38

22 *Setze Gott keinen anderen Gott zur Seite, damit du nicht dasitzt mit Schimpf und verlassen.*
23 *Und dein Herr hat bestimmt, dass ihr Ihm allein dienen sollt.*
Und zu den Eltern (sollt ihr) *gut sein. Wenn eines von ihnen oder beide bei dir* (im Hause) *ein hohes Alter erreichen, dann sage nicht zu ihnen ›Pfui!‹ und fahre sie nicht an, sondern sprich ehrerbietig zu ihnen.*
24 Und neige in Barmherzigkeit den Flügel der Demut ihnen zu und sag ›Mein Herr, erbarme Dich ihrer, wie sie mich aufgezogen haben, als ich klein war.‹
25 *Euer Herr weiß sehr wohl, was in eurem Innern ist. Wenn ihr recht-*

schaffen seid, ist Er voller Vergebung gegen die, die (wie ihr umkehren
und) *Buße tun.*
26 *Und gib dem Verwandten, was ihm zusteht, ebenso dem Armen und
dem Sohn des Wegs* (d.h. dem Reisenden), *aber sei nicht über die Maßen
verschwenderisch.* 27 *Die Verschwender sind Brüder der Satane, und der
Satan ist gegenüber seinem Herrn undankbar.* 28 *Und falls du dich von ih-
nen abwendest im Trachten auf die Barmherzigkeit deines Herrn, auf die
du hoffst, so sprich zu ihnen* (d.h. zu denen, denen du nichts gibst, we-
nigstens) *freundliche Worte (*etwa das formelhafte: ›Gott möge geben!‹).
29 *Und lass deine Hand nicht an deinen Hals gefesselt sein* (d.h. sei nicht
geizig), *aber strecke sie auch nicht vollständig aus* (d.h. sei nicht ver-
schwenderisch), *damit du nicht* (am Ende) *getadelt und verarmt dasitzt.*
30 *Dein Herr teilt den Unterhalt reichlich zu, wem Er will, und begrenzt
ihn* (zugleich). *Er kennt und durchschaut Seine Diener.*
31 *Und tötet nicht eure Kinder aus Furcht vor Verarmung! Ihnen und
euch bescheren Wir doch* (was ihr zum Leben braucht). *Sie zu töten ist
eine schwere Sünde.*
32 *Und bleibt der Unzucht fern. Sie ist etwas Schändliches und ein übler Weg.*
33 *Und tötet keinen Menschen, den* (zu töten) *Gott verboten hat, außer
wenn ihr dazu berechtigt seid. Wenn jemand zu Unrecht getötet wird, so
geben Wir seinem nächsten Verwandten Vollmacht* (ihn zu rächen). *Er
soll aber im Töten nicht maßlos sein; er wird Beistand finden.* 34 *Und tas-
tet das Vermögen der Waise nicht an, es sei denn auf die beste Art, bis sie
ihre Volljährigkeit erreicht hat. Und erfüllt die* (eingegangene) *Verpflich-
tung. Über die Verpflichtung wird* (dereinst) *Rechenschaft gefordert.*
35 *Und gebt volles Maß, wenn ihr messt, und wägt mit der richtigen
Waage! Das ist besser und führt zu einem guten Ausgang.* 36 *Und verfol-
ge nicht das, wovon du kein Wissen hast. Über Gehör, Gesicht und Herz
wird* (dereinst) *Rechenschaft gefordert.*
37 *Und schreite nicht stolz auf der Erde einher. Du kannst die Erde nicht
durchbohren, noch die Berge an Höhe erreichen.*
38 *All solche Verhaltensweise ist deinem Herrn verhasst.*

Das oberste Gebot ist in der Bibel und im Koran das Bekenntnis zur Einzigartigkeit Gottes (vgl. 5. Mose 6,4: *Höre, Israel! Jahwe, unser Gott, Jahwe ist einzig* und Sure 112: *Er ist Gott, ein Einziger, Gott, der Alleinige*). Ihm ist keine andere Gottheit an die Seite zu stellen (koranisch: beizugesellen). Das Bilderverbot fehlt im Koran, doch wird das Verbot, Gott bildlich darzustellen, im Islam besonders ernst genommen. Es geht auf eine Hadithbestimmung (8. Jahrhundert) zurück, die sich theoretisch auch auf die Darstellung von Menschen und Tieren bezieht, aber sehr verschieden ausgelegt worden ist, wovon Bilder von Mohammed und islamischen Heiligen zeugen. Eine Folge des Bilderverbots ist die Entwicklung der Kalligraphie bis zur höchsten künstlerischen Vollendung (z.B. Basmala und die Namen Allah, Mohammed, Ali). Das Gebot, Gottes Namen nicht zu missbrauchen, findet sich explizit und implizit an anderen Stellen des Koran (vgl. z.B. Sure 2,224; vgl. 3. Mose 19,12). Nach 3. Mose 24,16 wird die Schmähung des Gottesnamens mit dem Tode bestraft.

Das Sabbatgebot, das im Dekalog besonders hervorgehoben wird und im Judentum eine zentrale Rolle spielt (vgl. auch das »Sabbatgesetz« 2. Mose 35,1-3!), fehlt im Koran, der dafür die Forderung enthält, zum Freitagsgebet zusammenzukommen und in dieser Zeit den Handel ruhen zu lassen (Sure 62,9f.). Nach Sure 16,124 war der Sabbat *nur denen auferlegt worden, die über ihn uneins waren*, also den Juden, die über die mit dem Sabbat zusammenhängenden Fragen und Probleme diskutieren (vgl. die Diskussion Jesu mit den Pharisäern wegen des Ährenabreißens und Heilungen am Sabbat, Mt 12,1ff.). Die Juden freilich sollen den Sabbat nicht übertreten (Sure 4,154).

Große Bedeutung hat für den Koran und die Muslime die Elternliebe (das 4. Gebot), die in den Suren 6 und 17 unmittelbar auf das Verbot der »Beigesellung« folgt. Gut und gerecht soll der Muslim auch gegenüber den Verwandten, Waisen und Armen, Freunden und Reisenden sein (Sure 17,26; 4,36; vgl. o. 2,83). Um den Schutz des Waisenkindes (6,152; 17,34; 4,2ff.) und um Hilfe für die Armen (17,26) geht es schon in der frühen Sure 107. Überhaupt stehen Gerechtigkeit und Freigebigkeit hoch im Kurs, Verschwendung aber ist von Übel (17,27ff.), ebenso Hochmut und Prahlerei (17,23ff.; 4,36; vgl. Sprüche 16,18f.). Zu den koranischen Geboten gehört auch, richtiges Maß und Gewicht einzuhalten (6,152; 17,35; 83,1-3; 3. Mose 19,35f.).

Die biblischen Gebote 5–10 (nicht morden, nicht ehebrechen, nicht stehlen, nicht falsch aussagen, nicht begehren des Nächsten Frau, Haus usw.) finden sich ebenfalls in den Suren 6 und 17. Diebstahl und Betrug werden mehrfach verurteilt (6,152; 17,26 und 34f.; vgl. 5,38!) ebenso Unzucht und Ehebruch (6,151; 17, 32; 24,2ff.). Das schließt das Nichtbegehren der Frau eines anderen Mannes ein. Die Aussage, das Zeugnis über andere Menschen, soll »gerecht« sein (6,152).

Dass die Gebote sowohl allgemeine sittliche Normen verkörpern als auch zeit- und kulturbedingt sind, zeigt sich besonders an der Entsprechung des 5. Gebotes im Koran. Sure 6,151 verbietet das Töten von Menschen – es sei denn nach geltendem Recht! Das aber wird je und dann unterschiedlich gesetzt, wofür heute die Todesstrafe ein Beleg ist. Die Blutrache ist ein Beispiel für die Zeit Mohammeds. Um sie geht es in Sure 17,33. *Im Töten nicht maßlos sein* weist darauf hin, dass sich die Vergeltung auf den Täter (Mörder) beschränken kann und nicht auf eine ganze Menschengruppe ausgedehnt werden muss. Auch kann die Angelegenheit durch Zahlung eines Blutgeldes geregelt werden (vgl. 2,178f. 194; 5,45). Zudem gilt: *Ein Gläubiger soll nicht einen Gläubigen töten* (4,92f.). Das Töten von Kindern aus Armutsgründen wird in beiden Suren untersagt (6,151; 17,31; vgl. 6,137.140!).

In der hebräischen Bibel wird das Recht zur Vergeltung (ius talionis) an mehreren Stellen hervorgehoben: *Leben um Leben, Auge um Auge, Zahn um Zahn* (2. Mose 21,23f.; 3. Mose 24,17ff.; 5. Mose 19,21; vgl. 1. Mose 9,6), womit aber die Maßlosigkeit der Vergeltung (1. Mose 4,23f.) auch schon eingedämmt wird. Auf das »Auge um Auge« nimmt Sure 5,45 wörtlich Bezug, setzt aber (ebenfalls als Gotteswort) hinzu: *Wenn aber einer Almosen* (also Lösegeld!) *dafür gibt, dann sei ihm das eine Sühne* (für sein Verbrechen).

Solche Ersatzleistung kennen die Juden später auch. Jesus lehnt in der Bergpredigt das »Auge um Auge und Zahn um Zahn« grundsätzlich ab und setzt den Verzicht auf Vergeltung und Widerstand dagegen (Mt 5,38ff.). Paulus nimmt das auf und fordert: *Rächt euch nicht selbst, liebe Brüder, sondern lasst Raum für den Zorn* (Gottes) .. (Röm 12,19). Ja, statt Rache und Vergeltung fordern Jesus und Paulus nicht weniger als die Feindesliebe (Mt 5,43ff.; Röm 12,20). (Zu Gewalt und Gewaltlosigkeit vgl. S. 61 Dschihād und ›Heiliger Krieg‹.)

Tora und Koran, Gesetz und Evangelium

Grundsätzlich sieht der Koran die Tora als Rechtleitung, Licht und Richtschnur für die Juden an (Sure 5,44.68; 46,12). Zugleich werden ihnen darin aber Dinge verboten, die ihnen eigentlich erlaubt waren. Das geschieht nach Sure 4,160, weil sie in verschiedener Hinsicht gefrevelt haben, und betrifft vor allem die Speisevorschriften (6,146). Deshalb wurde ihnen die Tora zur Last (62,5). Jesus habe die Tora bestätigt, aber einiges von dem im Gesetz Verbotenen wieder erlaubt (3,50). Nach dem Evangelium des Matthäus ist Jesus jedoch nicht bloß gekommen, die Tora zu »bestätigen«, sondern zu »erfüllen« (Mt 5,17), und in diesem Sinne hat er die ethischen Forderungen radikalisiert (Mt 5,21ff.: nicht töten, nicht ehebrechen usw.). Paulus bezeichnet Gesetz und Gebot als heilig, recht und gut (Röm 7,12), aber auch als Zuchtmeister auf Christus hin (Gal 3,24), der das Ende des Gesetzes ist (Röm 10,4). Denn die Gerechtigkeit kommt nurmehr aus dem Glauben an Christus Jesus, und die Liebe ist die Erfüllung des Gesetzes (Röm 13,8-10). Das hebt das Gesetz nicht auf, rückt es aber in ein anderes Licht. Die Säulen der Tora bleiben bestehen, das ganze Gesetzeswerk dagegen ist weder in den Koran eingegangen noch hat es die frühe christliche Kirche übernommen. Islam und Christentum haben ihre eigenen Ordnungen und »Ausführungsbestimmungen« des göttlichen Willens, wie er sich im Koran und Neuen Testament kundtut, geschaffen.

9. Samuel, Saul, David und Salomo

Mit der Ausrufung Sauls zum König (1020 vor Christus) beginnt Israels politische Geschichte und Staatsbildung und der allmähliche Zusammenschluss der Stämme zu einem Volk. Anlass für diese Entwicklung ist die zunehmende Macht und territoriale Ausdehnung der Philister. Ihnen unterliegen die Israeliten zunächst in der Schlacht von Eben-Eser und verlieren dabei ihre Bundeslade (1. Sam 4). Doch dann wendet sich das Blatt zu ihren Gunsten. Sie erhalten die Bundeslade zurück. Die Philister müssen Niederlagen einstecken (1. Sam 6 und 7). Das Volk bittet nunmehr den charismatischen religiösen Führer Samuel (er »war Richter in Israel, so lange er lebte« 1. Sam 7,15) einen König einzusetzen, was Samuel unwillig, aber nach Gottes Willen tut. So wird Saul von Samuel zum König gesalbt und schließlich eingesetzt (1. Sam 8-11). Später trennt sich Samuel von Saul wegen dessen Ungehorsam gegenüber Gott und salbt David zum künftigen König (1. Sam 15-16). Sauls Herrschaft währt von 1020 bis 1000 und endet mit einer schweren Niederlage gegen die Philister an der Jesreel-Ebene. Dabei gibt sich Saul selbst den Tod (1. Sam 31).

Mit David tritt das Königtum in eine zweite, neue Phase (1000–961 v. Chr.). David ist die überragende Gestalt in der Geschichte Israels. Er tritt zunächst in Sauls Dienste, den er durch sein Zitherspiel vom »bösen Geist« befreit, und besiegt den gewaltigen Vorkämpfer der Philister Goliat (1. Sam 16/17). Doch durch Davids militärische Erfolge und wachsende Beliebtheit schlägt Sauls Zuneigung zu David in Neid und Feindschaft um, wovon das weitere Verhältnis beider Protagonisten bestimmt wird (1. Sam 18ff.).

Die beiden Samuelbücher enthalten zahlreiche Berichte über Davids Aufstieg und Regierungszeit, seine Kriegszüge, Heldentaten, Verfehlungen und seine Nachfolge (1. Sam 16,1-1. Kön 2,12). Er wird zuerst König von Juda und residiert in Hebron (2. Sam 2–4), danach König von ganz Israel (2. Sam 5,1-4) mit der zentralen Hauptstadt Jerusalem, das er von den Jebusitern erobert (2. Sam 5,6ff.). Die »Burg Zion« wird nun zur »Stadt Davids«. Nach seinem Sieg über die Philister wird die Bundeslade nach Jerusalem überführt (2. Sam 6), einen Tempel aber soll nach der Verheißung durch den Propheten Nathan erst Davids Sohn dem Herrn errichten. In dieser Verheißung sagt Gott David seine anhaltende Gnade zu. *Dein Haus und dein Königtum sollen durch mich auf ewig bestehen bleiben; dein Thron soll auf ewig Bestand haben.* (2. Sam 7,16) Hier liegt der Ursprung der mit David verknüpften messianischen Erwartungen der Juden, die dann in das Neue Testament eingehen. Matthäus beginnt sein Evangelium mit den Worten: *Stammbaum Jesu Christi, des Sohnes Davids, des Sohnes Abrahams* (vgl. Röm 1,3). Mit Bethlehem ist Davids Name in der hebräischen Bibel wie im Neuen Testament eng verbunden (1. Sam 16/17; Lk 2,4.11); als »Davids Sohn« wird Jesus wiederholt von Kranken angerufen und von den Menschen verehrt (Mt 9,27 u.ö.; 21,9). Zudem gilt David als Verfasser vieler Psalmen, die Juden wie Christen gleichermaßen als Gebete schätzen (vgl. auch 2. Sam 22).

Der dritte König in Israels früher Geschichte ist der glanzvolle Salomo, von dem das erste Buch der Könige in den Kapiteln 1–11 handelt. Salomo, der Sohn Davids und Batsebas (vgl. 2. Sam 11), regiert von 961 bis 931 vor Christus. Er festigt das Großreich, das unter ihm eine Blütezeit erlebt, baut Jerusalem aus und errichtet den prachtvollen »Salomonischen« Tempel (1. Kön 5ff.). Mit Salomo verbindet sich das »salomonische Urteil« (1. Kön 3,16ff.), das die Klugheit dieses Herrschers zeigt, als auch die Vorstellung von »Weisheit« als religionsphilosophischem Kulturgut (1. Kön 5,12ff.; »Weisheit Salomos«, »Sprüche Salomos«, der Prediger als Weisheitslehrer). Die außenpolitischen und wirtschaftlichen Erfolge Salomos spiegeln sich im Besuch der Königin von Saba in Jerusalem wider (1. Kön 10). Nach Salomos Tod zerfällt das Großreich in das Nordreich Israel und das Südreich Juda.

Der Koran kennt alle drei Könige Saul, David und Salomo. Er ist aber an ihnen nicht als Protagonisten der Staatwerdung und Entfaltung Altisraels interessiert. Wenn es im Koran um Geschichte geht, dann um die von Gottes Offenbarung an die Völker durch Gesandte und Propheten, um Glaubensvorbilder und gottbegnadete Menschen. Zu ihnen zählen auch David und Salomo. Beide erhielten von Gott Wissen, Weisheit und Erkenntnis (Sure 21,79; 27,15), *David gaben Wir den Psalter.* (4,163; 17,55) *Gott gab ihm die Königsherrschaft und die Weisheit und lehrte ihn manches, was Er wollte.* (2,251) So wendet sich Gott seinem »kraftvollen Diener David« in besonderer Weise zu, festigt seine Herrschaft, verleiht ihm die Fähigkeit, Streit zu schlichten und setzt ihn als »Nachfolger (chalifa) auf der Erde« ein. David seinerseits ist bußfertig und steht mit allem, was ihn auszeichnet, Gott nahe (Sure 38,17-26).

Das trifft auch für Salomo zu, einen »trefflichen Diener« Gottes, von Gott rechtgeleitet, mit göttlichen Gaben ausgestattet und bußfertig wie sein Vater David (Sure 38,30ff.; 6,84). Unter denen, die Offenbarungen erhielten, wird auch Salomo genannt (4,163). David und Salomo sind so hervorragende Geschöpfe Gottes, dass ihnen sogar Berge, Wind und Vögel dienen, ja die Berge und Vögel sollen mit David zusammen lobpreisen (21,79; 27,16f.; 34,10; 38,18f.36).

Die im Koran erzählten Geschichten von David und Salomo heben die Tugenden der beiden Könige und ihr Verhalten als beispielhaft hervor. Ihr Vorgänger Saul wird im Koran Talut, »der Lange« genannt (nach 1. Sam 9,2). Sure 2,246-251 berichtet, dass »die Kinder Israel« von »ihrem Propheten« (Samuel) die Einsetzung eines Königs fordern, um »auf dem Weg Gottes zu kämpfen« gegen ihre Feinde, von denen sie aus ihren »Wohnungen« vertrieben worden sind. Daraufhin setzt der Prophet Talut ein, obwohl er ärmer ist als sie. Doch Gott hat ihn auserwählt und ihm ein »Übermaß an Wissen und Körpergröße« mitgegeben. »Gott gibt Seine Herrschaft, wem Er will« (2, 247)! Zum Zeichen seiner Königsherrschaft kehrt die Lade zurück, *von Engeln getragen mit Sakina und Baqija*, Gottes Gegenwart und Schutz – ein Zeichen für jene, die gläubig sind.

Dann ziehen die Israeliten mit Saul in den Kampf. Nur wenige bestehen dabei die von Saul geforderte Probe, aus dem Fluss nicht zu trinken (Ri 7,4ff.). Das gelingt nur denen, die mit Saul gläubig sind. Mit dieser Haltung und »mit Gottes Erlaubnis« schlagen sie die Ungläubigen, d.h. »Goliat und seine Truppen« – »und David tötet Goliat (Dschālūt)« (2,249-251), d.h. der gottgefällige und gläubige den gottlosen und ungläubigen König. Sure 5,78 spricht zudem von Davids (und Jesu) Fluch über die Ungläubigen unter den Kindern Israels. Jedenfalls spielen Glaube und Unglaube und der Kampf gegen die Ungläubigen auch bei der koranischen Sicht Davids eine große Rolle.

Während Davids Tugenden, wozu auch seine Bußfertigkeit gehört, im Koran besonders hervorgehoben werden, treten seine Verfehlungen in den Hintergrund. Immerhin erinnert Sure 38,17-26 durch ein Gleichnis, das in den Zusammenhang des biblischen Berichts vom Ehebruch Davids mit Batseba, dem Mord an ihrem Ehemann Uria und Gottes Strafe gehört (2. Sam 11–12), an ein dunkles Kapitel in Davids Biographie. Die Sure erzählt von den beiden Prozessgegnern, die zu David kommen und ihn um seinen Richterspruch bitten. Der eine, der nur ein einziges Schaf besitzt, beschuldigt den anderen, der 99 Schafe hat, ihm auch das eine Schaf noch weggenommen zu haben (vgl. 2. Sam 12,1ff.). In der Bibel ist es der Prophet Nathan, der David dieses Gleichnis vorhält (H. Busse 1991, 111). In beiden Fällen bekennt David seine Schuld, tut Buße und erlangt Gottes Vergebung. Gleichwohl setzt ihn Gott nach Sure 38,26 als chalifa auf Erden (s. o.) und Richter unter den Menschen ein, womit am Anfang und Ende dieses Koranabschnitts Davids Größe im Vordergrund steht.

Die koranische Charakteristik des weisen Salomo hat viele Parallelen zu David. Außer den schon genannten Qualitäten als Offenbarungsempfänger und rechtgeleitetem Diener Gottes, als ein Wissender und Weiser, ist er auch ein kluger Richter (Sure 21,78f.) und eifriger Baumeister (34,12f.; 27,44), ein Auserwählter, dem die Geister, Tiere und Naturgewalten dienen (21,81ff.; 34,12f.; 34,36ff.). Dabei erliegt er auch den Verlockungen dieser Welt, wie z.B. seinen edlen Pferden, worüber er Gott vergisst. Auch prüft ihn Gott, indem er zeitweilig »ein (anderes) leibhaftiges Wesen« auf seinen Thron setzt. Salomo kehrt aber stets zu Gott zurück, tut Buße und bittet um Vergebung, die ihm Gott auch gewährt (38,30ff.). Dass die Satane während seiner Herrschaft die Menschen zur Zauberei verführen, ist nicht seine Schuld (2,102). Er ist gläubig!

Ausführlich wird in Sure 27 der Besuch der Königin von Saba bei Salomo erzählt (27,17-44; vgl. 1. Kön 10,1-13). Die koranische Vorgeschichte enthält viele legendäre Elemente, die sich auch in jüdischen Quellen finden. Salomo begibt sich mit einem Heer von Geistern (Dschinn), Menschen und Vögeln auf einen Feldzug und erreicht das »Tal der Ameisen«, die sich vorsorglich verstecken, um nicht zermalmt zu werden. Als Salomo bei der Musterung der Vögel das Fehlen des Wiedehopfs entdeckt (in einem Targum zu Ester ist es der Auerhahn) und seine Bestrafung fordert, kommt der Gescholtene und erzählt von den Sabäern und ihrer Königin auf einem prächtigen Thron, und er berichtet, dass sie und ihr Volk die Sonne anbeten, fehlgeleitet vom Satan. Doch: es gibt keinen Gott außer Gott! Daraufhin übergibt Salomo dem Wiedehopf einen Brief an die Königin von Saba, den diese den Vornehmen des Landes verliest. Er lautet: *Im Namen Gottes, des Erbarmers, des Barmherzigen. Seid mir gegenüber nicht überheblich und kommt als Muslime* (Ergebene) *zu mir!* (27, 31) Nach Rücksprache mit ihren Beratern, die auf die Macht und Kampfkraft des sabäischen Reiches setzen, sendet die auf Ausgleich bedachte Königin ein Geldgeschenk an Salomo, was dieser empört zurückweist und mit Krieg droht. Nun verlangt er von seinen Untergebenen, den Thron der Königin herbeizuholen, noch bevor die Sabäer als Ergebene (Muslime) zu ihm kommen. Der Thron wird tatsächlich vor Salomo hingestellt, der ihn unkenntlich machen lässt. Als die Königin kommt und vor ihn geführt wird, erkennt sie ihn als ihren Thron, was ihre Ergebenheit gegenüber den Gläubigen bedeutet. Als die Königin Salomos Palast betritt, meint sie, der Boden sei Wasser und entblößt ihre Schenkel, um hineinzusteigen. Auf Salomos Hinweis, dass der Boden aus Spiegelglas sei, erwidert sie: *Herr, ich habe* (als Ungläubige) *gegen mich selbst gefrevelt. Ich ergebe mich nun zusammen mit Salomo dem Herrn der Welten.* (Vers 44, vgl. H. Busse, 113f.)

Das ist wieder eine Gleichnisgeschichte zum Thema »Glaube und Unglaube«, worauf es dem Koran ankommt. Der biblische Bericht, in dem die Königin von Saba Israels Gott Jahwe preist, betont dagegen vor allem Salomos Weisheit und berichtet von der Begegnung zweier bedeutender Herrscherpersönlichkeiten. Der Grund dafür und für die reichen Geschenke dürfte ein handelspolitischer gewesen sein. Die koranische Version dieser Geschichte ist zugleich ein Beleg für Mohammeds Umgang mit den Ungläubigen, die zuerst zur Annahme des Islam aufgefordert werden, bevor ihnen die Unterwerfung droht (Vers 31).

10. Elia und Elisa

Elia lebte in der Zeit der israelitischen Könige Ahab und Ahasja im 9. vorchristlichen Jahrhundert als Wanderprophet. Er verstand sich wie Mohammed als Mittler von Gottes Wort und verkündete den einen und einzigen Gott (Jahwe), der alles lenkt und regiert, über Leben und Tod entscheidet und seinen Segen spendet. Elia war ein Mahner, Warner und Gerichtsprediger, auch gegenüber Königen wie Ahab und Ahasja (1. Kön 17,1; 21,17ff.; 2. Kön 1,16). Als »Prophet des Herrn« trat er mit der Aufforderung vor das Volk, sich endlich für Jahwe und gegen Baal zu entscheiden: *Wenn Jahwe der wahre Gott ist, dann folgt ihm!* – und er kämpfte leidenschaftlich gegen die Baalspriester (1. Kön 18,21ff.). Die hebräische Bibel hat die Geschichten über Elia in den Königsbüchern festgehalten (1. Kön 17-19.21; 2. Kön 1–2). Sie enden mit der Entrückung des Elia.

Die Gestalt des Elia hat sowohl im alten Israel als auch im rabbinischen Judentum kräftig nachgewirkt. Das gilt auch für das Neue Testament, in das die Vorstellung von Elia als Vorläufer des Messias eingegangen ist (Mk 9,11-13; Mt 11,14; 17,10ff.). Bei der Verklärung Jesu erscheint Elia neben Mose (Mk 9,5). Aber auch sonst ist die Erinnerung an Elia lebendig (Röm 11,2ff.; Jak 5,17).

Charakteristische Züge, die Elia und seine Botschaft in der Bibel haben, weist auch der Koran auf. In Sure 37,123-131 tritt Elia ebenfalls vor sein Volk: *Wollt ihr denn nicht gottesfürchtig sein? Wollt ihr Baal anbeten und den besten Schöpfer verlassen, Gott euren Herrn und den Herrn eurer Vorväter?* (Sure 11,123-126) Da ergeht es Elia wie den anderen Propheten: er wird als Lügner hingestellt. Gott hingegen segnet ihn, den »Gesandten« und »gläubigen Diener des Herrn«, der zu den »Rechtschaffenen« gehört (6,85).

Zu denen, derer Mohammed »gedenken« soll, gehört auch Elias Nachfolger Elisa, einer der Frommen, den Gott *vor den Menschen aller Welt ausgezeichnet* hat (Sure 38,48; 6,86; vgl. 1. Kön 19,19ff.; 2. Kön 2,1-13,21). Doch die vielen biblischen Berichte über Elisas Wirksamkeit (unter anderem bei der Revolution des Jehu, 2. Kön 9,1ff.) finden sich im Koran nicht. Das gilt mit Ausnahme von Sure 37 auch für Elia. Im Koran erfährt man auch nichts über ihre geschichtliche Bedeutung. Das ist besonders bei Elisa verwunderlich, der sich als Charismatiker entschieden für Gottes Einzigartigkeit einsetzte, der aber auch politisch und sozial-karitativ sehr aktiv war und darin Mohammed nahesteht.

11. Jona und Hiob

Mehr erfährt der Koranleser über Jona, dessen einzigartige Geschichte uns konzentriert und gerafft in Sure 37,139-148 begegnet. *Auch Jona war einer der Gesandten* (139). Wie anderen Propheten hat Gott sich auch Jona offenbart (4,163) und ihn vor anderen Menschen ausgezeichnet (6,86). Er erwählte ihn *und machte ihn zu einem der Rechtschaffenen.* (Sure 68,50)

Das biblische Jonabuch beginnt mit dem Befehl Gottes an Jona, sich nach Ninive aufzumachen und den dortigen Menschen wegen ihrer Schlechtigkeit das Strafgericht Gottes anzudrohen. Jona entzieht sich jedoch diesem Auftrag und flieht vor Gott auf ein Schiff. Hier setzt Sure 37,140 ein. Als ein Sturm aufkommt, so erzählt die Bibel weiter, werfen die Schiffsleute das Los, um zu erfahren, wer an dem Unheil schuld ist. Es fällt auf Jona. Der Koran berichtet lediglich: *Da loste er und verlor dabei* (140). Nach dem biblischen Jonabuch schlägt Jona nun selbst vor, dass die Schiffsleute ihn, den Jahweverehrer, ins Meer werfen sollen, damit es sich beruhigt. Das geschieht. Gott aber schickt einen großen Fisch, der Jona verschlingt. In seinem Bauch verbringt er drei Tage und drei Nächte und preist Gott. Dann speit ihn der Fisch ans Land. Dort ergeht Gottes Befehl an Jona, abermals nach Ninive aufzubrechen, um dieser Stadt Gottes Gericht anzudrohen. Jona tut, wie ihm befohlen, doch Gott macht seine Drohung nicht wahr, was Jona missfällt. So etwas hatte er freilich schon befürchtet, da er Gottes Langmut und Barmherzigkeit kennt. Nun will er lieber sterben und setzt sich abwartend vor der Stadt nieder. Es folgt das Gleichnis vom Rizinusstrauch, den Gott für Jona als Schattenspender wachsen, dann aber wieder verdorren lässt, worüber Jona mit Gott rechtet. Der aber macht ihm klar, um wie viel mehr er um Ninive getrauert und deshalb über die Bewohner Barmherzigkeit hat walten lassen.

Im Koran lautet die Geschichte (nach dem kurzen Satz über das Loswerfen):

Der Fisch verschlang ihn, der sich Tadel zugezogen hatte. Und wäre er nicht einer von denen geworden, die (Gott) *preisen, wäre er in seinem Bauch geblieben bis zu dem Tag, an dem sie auferweckt werden. Da warfen Wir ihn auf das kahle Land; dabei war er krank. Und Wir ließen eine Kürbisstaude über ihm wachsen. Und Wir sandten ihn zu Hunderttausend oder gar mehr* (als Gottesboten). *Da glaubten sie. Und Wir gewährten ihnen Nutznießung* (ihres Lebens) *für eine Weile.* (Sure 37, 142-148 nach Khoury; vgl. Sure 68, 48f.)

So wie Gott den bußfertigen Jona aufgrund seines Bekenntnisses *Es gibt keinen Gott außer Dir! Preis sei Dir!* aus der Finsternis (des Fisches) errettet, so errettet er auch die Gläubigen (Sure 21,87f.). In Sure 10 mit dem Titel Yūnus (Jona) wird »das Volk des Jona« als leuchtendes Beispiel für Menschen genannt, die durch ihren bußfertigen Glauben Gottes Barmherzigkeit erfahren (10,98). So reiht sich die koranische Jonageschichte in die Thematik von Unglaube und Strafgericht bzw. Glaube und Heil mit ein. Auch diese Geschichte hat die islamische Legende weiter ausgestaltet.

Einer von denen, die Offenbarungen von Gott erhalten haben und die rechtgeleitet und fromm sind, ist Hiob (Sure 4,163 und 6,84). In der hebräischen Bibel füllt die Geschichte vom rechtschaffenen, reichen und frommen Hiob, der Gott fürchtet und das Böse meidet, vom Satan aber mit Unglück und Krankheit geschlagen wird, ein ganzes Buch mit 42 Abschnitten. Es enthält außer einer Rahmenerzählung Hiobs Klage und den Besuch der Freunde, die mit ihm über sein Leid diskutieren, das Gott zulässt, so dass Satan es ihm zufügen kann. Während die Freunde immer mehr davon überzeugt sind, dass Hiob für seine Sünden bestraft wird, beteuert der maßlos Leidende seine Unschuld und beginnt, mit Gott zu rechten. Gott aber ist größer als ihn Hiob zu denken vermag. Er antwortet Hiob als der Meister der Schöpfung, der Mächtige und Weise, und Hiob ergibt sich und bekennt: *So habe ich denn im Unverstand geredet über Dinge, die zu wunderbar für mich und unbegreiflich sind* (Hiob 42,3). Er findet über das Leid zum lebendigen Gott und zu einem vertieften Glauben und Vertrauen gegenüber seinem Herrn.

Für den Koran ist Hiob (Ayyūb) Gottes »Diener«. Sure 38,41-44 lässt Hiob sagen: *Der Satan hat mich mit Mühsal und Pein berührt.* Darauf rät ihm Gott, er soll mit seinem Fuß aufstampfen, dann werde er ein kühles Bad und einen Labtrunk vor sich sehen, die ihm Heilung verschaffen. Gott erbarmt sich seiner, gibt ihm seine Familie zurück und verdoppelt sie – aus Barmherzigkeit und Mahnung für die, die zur

Einsicht kommen. Seine Frau aber, die sich mit dem Satan eingelassen hatte, soll von Hiob, wie er es geschworen, mit Ruten geschlagen und so bestraft werden. Am Ende heißt es: *Wir fanden, dass er geduldig war, ein vortrefflicher Diener,* (und) *er war bußfertig!*

In einer anderen Kurzfassung heißt es:

Und (gedenke des) *Hiob. Als er zu seinem Herrn rief: Mich hat Plage getroffen* – (erbarme Dich meiner). *Du bist der Barmherzigste der Barmherzigen. Da erhörten Wir ihn und behoben die Plage, in der er sich befand. Wir gaben ihm seine Familie* (wieder) *und noch einmal so viele dazu – aus Barmherzigkeit von Uns und eine Ermahnung für die, die* (Uns) *dienen.* (Sure 21,83-84)

In Sure 21 erscheint Hiob – ebenso wie in Sure 38 – in einer Reihe prophetischer Gestalten, derer Mohammed »gedenken« soll. Sein Schicksal wird nur angedeutet. Das ist mit der Breite und Tiefe des biblischen Hiob-Buches nicht zu vergleichen. Dort sind es die breit angelegten Dialoge zwischen Hiob und seinen Freunden einerseits und Hiobs Auseinandersetzung mit Gott andererseits, die das Thema »Leid« unter menschlichen und göttlichen Aspekten ausloten und das Ringen Hiobs um den rechten Glauben vorführen. Im Koran geht es allein um Gottes Erbarmen über den vom Satan heimgesuchten Hiob, der als Diener Gottes seinem Herrn ergeben ist. Wer sich Gott ergibt, dessen erbarmt er sich auch und befreit ihn von Unheil. Das ist die Aussage des Koran. Die islamischen Theologen haben später die koranischen Ausführungen über Hiob erweitert und mit biblischem Gedankengut angereichert.

12. Resümee

Wer den Islam für eine exotische, dem Juden- und Christentum fremde Religion gehalten hat, wird überrascht sein, wie viele biblische Themen und Personen er im Koran wiederfindet. Dabei ist bisher vor allem die hebräische Bibel im Blick gewesen und auch hier noch längst nicht alles zur Sprache gekommen. Es gibt noch viele Koranstellen, die sich mit biblischen Aussagen vergleichen lassen, was bei der Behandlung der theologischen und ethischen Schwerpunkte in den Kapiteln III und IV auch schon geschehen ist.

Was die in Kapitel V behandelten Parallelen von Koran und Bibel betrifft, ist festzuhalten, dass sie sich auf das erste und zweite Buch Mose konzentrieren. Zu den weiteren Schriften der Bibel lassen sich sehr viel weniger Entsprechungen zum Koran finden. Das zeigt, wie stark das Interesse der koranischen Botschaft an der Schöpfungs- und Urgeschichte und den prägenden Gestalten und Gotteserfahrungen der Vätergeneration ist. Das dritte bis fünfte Buch Mose ist in diese Zeit noch mit einbezogen. Koranische Entsprechungen gibt es aber auch zu Texten der Samuel- und Königsbücher, zum Buch der Richter, zu den Psalmen und zu einigen Propheten. Wenn die Koran-Texte oft nur kurz und sehr konzentriert sind, ist zu bedenken, dass es ihnen hauptsächlich auf Beispiele für den wahren Gottesglauben, die Errettung von Menschen aus Not durch Gehorsam oder auch die Bestrafung wegen Ungehorsams gegenüber Gott ankommt. Dafür genügen oft kurze Hinweise auf bekannte Personen und Ereignisse, wie z. B. bei Noah und der Sintflut.

Wenn es auf der einen Seite überrascht, wie viel Bekanntes aus der Bibel uns im Koran begegnet, ist andererseits festzustellen, dass es nur ein Bruchteil dessen ist, was die Bibel in ihrer Gesamtheit ausmacht. Das gilt sowohl für den Umfang als auch für den Inhalt, denn zu einem großen Teil der biblischen Texte gibt es keine Entsprechungen im Koran, und das heißt: Die ganze Fülle der biblischen Schriften, der Geschichtsbücher und der Weisheitsliteratur, der Psalmen und der Propheten von Jesaja, Jeremia und Ezechiel über Daniel, Amos und Hosea bis zu Micha, Habakuk und Maleachi findet im Koran ihresgleichen nicht. Das ist wiederum nur eine Feststellung und keine Wertung. Verwunderlich ist nur, dass im Koran sowohl die großen als auch die

»kleinen Propheten« – mit Ausnahme von Jona – namentlich nicht auftauchen und in die Propheten-Reihen keinen Eingang gefunden haben und das, obwohl die Propheten eine so zentrale Funktion haben. Anklänge an die biblischen Propheten lassen sich im Koran zwar durchaus feststellen, vereinzelt treten sie auch deutlich hervor – wie die Vision der Totenerweckung von Ezechiel 37 in Sure 2,259 – aber als Gottgesandte und Propheten spielen sie im Koran keine Rolle.

Das folgende VI. Kapitel soll zeigen, welche Parallelen der Koran zu Aussagen des Neuen Testaments aufweist und welche Bedeutung sie in der Verkündigung Mohammeds haben.

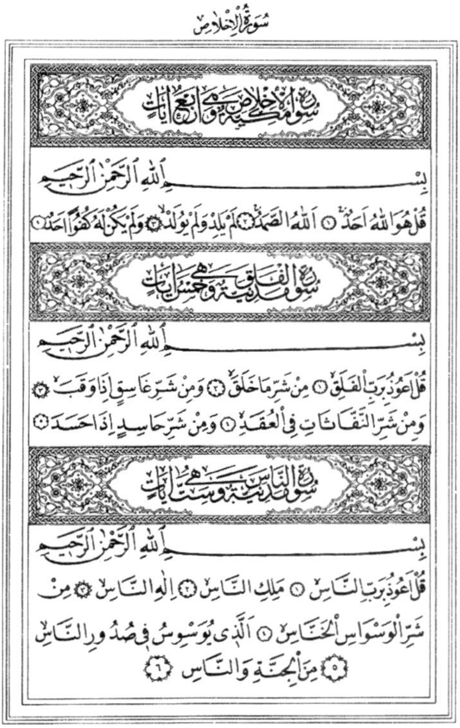
سورة الإخلاص

سورة الإخلاص مكية وهي أربع آيات

بسم الله الرحمن الرحيم

قل هو الله أحد ﴿١﴾ الله الصمد ﴿٢﴾ لم يلد ولم يولد ﴿٣﴾ ولم يكن له كفوا أحد ﴿٤﴾

سورة الفلق مدنية وهي خمس آيات

بسم الله الرحمن الرحيم

قل أعوذ برب الفلق ﴿١﴾ من شر ما خلق ﴿٢﴾ ومن شر غاسق إذا وقب ﴿٣﴾
ومن شر النفاثات في العقد ﴿٤﴾ ومن شر حاسد إذا حسد ﴿٥﴾

سورة الناس مدنية وهي ست آيات

بسم الله الرحمن الرحيم

قل أعوذ برب الناس ﴿١﴾ ملك الناس ﴿٢﴾ إله الناس ﴿٣﴾ من
شر الوسواس الخناس ﴿٤﴾ الذي يوسوس في صدور الناس
﴿٥﴾ من الجنة والناس ﴿٦﴾

Die drei letzten Suren 112-114 des arabischen Koran

Die Seligpreisungen

aus der Bergpredigt (Mt 5,1-12)

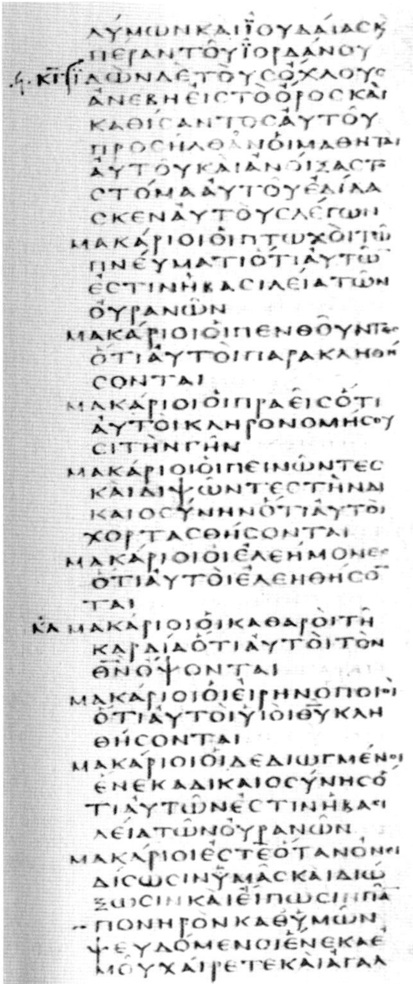
ΛΥΜΩΝΚΑΙΙΟΥΔΑΙΑϹΚ
ΠΕΡΑΝΤΟΥΙΟΡΔΑΝΟΥ
ΙΔΩΝΔΕΤΟΥϹΟΧΛΟΥϹ
ΑΝΕΒΗΕΙϹΤΟΟΡΟϹΚΑΙ
ΚΑΘΙϹΑΝΤΟϹΑΥΤΟΥ
ΠΡΟϹΗΛΘΟΝΟΙΜΑΘΗΤΑΙ
ΑΥΤΟΥΚΑΙΑΝΟΙΞΑϹΤΟ
ϹΤΟΜΑΑΥΤΟΥΕΔΙΔΑ
ϹΚΕΝΑΥΤΟΥϹΛΕΓΩΝ
ΜΑΚΑΡΙΟΙΟΙΠΤΩΧΟΙΤΩ
ΠΝΕΥΜΑΤΙΟΤΙΑΥΤΩΝ
ΕϹΤΙΝΗΒΑϹΙΛΕΙΑΤΩΝ
ΟΥΡΑΝΩΝ
ΜΑΚΑΡΙΟΙΟΙΠΕΝΘΟΥΝΤΕϹ
ΟΤΙΑΥΤΟΙΠΑΡΑΚΛΗΘΗ
ϹΟΝΤΑΙ
ΜΑΚΑΡΙΟΙΟΙΠΡΑΕΙϹΟΤΙ
ΑΥΤΟΙΚΛΗΡΟΝΟΜΗϹΟΥ
ϹΙΤΗΝΓΗΝ
ΜΑΚΑΡΙΟΙΟΙΠΕΙΝΩΝΤΕϹ
ΚΑΙΔΙΨΩΝΤΕϹΤΗΝΔΙ
ΚΑΙΟϹΥΝΗΝΟΤΙΑΥΤΟΙ
ΧΟΡΤΑϹΘΗϹΟΝΤΑΙ
ΜΑΚΑΡΙΟΙΟΙΕΛΕΗΜΟΝΕϹ
ΟΤΙΑΥΤΟΙΕΛΕΗΘΗϹΟΝ
ΤΑΙ
ΜΑΚΑΡΙΟΙΟΙΚΑΘΑΡΟΙΤΗ
ΚΑΡΔΙΑΟΤΙΑΥΤΟΙΤΟΝ
ΘΝΟΨΟΝΤΑΙ
ΜΑΚΑΡΙΟΙΟΙΕΙΡΗΝΟΠΟΙΟΙ
ΟΤΙΑΥΤΟΙΥΙΟΙΘΥΚΛΗ
ΘΗϹΟΝΤΑΙ
ΜΑΚΑΡΙΟΙΟΙΔΕΔΙΩΓΜΕΝΟΙ
ΕΝΕΚΑΔΙΚΑΙΟϹΥΝΗϹΟ
ΤΙΑΥΤΩΝΕϹΤΙΝΗΒΑϹΙ
ΛΕΙΑΤΩΝΟΥΡΑΝΩΝ
ΜΑΚΑΡΙΟΙΕϹΤΕΟΤΑΝΟΝΕΙ
ΔΙϹΩϹΙΝΥΜΑϹΚΑΙΔΙΩ
ΞΩϹΙΝΚΑΙΕΙΠΩϹΙΝΠΑ
ΠΟΝΗΡΟΝΚΑΘΥΜΩΝ
ΨΕΥΔΟΜΕΝΟΙΕΝΕΚΑΕ
ΜΟΥΧΑΙΡΕΤΕΚΑΙΑΓΑΛ

Als Jesus die vielen Menschen sah, stieg er auf einen Berg. Er setzte sich und seine Jünger traten zu ihm. Dann begann er zu reden und lehrte sie. Er sagte:
Selig[1] sind, die arm sind vor Gott[2], denn ihnen gehört das Himmelreich.
Selig sind die Trauernden[3], denn sie werden getröstet werden.
Selig sind, die keine Gewalt anwenden[4], denn sie werden das Land erben.
Selig sind, die hungern und dürsten nach der Gerechtigkeit, denn sie werden satt werden.
Selig sind die Barmherzigen, denn sie werden Erbarmen finden.
Selig sind, die reinen Herzens sind, denn sie werden Gott schauen.
Selig sind, die Frieden stiften, denn sie werden Kinder Gottes genannt werden.
Selig sind, die um der Gerechtigkeit willen verfolgt werden, denn ihnen gehört das Himmelreich.
Selig seid ihr, wenn ihr um meinetwillen beschimpft und verfolgt und auf alle mögliche Weise verleumdet werdet. Freut euch und jubelt: Euer Lohn im Himmel wird groß sein. Denn so wurden schon vor euch die Propheten verfolgt.

[1] d. h. glücklich zu preisen
[2] wörtlich: die Armen im Geist
[3] Luther: die da Leid tragen
[4] wörtlich: die Sanftmütigen

VI. Johannes, Maria und Jesus – Christliche Traditionen im Koran

1. Vorbemerkungen

Im Vergleich zur Fülle der Personen, Geschichten und Vorstellungen, die den Koran mit der hebräischen Bibel und außerbiblischen jüdischen Traditionen verbindet, tritt der Umfang an christlichem Gedankengut im Koran zurück. Was die Christen glaubten, war Mohammed und seinen Zeitgenossen durchaus bekannt (vgl. S. 160–161), wenigstens teilweise. Es war aber nicht einfach die neutestamentliche Botschaft in ihrer ursprünglichen, wenn auch vielfältigen Gestalt. Denn seit der Zeit des Urchristentums hatten sich christologische Dogmen entwickelt, worüber die Kirchen weithin zerstritten waren. In ihnen dominierten unterschiedliche christologische Richtungen, die regional den Ton angaben (vgl. S. 23–24). Außerdem gab es viele apokryphe Schriften außerhalb des Neuen Testaments: Evangelien, Apostelgeschichten und Apokalypsen sowie vielerlei Legenden über Jesus, Maria und christliche Heilige. Als Mohammed auftrat und seine Botschaft verkündigte, musste er sich nicht nur mit den Juden und ihren religiösen Vorstellungen, sondern auch mit dem christlichen Glauben, so wie er ihn aus seiner Umgebung kennenlernte, auseinandersetzen. Das ist in stärkerem Maße erst in der medinensischen Zeit seiner Wirksamkeit geschehen – wie die Suren 3, 4 und 5 zeigen, beginnt aber auch schon in Mekka. Die »Maria« gewidmete und für die koranische Christologie wichtige Sure 19 entstand schon in der zweiten mekkanischen Periode von Mohammeds Verkündigung. Mit dem Begriff »koranische Christologie« ist bereits gesagt, dass der Koran seine eigene christologische Konzeption vertritt. Wenn zuvor aus historischer Sicht auf die zeitgenössischen Vorstellungen über Jesus und Maria hingewiesen wurde, mit denen es Mohammed zu tun hatte, ist an dieser Stelle zu betonen: sobald christliche Überlieferungen in Mohammeds Botschaft eingingen, erhielten sie Offenbarungscharakter und wurden so zu Aussagen des Koran als heiliger Schrift!

Was das von Jesus übermittelte »Evangelium« (indschil) angeht, unterscheidet der Koran nicht zwischen den verschiedenen Evangelien. Auch finden die Apostelgeschichte und die Apokalypse sowie Paulus und die gesamte Briefliteratur des Neuen Testaments keine direkte Erwähnung, obwohl sich nicht wenige Parallelen und Anklänge zusammenstellen lassen, wie z.B. die Synopse von J. D. Thyen zeigt. Von den zahlreichen Namen im Neuen Testament werden nur Zacharias, Johannes, Maria und Jesus genannt, Maria als einziger weiblicher Name im Koran. Von ihnen soll in den folgenden Abschnitten die Rede sein. Dabei kommt es in erster Linie darauf an, welches Bild der Koran von Johannes, Maria und Jesus entwirft und wie sie in die Grundvorstellungen des Koran eingebunden sind. Kontroverse Positionen zwischen Koran und Neuem Testament wurden bereits in Kapitel IV behandelt und brauchen hier nur erwähnt zu werden. Neutestamentliche Stellen werden nur herangezogen, soweit sie zum Verständnis von Koranstellen unerlässlich sind. Ansonsten wird die Geschichte Jesu als bekannt vorausgesetzt.

2. Johannes der Täufer und Zacharias

Der Mann mit Namen Johannes (arabisch: Yaḥyā) war ein prominenter Vertreter der Täuferbewegung, die um die Zeitenwende in Vorderasien weit verbreitet war. Nach dem Neuen Testament tritt er als Bußprediger auf, verkündet die Nähe des Gottesreiches und tauft viele Menschen im Jordan, unter ihnen auch Jesus. Auf diesen als den Größeren, *der mit dem Heiligen Geist und Feuer taufen wird,* weist Johannes der Täufer hin und wird damit zum Vorläufer Jesu Christi (Mk 1; Mt 3; Lk 3; Joh 1,6f.19ff.).

Nach dem Zeugnis des Neuen Testaments haben die Menschen Johannes den Täufer als Propheten betrachtet (vgl. S. 125–127). Als Prophet gilt er auch im Koran, wo er hohes Ansehen genießt. Vom *Täufer* Johannes ist jedoch nicht die Rede. Er ist *ein Asket und ein Prophet, einer von den Rechtschaffenen* (Sure 3,39; 6,85). Besondere Beachtung wird Johannes in Sure 19 geschenkt. Diese beginnt mit dem Gebet des Zacharias um einen Erben, woraufhin ihm Gott *einen Sohn mit Namen Johannes* verheißt. An ein solches Wunder mag Zacharias wegen seines hohen Alters und der Unfruchtbarkeit seiner Frau nicht glauben, aber das Wunder geschieht: Johannes wird geboren, ein Mensch mit außergewöhnlichen Qualitäten (19,1-15; vgl. 3,38-41; 21,89f.; Lk 1,5-25.57-80). Der Abschnitt 19,12-15 über Auftrag und Fähigkeiten des Johannes hat eine Parallele in Jesu Ansprache aus der Wiege (19, 30-33) und endet wie dort mit den Worten: *Friede sei über ihm am Tage, da er geboren wurde, am Tag, da er stirbt und am Tag, da er wieder zum Leben erweckt wird.* (19,15 redet Gott; 19,33 redet Jesus)

Über Jesu Taufe durch Johannes berichtet der Koran nichts, auch nicht über das weitere Schicksal des Johannes (vgl. Mt 11 und 14), das erst in nachkoranischen Legenden thematisiert wird.

3. Maria

Trotz des hohen Bekanntheitsgrades aus der Weihnachtsgeschichte spielt Maria in den meisten Schriften des Neuen Testaments keine oder keine große Rolle. Paulus nennt sie noch nicht einmal beim Namen. Er stellt nur fest, dass der Sohn Gottes von einer Frau geboren wurde (Gal 4,4). Selbst der Evangelist Johannes nennt sie nicht beim Namen, Markus nur ein einziges Mal (6,3).

Marias Stellung in den Evangelien ist unterschiedlich und ambivalent. Sie ist die Mutter Jesu, was aber nur von den Evangelisten Matthäus und Lukas besonders hervorgehoben wird, und zwar hinsichtlich der »unbefleckten Empfängnis« und der »Jungfrauengeburt«. Diese Vorgeschichte nimmt bei Lukas einen besonderen Platz ein. Er berichtet von der Ankündigung der Geburt eines Sohnes mit Namen Jesus durch den Engel Gabriel: *Er wird groß sein und Sohn des Höchsten genannt werden. Gott, der Herr, wird ihm den Thron seines Vaters David geben.* (Lk 1,32)

Er wird gezeugt werden durch den Heiligen Geist. *Deshalb wird auch das Kind heilig und Sohn Gottes genannt werden* (Lk 1,35; vgl. Mt 1,18ff.). In ihrem Lobpreis (Magnifikat) weiß Maria die Größe dessen, was mit ihr geschieht, auch zu würdigen (Lk 1,46-55). Da sich Maria ganz dem Willen Gottes ergibt, wird sie als Glaubensvorbild herausgestellt (Lk 1,38.45). Sie wird als von Gott »Hochbegnadete« und besonders gesegnet bezeichnet (Lk 1,28.30.42). In der Apostelgeschichte betet sie nach der Himmelfahrt Jesu zusammen mit der Jüngergemeinde (Apg 1,12-14).

Andererseits befinden sich Maria und ihre Familie als Verwandte Jesu auch in Situationen, wo sie Jesus nicht verstehen (Lk 2,41ff.; Mk 3,20f.). Zudem stellt Jesus den Glauben höher als alle Verwandtschaft (Lk 8,19-21; 11,27f.). Im Johannes-Evangelium zeigt sich Marias gläubige, wenn auch nicht immer ganz verstehende Zuneigung zu Jesus bei der Hochzeit zu Kana und unterm Kreuz (Joh 2,1ff.; 19,25-27).

Auf jeden Fall tritt die Person Marias (und Josefs) in der urchristlichen Verkündigung hinter Jesus zurück. Das ändert sich später zusehends, und zwar schon in den apokryphen Schriften des zweiten Jahrhunderts und von da ab in einer zunehmenden Marienverehrung bis hin zu einer ausgeprägten Mariologie (Dogmen) und einer von Maria geprägten Volksfrömmigkeit (Wallfahrtsorte).

Zu Mohammeds Zeiten war das Interesse an Maria und ihre Verehrung weit verbreitet, vor allem in den östlichen Kirchen. Davon wusste man auch in Mekka (vgl. S. 31). So ist es nicht verwunderlich, dass der Koran Maria große Aufmerksamkeit schenkt und mehr über sie zu berichten weiß als das Neue Testament. Häufig wird ihr Name genannt, allein 33-mal als Beiname Jesu: »Sohn der Maria« (Ibn Maryam). Zwei Suren sind Maria bzw. ihrer Sippe ʿImrān gewidmet: Sure 19 aus mittelmekkanischer Zeit und Sure 3 aus Medina.

In Sure 19 steht die Passage über Maria im Anschluss an die Verse über Zacharias und Johannes und vor den Abschnitten über Jesus, Abraham, Isaak und Jakob, Mose und Aaron, Ismael und Idris (Henoch), also in der Reihe der Gesandten und Propheten, derer Mohammed »gedenken« soll. Mit dieser Aufforderung beginnen auch die Verse 16 bis 29 über Maria, die wegen ihrer Bedeutung vollständig zitiert werden:

Und gedenke im Buch der Maria! Als sie sich (seinerzeit) *von ihren Angehörigen an einen östlichen Ort* (Jerusalem?) *zurückzog, nahm sie sich vor ihnen einen Vorhang* (um sich zu verbergen). *Da sandten Wir unseren Geist zu ihr; er erschien ihr als wohlgestalteter Mensch. Sie sagte: ›Ich suche beim Erbarmer Zuflucht vor dir, sofern du gottesfürchtig bist* (und mich in Ruhe lässt)*!‹ Er sagte: ›Ich bin doch der Gesandte deines Herrn* (und komme in seinem Auftrag), *um dir einen lauteren Knaben zu schenken.‹ Sie sagte: ›Wie soll ich einen Knaben bekommen, wo mich kein Mann* (wörtl.: Mensch) *berührt hat und ich keine Hure bin?!‹ Er sagte: ›So sei es! Dein Herr sagt: Das ist Mir ein Leichtes! Wir wollen ihn zu einem Zeichen für die Menschen und zu einer Barmherzigkeit von Uns machen. Es ist eine beschlossene Sache.‹*

So empfing sie ihn (den Jesusknaben) *und zog sich mit ihm an einen entlegenen Ort zurück. Die Wehen ließen sie zum Stamm der Palme gehen. Sie sagte: ›O wäre ich doch vorher gestorben und ganz in Vergessenheit geraten!‹ Da rief er* (der Jesusknabe) *ihr von unten her zu: ›Sei nicht traurig! Dein Herr hat unter dir ein Bächlein fließen lassen. Und schüttle den Stamm der Palme zu dir hin, so lässt sie frische, reife Datteln auf dich fallen. So iss und trink und sei frohen Mutes! Und wenn du einen Menschen siehst, dann sage: ›Ich habe dem Erbarmer ein Fasten gelobt; darum werde ich heute mit keinem Menschen reden.‹ – Dann kam sie mit ihm* (Jesus) *zu ihrem Volk, indem sie ihn trug. Sie sagten: ›Maria, du hast etwas Unerhörtes begangen, Schwester Aarons! Dein Vater war doch kein schlechter Mann und deine Mutter keine Hure!‹ Sie zeigte auf ihn* (den Jesusknaben in der Wiege). *Sie* (aber) *sagten: ›Wie sollen wir mit ihm, einem Kind in der Wiege, reden?!‹* (Da beginnt Jesus zu sprechen und stellt sich als Gottes Diener und Prophet vor.)

In diesem Abschnitt, der einen Eindruck von der lebendigen Erzählweise des Koran vermittelt, ist das Wesentliche des koranischen

Marienbildes enthalten. Was hier und in der Sure 3 im Vergleich zum Neuen Testament an neuen Motiven enthalten ist, findet sich auch in apokryphen Texten wie dem Pseudo-Matthäus (so die Palme und das erquickende Wasser in Kapitel 20), in den Kindheitsevangelien und im Protevangelium des Jakobus. Von diesen Schriften her lässt sich manche schwer verständliche Stelle besser verstehen. Josef kommt im Koran nicht vor, auch nicht die Flucht der »heiligen Familie« nach Ägypten.

Der Koran kennt also sowohl die »unbefleckte Empfängnis« als auch die Jungfrauengeburt (vgl. das christliche Glaubensbekenntnis: *empfangen vom Heiligen Geist, geboren von der Jungfrau Maria*). Wer das bezweifelt und Maria gar wegen sittlicher Verfehlung verleumdet, wird im Koran hart kritisiert (wie die Juden in Sure 4,156; vgl. 19,27). In der späteren Sure 3 wird das Thema nochmals aufgenommen, allerdings kürzer und teilweise mit anderen Worten. Hier verkündet der Engel:

O Maria, Gott hat dich auserwählt und reingemacht und er hat dich vor den Frauen der Menschen in aller Welt auserwählt. O Maria, sei deinem Herrn demütig ergeben, wirf dich (vor ihm) *nieder und verneige dich mit denen, die sich* (im Gottesdienst) *verneigen* (3,42f.). *Als die Engel sagten: ›O Maria, Gott verkündet dir ein Wort von Ihm* (d.h. von sich), *dessen Name Messias Jesus, der Sohn der Maria ist. Er wird im Diesseits wie im Jenseits angesehen sein, einer von denen, die* (Gott) *nahestehen. Er wird schon in der Wiege zu den Menschen sprechen und als Erwachsener einer von den Rechtschaffenen sein.‹* (3,45f.)

Marias Zweifel an der Verheißung eines Sohnes wird – wie in Sure 19 – mit dem Hinweis entkräftet, dass Gott alle Dinge möglich sind.

Sie sagte: ›Herr! Wie sollte ich ein Kind bekommen, wo mich kein Mann berührt hat?‹ Er (der Engel oder Gott selbst) *sagte: ›So ist Gott. Er schafft, was Er will. Wenn Er eine Sache beschlossen hat, sagt Er zu ihr nur: Sei! und es ist.‹* (3,47; vgl. Lk 1,34-37)

Sure 3 trägt den Titel »Die Sippe ʿImrāns«. Zu dieser Sippe gehören außer ʿImrān, dem Vater von Maria und Elisabeth, noch Zacharias, Johannes (der Täufer) und Jesus. Der lange Abschnitt über Maria, Johannes und Jesus beginnt in Vers 33 mit einer Genealogie Marias von Adam an über Noah und Abraham bis zu ʿImrān (Amram ist in der Bibel der Vater des Mose; die Tochter des Amram und Schwester von Mose ist Miryam, die im Koran mit Maryam verschmilzt). Gott hat auch die Sippe ʿImrans besonders erwählt. In ihr erlebt Maria eine behütete Kindheit, in der sie bereits Gottes wunderbare Fürsorge empfängt: Er versorgt sie während ihrer Zeit im Tempel mit Speisen, was Zacharias bei seinen Besuchen staunend bemerkt (3,37). Marias Mutter, ʿImrāns Frau, deren Name im Koran nicht genannt wird, hatte das zu erwartende Kind schon vor seiner Geburt Gott geweiht und das Neugeborene Gottes Obhut *vor dem gesteinigten Satan* anvertraut. *Da nahm sie ihr Herr gnädig an und ließ sie auf schöne Weise heranwachsen.* (3,35-37)

So wird an Maria Gottes Wunderwirken in besonderer Weise offenbar. Die spätmedinensische Sure 66 hebt Maria als eine gläubige, gottergebene und keusche Frau hervor. Daher hat Gott seinen Geist in sie *hineingeblasen* (66,12) und machte sie zusammen mit ihrem Sohn Jesus zu einem »Zeichen« für die Menschen in aller Welt (19,21; 21,91; 23,50). Gott hat viele solcher Zeichen gesetzt, die die Menschen zum Glauben an den Schöpfer bringen sollen (vgl. Sure 30). Immer wieder erinnert der Koran an diese *Zeichen für die Gläubigen* (29,44.49f.; 3,49: Jesu Wunderzeichen).

Jesus und Maria stehen im Koran in einer engen Verbindung. Sie sind Auserwählte Gottes, aber beide von Gott geschaffen. Maria ist ein leuchtendes Beispiel mit ihrem starken Glauben, ihrer Gottergebenheit und als keusche Jungfrau. Sie ist die Mutter Jesu, des Gottgesandten und Propheten, aber nicht »Mutter Gottes« (vgl. 5,75.116) und nicht »Gottesgebärerin« (theotokos). Damit setzt sich der Koran bei aller Hochachtung Marias von christlich-kirchlichen Vorstellungen ab. Außerhalb des Koran hat die Biographie Marias mancherlei Erweiterung erfahren, auch die islamische Sufi-Mystik hat sich Marias angenommen und sie als Symbol der Reinheit und »der Seele angesehen, die göttliche Inspiration empfängt und so vom göttlichen Licht ›schwanger‹ wird« (A. Schimmel, Mystische Dimensionen des Islam, 488).

4. Jesus

4.1 Zur koranischen Christologie

Viele Christen sind erstaunt, wenn sie feststellen, dass Jesus auch im Koran zu finden ist und unter den Gesandten und Propheten einen bedeutenden Platz einnimmt. Auch überrascht der Umfang von Koranstellen, die Aussagen über Jesus enthalten oder in denen Jesus selbst zu Wort kommt. Es sind immerhin 15 Suren mit über 90 Versen. Sie stammen allerdings erst aus der mittelmekkanischen Periode und dann vor allem aus der Zeit nach der Hidschra (622), als sich Mohammed immer mehr mit dem christlichen Glauben befasste. Das bedeutet, dass Jesus in der ersten Phase von Mohammeds Verkündigung nicht vorkommt und sich erst danach und allmählich ein Jesusbild entwickelte, das mit der Sure 5 als der zuletzt entstandenen Sure seinen Höhepunkt erreicht. Ähnlich liegen die Dinge bei Maria (vgl. S. 232–235).

Die Aussagen des Koran über Jesus (ʿIsā) haben ihre Parallelen im Neuen Testament und in apokryphen frühchristlichen Schriften, wobei es sowohl Übereinstimmungen als auch Divergenzen gibt. Letztere ergeben sich aus den Grundpositionen des Koran. Danach gehört Jesus als einer der Überbringer und Mittler von Gottes Wort in die Reihe der Gesandten und Propheten und dementsprechend in die Prophetologie (vgl. S. 128–131). Schon daraus ergibt sich, was aber ohnehin ein Auslegungsgrundsatz ist, dass alle Aussagen des Koran über Jesus vom Koran her zu interpretieren sind. Das gilt auch und besonders für alle Begriffe, die im Koran und im Neuen Testament zwar übereinstimmen, aber durchaus unterschiedliche Bedeutung haben können (wie z. B. Messias).

So überrascht der christliche Koranleser einerseits über die Fülle von Jesustraditionen im Koran ist, so verwundert und dann auch ablehnend reagiert er andererseits auf die koranische Zurückweisung zentraler christlicher Vorstellungen wie die vom Erlöser Jesus Christus, seine Gottessohnschaft und seinen Tod am Kreuz (vgl. S. 103–123). Gerade darin aber zeigt sich, wie der Koran in der Beurteilung von Jesu Wort und Werk eigene Wege geht. Diese koranische Christologie muss von Nichtmuslimen zunächst einmal zur Kenntnis genommen werden. Sie stellt aus historischer Perspektive keine absichtliche Verfälschung des urchristlichen Bekenntnisses dar, sondern ist zum einen das Ergebnis von Mohammeds Auseinandersetzung mit den Christologien seiner Umwelt und ergibt sich zum anderen aus seiner Theologie und Prophetologie. Wenn im Folgenden einzelne Passagen und Aussagen näher betrachtet werden, sind diese Faktoren im Auge zu behalten.

4.2 Empfängnis und Geburt Jesu: Wunder Gottes am Menschen Jesus

Die »unbefleckte Empfängnis« Jesu und seine Geburt durch die jungfräuliche Maria werden in den schon zitierten Passagen aus den Suren 19 und 3 geschildert (vgl. S. 233–236). Nach Sure 19,17 sandte Gott seinen Geist zu Maria, der ihr als wohlgestalteter Mensch bzw. Mann erschien. Die Vorstellung begegnet uns auch bei Pseudo-Matthäus (19). Es ist der Engel, der Maria im Auftrag Gottes aufsucht. Zwei Suren betonen, dass Gott seinen Geist in Maria »blies« (oder »einhauchte«: 21,91; 66,12). Gott ist also der Handelnde, und Jesus wird von Gott erschaffen, wie auch Adam von Gott erschaffen wurde: *Dann formte Er ihn* (aus irdischem Material) *und blies ihm von Seinem Geist ein* (32,9; 15,29; 38,72). Beide werden ohne Vater erschaffen, Adam auch ohne Mutter. Darin liegt das göttliche Wunder. Aber sie sind beide erschaffen, beide irdisch, wie der Koran betont:

Jesus ist vor Gott gleich wie Adam. Er erschuf ihn aus Erde, dann sprach Er zu ihm nur ›Sei!‹ – und er war. (3,59)

Wie die Nestorianer (vgl. S. 23) hebt auch der Koran die menschliche Natur und Geschöpflichkeit Jesu hervor. Er ist nicht »ungeschaffen« und nicht präexistent. Vielmehr verdankt er seine Existenz unmittelbar Gottes Schöpfungswort (3,59; 3,47; 2,117). Das Wort Gottes ruft ihn ins Dasein.

4.3 Wort und Geist

Wort und Geist gehören bei diesem Schöpfungsvorgang zusammen. Das drückt Sure 4 in einem Vers, der sich mit kirchlicher Christologie auseinandersetzt, sehr schön und konzentriert aus:

Der Messias Jesus, der Sohn der Maria, ist nur der Gesandte Gottes und Sein Wort, das Er zu Maria hinüberbrachte (so Khoury; Henning: das Er in Maria legte), *und Geist von Ihm* (4,171).

Gott hauchte seinen Geist in Maria, und so ist auch Jesus »Geist von Ihm«. Zudem hat Gott Jesus mit dem Heiligen Geist (rūḥ al-qudus) gestärkt (2,87.253; 5,110). Damit hat er ihn besonders ausgezeichnet, wie Vers 253 zu entnehmen ist, und für sein Wirken, das auch Wunder einschließt, ausgerüstet. Wegen dieser Begabung mit Gottes Geist haben Muslime Jesus auch als »Geist Gottes« oder »der Geist« (al-rūḥ) bezeichnet.

Dem »Geist« korrespondiert das »Wort«. Jesus ist »Geist von Ihm« und er ist »Sein Wort«. Das Wort, das Gott von sich Maria verkündet, hat den Namen »Messias (Christus) Jesus, Sohn der Maria« (3,45). In Sure 3,39 wird von Johannes (dem Täufer) gesagt, dass er *ein Wort von Gott bestätigen* wird, was auf Jesus bezogen werden kann, denn er ist das zum Geschöpf gewordene Schöpferwort Gottes. Jesus ist aber nicht selbst »das Wort« (kalima), nicht der Logos, wie im Johannes-Evangelium (Joh 1,1-14), sondern er ist »ein Wort von Gott«, der Jesus ins Leben gerufen hat. Insofern kann über ihn gesagt werden: *Das ist Jesus, der Sohn Marias – das Wort der Wahrheit, woran sie* (die nicht glauben) *zweifeln.* (19,34) Weil er aus Gottes Geist erzeugt und durch Gottes Wort geschaffen ist, ist sein Wort wahr.

4.4 Jesus, Sohn der Maria – Messias und Diener Gottes

Die vorhergehende Stelle (19,34) lässt sich auch anders verstehen: Was zuvor von Jesus in der Wiege gesagt wird (19,30-33), ist eine Aussage, die der Wahrheit entspricht. Die Wahrheit aber ist, dass Jesus, der »Diener Gottes«, ein »Prophet« (V. 30), »der Sohn der Maria« (V. 34), also ein *Mensch* ist – nicht aber ein Kind bzw. ein Sohn Gottes, nicht »Gottessohn« (V. 35). Das zeige sich allein schon daran, dass Maria und Jesus Speise zu sich genommen haben (5,75).

Das Menschsein Jesu ist der Grundtenor der koranischen Aussagen über Jesus. Häufig wird er *'Isā ibn Maryam, Jesus, Sohn der Maria* genannt. *Sohn der Maria* heißt er sogar an Stellen, wo er als der Messias bezeichnet wird, wie z.B. in den oben zitierten Koranstellen 3,45 und 4,171, des Weiteren in 4,157, 5,17, 5,72 und 75 sowie 9,31. In allen diesen Stellen (außer 3,45) werden Positionen abgewiesen, die den Messias Jesus mit Gott gleichsetzen, neben Gott in der Trinität verehren oder als Gottessohn bezeichnen (vgl. S. 103–107). Er ist aber nicht mehr und nicht weniger als Gottes Gesandter, einer von denen freilich, die Gott besonders nahe stehen (3,45).

Der Messias wird es (daher) *nicht verschmähen* (so Paret; Henning: er »ist nicht zu stolz«), *ein Diener Gottes zu sein …* (4,172)

Insgesamt 19-mal wird Jesus als »Messias« bezeichnet. Das hebräische Wort maschiach bedeutet mit Artikel »der Gesalbte«. So werden in der hebräischen Bibel u.a. Kyros, Saul und David genannt. Der entsprechende griechische Titel ist »Christus« (vgl. Joh 1,41; 4,25) und wird im Neuen Testament auf Jesus übertragen: *Jesus, der da heißt Christus* (Mt 1,16). Wie der Blick in eine Konkordanz zeigt, ist »Christus« in den Evangelien und Briefen der meistgebrauchte Titel Jesu, zum Teil mit anderen Titeln wie »Sohn Gottes« verbunden (Mk 14,61; Mt 16,16). Dieser Titel, den sich Jesus aber nicht selbst zugelegt hat, ist dann – und zwar schon bei Paulus – zum Eigennamen geworden.

Wenn im Koran die Bezeichnung Jesu als Messias mit »Christus« übersetzt wird und uns in der Verbindung »Jesus Christus« begegnet, klingen für den christlichen Leser sofort die biblischen Aussagen über Jesus Christus mit an, die aber, um im Bilde zu bleiben, aus einem anderen Klangkörper stammen. Deshalb ist es besser, al-masiḥ mit »der Messias« wiederzugeben (wobei natürlich immer noch genug Biblisches mitschwingt). Nach Ansicht von Korankommentatoren kann »Messias« im Koran verschiedene Bedeutungen haben. Jesus ist der von Gott Gesegnete und so auch Gesalbte (Sure 19,31). Das deutet auf seine Reinheit und Sündlosigkeit hin. Nach Sure 3,36 sollen Maria und ihre Nachkommen, somit auch Jesus, vor den Angriffen des Satan bewahrt bleiben. Die Sündlosigkeit der Propheten (vgl. 38,82f.) wird von den islamischen Theologen allgemein angenommen. Ihr entspricht die Vorstellung und Lehre von der Sündlosigkeit Jesu im christlichen Glauben, wodurch er die Sünden, »unsere Sünden«, auf sich nehmen konnte (Hebr 4,15; Jes 53; 2. Kor 5,21; 1. Petr 2,24). Das ist allerdings gerade nicht koranische Lehre, nach der jeder seine »Last« selbst zu tragen hat (6,164). Hier bezieht sich die Reinheit und Sündlosigkeit Jesu auf sein Prophetenamt und die damit verbundene Aufgabe, Gottes Wort ohne Fehl und Tadel den Menschen zu vermitteln.

Ein schöner Gedanke ist die sprachliche Ableitung des »Messias« von »wandern« und die Vorstellung vom Wanderprediger Jesus, die der spätere, vor allem mystische Islam mit dem Christentum teilt. Das geht auch wieder stärker in die Richtung des auserwählten Menschen Jesus (seine Herkunft aus Nazaret und seine Beziehung zu Betlehem werden aber im Koran nicht erwähnt!).

Vor allem die Bezeichnung als *Diener Gottes* (ʿabd Allāh) unterstreicht das Menschsein Jesu im Koran. Das hebräische Wort »Ebed« (äbäd) hat die Bedeutungen Sklave, Diener, Knecht. »Ebed Jahwe« ist der Knecht Jahwes oder Diener Gottes, wie z. B. Mose, oder der »Gottesknecht« in einem spezifisch theologischen Sinn wie in Jesaja 53. Im Philipperbrief wird Jesu »Knechtsgestalt« betont ... *er entäußerte sich und wurde wie ein Sklave und den Menschen gleich. Sein Leben war das eines Menschen.* (Phil 2,7)

Das Menschsein Jesu bejaht der Islam; die Aussage *er war Gott gleich, hielt aber nicht daran fest, wie Gott zu sein* (Phil 2,6) lehnt er jedoch ab. Die Apostelgeschichte entwickelt in Ansätzen eine Gottesknechts-Christologie, wie sie dann auch das östliche Christentum (Syrien) kennt. Gott hat seinen »heiligen Knecht Jesus« gesalbt, verherrlicht, erweckt und gesandt (Apg 4,27; 3,13.26).

Im Koran schwingt davon manches mit. Jesus bekennt sich schon in der Wiege, d.h. von Anfang an, als ʻabd Allah:

Ich bin der Diener Gottes. Er hat mir die Schrift (oder: das Buch) *gegeben und mich zu einem Propheten gemacht.* (19,30)

In Sure 43 wird über Jesus gesagt:

Er ist nichts als ein Diener, den Wir begnadet haben. (43,59)

Als begnadeter Prophet und Gesandter ist er sich nicht zu schade, Gottes Diener zu sein – wie es ebenso für Jesus im Neuen Testament gilt, dessen vornehmste Aufgabe das Dienen ist (vgl. Mt 20,28; Lk 22,27). Gott zu dienen, im Dienste Gottes zu wirken, entspricht den ethischen Prinzipien beider Religionen. Auch steht der Gottesdienst (Gebet, Anbetung) jeweils im Mittelpunkt. Über die Muslime wird vielfach behauptet, dass sie sich Gott bedingungslos zu unterwerfen hätten. Sie selbst verstehen sich indessen als »Diener Gottes« – wie Jesus und die anderen Gesandten (vgl. Sure 51,56).

4.5 Die Abweisung von Gegenpositionen

Nimmt man alle diese Aussagen von und über Jesus zusammen, dann ist klar, dass der Koran immer wieder direkt oder indirekt das Menschsein und die Geschöpflichkeit Jesu hervorhebt, und zwar unbeschadet seiner außergewöhnlichen Begnadung durch Gott. Soweit Jesus über sich selbst spricht, kann daraus auch im Koran ein Selbstverständnis Jesu erhoben werden.

Alle christologischen Positionen, die Jesus mehr oder weniger vergöttlichen, weist der Koran mit Nachdruck ab, in Sonderheit eine Gottessohnschaft, einen Platz neben Gott in der Trinität und die Vorstellung von einem unerschaffenen, präexistenten Wesen. Darüber wurde an anderer Stelle bereits gesprochen (vgl. S. 101–111).

4.6 Jesu Auftrag und Verkündigung

Als Gesandter und Prophet hat Jesus seinem »Volk« Gottes Wort zu überbringen und zu verkündigen. Dazu hat ihm Gott »das Buch« gegeben (s.o. 19,30).

»*Wir gaben ihm* (Jesus) *das Evangelium* (indschil), *das Rechtleitung und Licht enthält, damit er bestätige, was von der Tora vor ihm vorhanden war – und als Rechtleitung und Ermahnung für die Gottesfürchtigen. Die Leute des Evangeliums sollen* (nun) *nach dem entscheiden, was Gott darin herabgesandt hat …* (5,46f.)

In diejenigen, die Jesus und dem Evangelium folgten, legte Gott »Milde und Barmherzigkeit« (57,27). Das »Evangelium«, das im Koran zwölfmal genannt wird, ist das ganze »Buch«, das Jesus von Gott empfangen hat. Es enthält Gottes Wort für die Christen, sozusagen die Summe ihrer Heiligen Schrift, während Jesus selbst von Gott »die Schrift, die Weisheit, die Tora und das Evangelium« »gelehrt« bekam (3,48; 5,110), also den gesamten Offenbarungsschatz der Juden und Christen.

Als Jesus bereits in der Wiege zu reden beginnt, nennt er zentrale Aspekte seines Wirkens: verschiedene Wunder, die Bestätigung der Tora (Zitate vgl. S. 84–85) und Korrekturen am Gesetz, allem voran aber den Glauben an den einen Gott und die Aufforderung, ihn zu achten und ihm zu dienen.

Ich komme mit einem Zeichen von eurem Herrn zu euch. Daher fürchtet Gott und gehorcht mir! Gott ist mein Herr und euer Herr. Dient Ihm. (3,50f.; 5,72.117; 43,63 Jesus als ›Zeichen‹)

Gottesfurcht und Gehorsam gegenüber seinem Gesandten gehören zusammen. Da Jesu Verhalten ein »Beispiel« für die Menschen sein soll (43,57; vgl. 43,59), sind auch seine Friedfertigkeit, die ihm aufgetragenen Pflichten Gebet und Almosensteuer, Achtung vor den Eltern (bei Jesus: vor seiner Mutter) und andere Tugenden wie die Klärung von strittigen Glaubensfragen beispielgebend (19,31f.; 43,63). Jesus bringt auch Erleichterungen beim Ritualgesetz (3,50; 4,160), und es gehört zu seiner Mission, einen Nachfolger anzukündigen. Er heißt »Achmad«, was die muslimischen Ausleger als Mohammed deuten (vgl. 7,157!).

Die Jünger, von denen im Koran keiner namentlich genannt wird, sind »Helfer Gottes«, das meint wohl: Helfer bei dem Bemühen Jesu, die Menschen zu Gott zu führen. Sie bekennen, dass sie an Gott und seinen Gesandten glauben (3,52f; 5,111; 61,14).

Der Koran enthält auch viele Parallelen und Anklänge zu Aussagen der Bergpredigt und zu den Gleichnissen Jesu. Erstere hat J.-D. Thyen in seiner Synopse zusammengestellt, wo sich auch zahlreiche weitere Parallelstellen finden (in der 3. Auflage noch erweitert). Bei den Gleichnissen findet sich ein Hinweis auf Sure 57,12-15 im Vergleich mit Matthäus 25 (Die klugen und die törichten Jungfrauen). Außerdem erinnert Sure 2,161-165 an das Gleichnis vom Sämann (Mt 13), Sure 18,32-44 an das Gleichnis vom reichen Mann und armen Lazarus (Lk 16,19ff.). Diese koranischen Aussagen sind jedoch keine Jesus-Worte.

4.7 Jesu Wunderwirken

Die mit Jesus verbundenen Wunder im Koran sind Gotteswunder an Jesus und durch Jesus. Gott erweist sie schon bei der »unbefleckten Empfängnis« und bei der Geburt seines Gesandten und Propheten (s. o.). Jesus wird nicht durch einen Mann gezeugt, sondern von Gott durch ein Wort erschaffen und mit dem Heiligen Geist gestärkt, damit er zu den Menschen reden soll – schon als kleines Kind (in der Wiege) und dann als Erwachsener (5,110; 3,46). Das geschieht bereits unmittelbar nach der Geburt, als der neugeborene Jesus seine verzweifelte Mutter auf die Gotteswunder des frischen Wassers und der reifen Datteln hinweist und ihr zuruft *Sei nicht traurig! … Iss und trink und sei frohen Mutes! …* (Sure 19 vgl. S 234) Als dann Maria mit ihrem Sohn vor »ihr Volk« d. h. vor ihre Verwandten und Landsleute tritt und von ihnen wegen ihres Fehltritts gescholten wird, stellt Jesus ihre Ehre wieder her, indem er sich als Diener Gottes und Prophet vorstellt, dem Gott das Buch (mit den Offenbarungen) zukommen ließ (vgl. 19, 30ff.). Das bekennt der kleine Jesus in der Wiege!

Die Wunder setzen sich beim erwachsenen Jesus fort. Sie werden in Sure 5 zusammen mit den an Jesus verliehenen Gaben Gottes (Heiliger Geist, Rede, Offenbarungswissen) aufgezählt:

Als Gott sprach: O Jesus, Sohn der Maria, gedenke Meiner Gnade gegen dich und deine Mutter, als Ich dich mit dem Heiligen Geist stärkte … als du aus Ton (oder: Lehm) *mit Meiner Erlaubnis so etwas wie eine Vogelgestalt erschufst und in sie hineinbliesest und sie mit Meiner Erlaubnis ein* (wirklicher) *Vogel wurde; und als du mit Meiner Erlaubnis Blinde und Aussätzige heiltest und als du mit Meiner Erlaubnis Tote* (aus ihrem Grab) *herauskommen ließest, und als Ich die Kinder Israels von dir zurückhielt, als du mit deutlichen Zeichen zu ihnen kamst, worauf diejenigen, die ungläubig waren, sagten: Das ist nichts als offenkundige Zauberei.* (5,110)

Alles, was Jesus an Wundern tut – und dies zumeist an Menschen – geschieht mit Gottes Erlaubnis. Eine Parallele zu dieser Passage findet sich in Sure 3,49, wo das *Zeichenhafte dieser Wunder* betont wird. Wie Mohammed und die anderen Propheten wird allerdings auch Jesus der Zauberei bezichtigt (vgl. 61,6). Doch es ist Gott, der durch seine Gesandten handelt. Das hebt schon Abraham hervor: *Mein Herr ist es, der lebendig macht und sterben lässt.* (2,258) Dieser Satz steht im Kontext der Erweckung Nimrods durch Gott und des Vogelwunders Abrahams (2,258-260).

Im Anschluss an die aufgeführten Wunder in Vers 110 wird in Sure 5 das Tischwunder berichtet (111-115), nach dem diese Sure als »Der Tisch« benannt ist. Danach verlangen die Jünger von Jesus ein Beglaubigungswunder: *Kann uns dein Herr einen Tisch* (mit Speisen) *vom Himmel herabsenden?* (112) Auf ihr Drängen hin bittet Jesus:

O Gott, unser Herr, sende uns vom Himmel einen (mit Speisen gedeckten) *Tisch herab, dass er für uns, für den ersten und letzten von uns, ein Fest werde und ein Zeichen von Dir. Und versorge uns. Du bist der beste Versorger. Da sprach Gott: Ich werde ihn euch hinabsenden. Wer von euch hernach nicht glaubt, den werde ich strafen mit einer Strafe, mit der Ich* (sonst) *keinen in der Welt bestrafe.* (5,114f.)

Das Tischwunder erinnert sowohl an die Tisch- und Mahlgemeinschaft Jesu mit den zwölf Jüngern (Mk 14,22; Lk 22,19) als auch an die Brotvermehrung (Mk 8,1ff.; Joh 6,1ff. 14) und das Mannawunder (2. Mose 16,4.12ff.). Auch die Zeichenforderung der Jünger und ihren Hinweis auf das Himmelsbrot beim Mannawunder in Joh 6,30-35 kommt als Parallele in Frage. Wer jedoch ein Wunder von Gott fordert und dann immer noch nicht glaubt, zieht sich Gottes Zorn zu. Wer die Eucharistie, das Abendmahl, nicht als Gottes Gabe empfängt (als »den Leib des Herrn«), der *zieht sich das Gericht zu* (1. Kor 11,23ff. 27-29). Hier lassen sich viele gedankliche Verbindungen zwischen Koran und Bibel herstellen. Das Vergleichsmoment ist die himmlische Speisung.

Im Neuen Testament wird von Jesu Wunderwirken ausgiebig berichtet. Es sind Zeichen der angebrochenen Heilszeit. Sie reichen über die Exorzismen (Austreibungen) und zahlreichen Heilungen bis zum Weinwunder von Kana (Joh 2) und dem wunderbaren Fischzug (Lk 5,1ff.), von der Stillung des Sturmes (Mk 4,35ff.) bis zum Wandeln Jesu auf dem Wasser (Mk 6,45ff.) und zu den Epiphanien, den Erscheinungen Jesu nach seiner Auferstehung.

4.8 Das Leben Jesu

Die vier Evangelien im Neuen Testament sind Zeugnisse über das Leben Jesu aus Nazaret, den seine Jünger und Anhänger als den Christus (Messias) bekennen, der *in die Welt gekommen ist, um die Sünder zu retten* (Paulus in 1. Tim 1,15). Was die Evangelien über die Ereignisse und Stationen im Leben Jesu berichten, gehört zu diesem Glaubenszeugnis und ist keine Biographie an sich. Auch haben die vier Evangelien ihren je eigenen Charakter, berichten aus unterschiedlichem Blickwinkel zum Teil das Gleiche, zum Teil voneinander Abweichendes und Eigenes. Aufs Ganze gesehen berichten sie eine Fülle von Ereignissen aus dem Leben Jesu, die mit zahlreichen Personen, Orten und Daten verbunden sind, sodass sich unter Berücksichtigung des Zeugnischarakters der Lebensweg Jesu, ein »Leben Jesu« daraus darstellen lässt.

Der Koran hat am geschichtlichen Rahmen des Wirkens Jesu, an den Orten, Jahres- und Festzeiten, Personen und näheren Umständen weit weniger Interesse als die Evangelien. Er berichtet ja auch nur wenige markante Ereignisse aus dem Leben Jesu, deutet die Umstände meist nur sparsam an und richtet sein Hauptaugenmerk auf die Charakterisierung der Person und des Auftrags Jesu als Gesandter und Prophet Gottes. Dabei spielen die an und durch Jesus vollbrachten Wunder als Zeichen für Gottes Allmacht eine besondere Rolle.

Berichtet werden im Koran die wunderbare Empfängnis und Geburt Jesu. Sofern die Bezeichnung Jesu als Messias (al-masiḥ) vom arabischen Wort für »wandern« abgeleitet werden kann, deutet das auf den Wanderprediger Jesus hin, der die Menschen zum Glauben und Dienst an den einen Gott ruft und ihnen Gottes Wort und Willen verkündet. Sein eigenes Verhalten ist beispielhaft für die Menschen. Einzelne Begegnungen mit ihnen berichtet der Koran nicht, auch nicht, an wem Heilungen und Totenerweckungen geschehen. Nur das Beglaubigungswunder des vom Himmel gesandten Tischs wird mit den Jüngern in Verbindung gebracht. Es erinnert sowohl an die Brotvermehrung als auch an das letzte Abendmahl.

Damit ist schon das Ende Jesu im Blick. Mehr wird im Koran über seinen Lebensweg nicht berichtet.

4.9 Der Tod Jesu und die Frage der Kreuzigung

Der Leidensweg Jesu, sein Tod am Kreuz und seine Auferstehung bilden den Dreh- und Angelpunkt des neutestamentlichen Zeugnisses über Jesus Christus. Das gilt für die Evangelien ebenso wie für die Theologie des Apostels Paulus und die ganze christliche Gemeinde. *Wir ver-*

kündigen Christus als den Gekreuzigten, schreibt Paulus an die Gemeinde in Korinth (1. Kor 1,23), und an die Gemeinde in Philippi zitiert er das alte Christuslied, in dem es über den Christus Jesus heißt:

Er war Gott gleich, hielt aber nicht daran fest, wie Gott zu sein, sondern er entäußerte sich und wurde wie ein Sklave und den Menschen gleich. Sein Leben war das eines Menschen; er erniedrigte sich und war gehorsam bis zum Tod, bis zum Tod am Kreuz. Darum hat ihn Gott über alle erhöht. (Phil 2,6-9)

Der Koran sieht das anders. Mit der Kreuzigung setzt er sich aber nur an einer Stelle auseinander, und zwar in Sure 4,157:

Und weil sie (die Juden) *sagten: ›Wir haben den Messias ʿIsā, den Sohn Maryams, den Gesandten Gottes getötet‹ – doch töteten sie ihn nicht und kreuzigten ihn nicht, sondern er erschien ihnen ähnlich* (oder: es erschien ihnen [nur] so). *Und jene, die über ihn uneins sind, sind in Zweifel über ihn* (oder: darüber). *Sie haben kein Wissen über ihn* (oder: darüber), *sondern folgen nur Vermutungen. Und sie töteten ihn nicht mit Gewissheit* (oder: in Wirklichkeit); (158) *vielmehr erhöhte* (erhob) *ihn Gott zu sich. Gott ist mächtig und weise.*

Einige Stellen dieses Abschnitts lassen sich verschieden übersetzen, was zu unterschiedlichen Auslegungen mit beachtlichen theologischen Konsequenzen führt. Die wichtigsten seien hier genannt.

Zunächst geht es um das Subjekt des Eingangssatzes: »sie«. Das können nach Vers 153 und dem gesamten Kontext (4,153-160) nur die Juden sein. Die in 4,157 enthaltene Polemik richtet sich somit gegen die Juden. Betroffen von den Aussagen sind aber in erster Linie die Christen!

Der dritte Satz kann auch heißen: »Doch töteten sie nicht ihn und kreuzigten nicht ihn«, sondern einen (anderen), der ihnen ähnlich erschien, einen ihm Ähnlichen. Viele islamische Kommentatoren gehen davon aus, dass ein anderer an Jesu Stelle gekreuzigt wurde. Diese sogenannte Substitution gibt es in verschiedenen Varianten, je nachdem, wer »der andere« gewesen sein soll. Eine solche Vorstellung berichtet bereits im zweiten Jahrhundert der Kirchenschriftsteller Irenäus von dem gnostischen Theologen Basilides, der Simon von Kyrene an Jesu Stelle gekreuzigt sein lässt (Gegen die Häresien, Kap. I 24,4; vgl. Mk 14,21). Auch der »Zweite Logos des großen Seth«, ein koptisch-gnostischer Originaltext aus frühchristlicher Zeit, geht von dieser Annahme aus (Nag-Hammadi-Codex VII,2 pagina 55–56): Jesus ist nur scheinbar gekreuzigt worden, aber nicht in Wirklichkeit. Es hatte nur den Anschein, dass er litt und getötet wurde. Ein anderer, Simon (von Kyrene), ist an seiner Stelle gekreuzigt worden.

Eine andere Variante basiert auf der Zwei-Naturen-Lehre und favorisiert eine spirituelle Lösung. Diese bietet bereits eine gnostische Schrift an, die sich am Ende des zweiten Jahrhunderts mit der kirchlichen Christologie auseinandersetzt. In der Apokalypse des Petrus (Nag-Hammadi-Codex VII,3) wird angenommen, dass nur die fleischliche Hülle des Erlösers gekreuzigt worden ist, nicht aber »der lebendige Jesus« bzw. das pneumatische, geistige Wesen des Erlösers im Himmel. Ähnlich sehen es die Johannesakten. Solche Vertreter der Gnosis (vgl. S. 23–24) betrachten den Glauben an den Gekreuzigten als Irrglauben, weil der himmlische Erlöser bzw. der göttliche Geist (das Pneuma) weder leiden noch getötet werden kann. Manche Theologen des schiitischen Islam und vor allem islamische Mystiker heben diesen pneumatischen Aspekt besonders hervor. Es gehe bei der Kreuzigung Jesu letztlich nicht um den historischen Vorgang, sondern um das Zurückweisen der Behauptung, dass es in der Macht von Menschen stehe, das göttliche Wort zu töten.

Schließlich ist noch die Ansicht der Aḥmadīya–Bewegung zu erwähnen, nach der Jesus zwar gekreuzigt wurde, aber nur scheinbar und nicht wirklich dabei starb. Er wurde ohnmächtig, d. h. scheintot vom Kreuz abgenommen. Danach ging er in ein östliches Land (Indien/Kaschmir), wo er später verstarb.

Bei allen diesen Interpretationsversuchen von Sure 4, Vers 157 wird das historische Faktum einer Kreuzigung (sei es Jesu oder eines ihm Ähnlichen) nicht bestritten. Daneben steht aber die schlichte Aussage des Textes, dass die Juden den Messias Jesus nicht oder zumindest nicht wirklich kreuzigten und töteten. Wie dieser Vers letztlich zu verstehen ist, bleibt nach Ansicht vieler muslimischer Theologen ein göttliches Geheimnis.

4.10 Jesu Erhöhung und Wiederkunft

Das betrifft nun aber auch Vers 158 und die Frage nach dem Zeitpunkt des Todes Jesu. Die Formulierung »vielmehr erhöhte ihn Gott zu sich« lässt vermuten, dass Gott Jesus vor der Kreuzigung bewahrte (vgl. Sure 5, 110) und ihn stattdessen zu sich erhob, und zwar lebend. In diesem Fall ist er entrückt worden und lebt bei Gott, von wo er wiederkommen wird. Im islamischen Volksglauben hat sich ein ganzer Vorstellungskreis von der Wiederkunft Jesu in der Endzeit entwickelt: Jesus wird als Mensch auf die Erde zurückkommen, auf ein Minarett der Umayyaden-Moschee in Damaskus herabsteigen, den Antichrist (Daddschal) töten, nach Jerusalem ziehen, dort alles beseitigen, was dem rechten Glauben (d.h. dem Islam) jüdischer- und christlicherseits entgegensteht, heiraten, nach vierzig Jahren Friedensherrschaft sterben und neben Mohammed in Medina begraben werden. – Die Schiiten erwarten zudem die Wiederkehr des verborgenen Imams. Gelegentlich wird Jesus (ʻIsā) mit dem Mahdi gleichgesetzt.

Solche im Volk oder (wie beim Mahdiglauben der Schiiten) auch in der Theologie verwurzelten Vorstellungen zeigen ebenso wie die katholische Marienfrömmigkeit und die christologischen Dogmen, dass es der christlich-muslimische Dialog nicht nur mit Bibel und Koran zu tun hat, sondern auch mit historisch gewachsenen und spezifischen Glaubensvorstellungen vor Ort.

Zurück zur Frage des Todes und der Erhöhung Jesu. Nach dem Koran lässt sich der Zeitpunkt des Todes Jesu nicht eindeutig bestimmen. Nimmt man, wie oben beschrieben, eine leibliche Erhöhung und die Wiederkunft Jesu als Mensch an, dann liegt sein Tod am Ende seiner Rückkehr auf die Erde. Der koranische Befund spricht aber eher für die Annahme, dass Jesus bereits vor seiner Erhöhung starb – wenn nicht bei der Kreuzigung, dann irgendwann vorher oder danach. Das legt z. B. Sure 19,33 nahe, wo Jesus sagt:

Friede (oder: Heil) *sei über mir am Tag, da ich geboren wurde, am Tag, da ich sterbe, und am Tag, da ich* (wieder) *zum Leben erweckt werde.*

Wie alle Menschen muss auch Jesus sterben (vgl. Sure 21,34f.), und zwar, wann Gott es will (3,145), und bei der allgemeinen Totenerweckung wird auch er erweckt werden und Zeuge über die Leute des Buches sein (4,159; der erste Teil des Verses muss nicht notwendigerweise auf Jesu Tod am Ende seiner Wiederkunft bezogen werden!). In Sure 3,55 kündigt Gott seinem Gesandten Jesus die Abberufung (als natürlichen Tod) und seine anschließende Erhöhung an. Beides ist nach Sure 5,117 schon geschehen, wenn Jesus vor Gott Rechenschaft über seine irdische Mission ablegen muss (5,116ff.).

Von einer Erhöhung Jesu sprechen auch die ältesten neutestamentlichen Zeugnisse über die Auferstehung (Röm 8,34; Apg 2,33), während die Aufnahme Jesu in den Himmel bei der »Himmelfahrt« eine Zwischenzeit mit den Erscheinungen des Auferstandenen voraussetzt (Lk 21; Apg 1). Auch dabei spielt die Frage nach der Leiblichkeit Jesu eine Rolle (vgl. Thomas in Joh 20,24ff.).

Mehr ist an dieser Stelle zur Frage der Kreuzigung Jesu im Koran nicht zu sagen. Der nichtmuslimische Koranleser kann die Varianten zu Kreuz, Tod, Erhöhung und Wiederkunft Jesu nur zur Kenntnis nehmen und muss sich nicht für diese oder jene Auslegung entscheiden. Die meisten Muslime lehnen jedenfalls eine Kreuzigung Jesu unter Berufung auf den Koran ab, und das ist für den Dialog zwischen Christen und Muslimen ein »wunder Punkt«.

Das eigentliche Problem aber ist die Deutung des Todes Jesu am Kreuz.

4.11 Zur Bedeutung des Leidens und Sterbens Jesu

Nach den Zeugnissen des Neuen Testaments ist Jesus, der Christus, am Kreuz gestorben und *am dritten Tage auferstanden von den Toten.* Seine Hinrichtung ist Menschenwerk. Gott hat sie nicht verhindert, war doch dieses Leiden und Sterben vorhergesagt: *Musste nicht der Messias all das erleiden, um so in seine Herrlichkeit zu gelangen* (Lk 24,26 unter Hinweis auf »die Schrift« in Vers 27 und 46!). Doch Gott hat sich zu dem Gekreuzigten bekannt und ihn auferweckt. Ostern ist die Antwort Gottes auf Karfreitag.

Der Koran hingegen kennt keine Leidensgeschichte, keine Passion Jesu. Das unschuldige Leiden und Sterben ist im Koran kein Thema. Doch gerade dieser Aspekt ist vielen christlichen Gläubigen besonders wichtig. Jesus ist ihnen vorangegangen auf dem Leidensweg, den in dieser Welt so viele Menschen durchleben. Er ist ihr Leidensgenosse, aber durch ihn erfahren sie auch, dass Gott das letzte Wort behält und Leid und Tod in Leben wandeln kann.

Jesu Leiden und Sterben ist nach christlichem Glauben nicht nur prototypisch für menschliche Schicksale, es hat auch den Charakter der Stellvertretung (vgl. S. 118–119), das heißt: Jesus hat sein Leiden und Sterben stellvertretend für uns und unsere Sünden auf sich genommen, *um uns aus der gegenwärtigen bösen Welt zu befreien, nach dem Willen unseres Gottes und Vaters.* (Gal 1,4; vgl. 1. Joh 2,2) *Christus ist für unsere Sünden gestorben – gemäß der Schrift.* (1. Kor 15,3) Paulus hat diese Vorstellung in seinen Briefen an christliche Gemeinden vertieft und mit der Taufe und dem Herrenmahl verbunden (Röm 6,3ff.; 1. Kor 10,16; 11,23-25; 15,3 vgl. S. 121–122). Diese soteriologische, d.h. heilsrelevante Deutung des Todes Jesu, die sich in der christlichen Urgemeinde erst allmählich herausbildete, hat im Koran keine Entsprechung und wird von den Muslimen daher abgelehnt. Für Christen aber gilt: Der Glaubende hat teil am Tod und an der Auferweckung Jesu Christi.

4.12 Jesus bei Muslimen und Christen

Bei vielen Muslimen genießt Jesus eine hohe Wertschätzung. Jesus ist für sie Vorbild für ein geistig orientiertes, frommes und gottgemäßes

Leben, das von Gerechtigkeit und Solidarität geprägt ist. Vor allem islamische Mystiker schätzen Jesus, identifizieren sich mit seinem Geist und richten ihr Leben nach der asketisch-spirituellen Haltung Jesu aus. Doch trotz dieser Hochachtung Jesu im Islam steht Jesus nicht im Zentrum der muslimischen Religion – weder in der Theologie noch im Kultus. Das entspricht auch ganz seiner Stellung im Koran als ein, wenngleich herausragender, Prophet und Gesandter unter anderen. Im Vergleich zum Neuen Testament berichtet der Koran auch viel weniger über Jesu Leben, über das, was er gedacht, gesagt und getan hat und wie andere darauf reagierten. Nicht zu übersehen ist ferner, wie eng das über Jesus im Koran Berichtete mit der koranischen Darstellung Marias verbunden ist.

Abschließend ist noch einmal die Frage nach dem Verhältnis von Historie und Bekenntnis zu stellen. Wenn es hier allein um die historischen Fakten der Geschichte Jesu ginge, um das Selbstverständnis Jesu, um die Worte und Taten eines charismatischen Wanderpredigers und Wundertäters, dann könnten die verschiedenen Aussagen in Bibel und Koran einfach zusammengetragen und miteinander verglichen werden, wobei sie sich zum Teil sogar ergänzten, und man würde zwei geschichtlich bedingte Jesusbilder erhalten, wie es auch unterschiedliche Darstellungen und Deutungen großer Persönlichkeiten gibt. Allein – für Christen wie Muslime sind Bibel und Koran nicht bloß religiöse Urkunden, sondern Offenbarungszeugnisse lebendiger Religionen. Für den christlichen Glauben geht es dabei um nichts weniger als um das Bekenntnis zum auferstandenen Gekreuzigten. Aus diesem Bekenntnis lässt sich »das Ärgernis des Kreuzes« (Gal 5,11) nicht herauslösen! Außerdem steht im christlichen Glauben – anders als im Islam – das personale Verhältnis zum Erlöser Jesus Christus im Mittelpunkt des Glaubenslebens. Die leidige Kontroverse, ob Gott oder Jesus Christus im Zentrum des christlichen Glaubens stehen, also die Frage nach Theozentrik oder Christozentrik, ist damit im Grunde geklärt. Denn für Jesus ist ebenso wie für alle, die ihm nachfolgen, Gott der

Dreh- und Angelpunkt des Glaubens. Der christliche Weg zu Gott ist aber nun einmal durch Jesus Christus gewiesen und mit seiner Person untrennbar verbunden, und das sollten Christen beim Gespräch mit Muslimen auch klar bekennen.

Christus Pantokrator
Meister von Daphni, um 1100

VII. Epilog

1. Fragen des Glaubens

Wer die bisherigen Ausführungen gelesen hat, wird sich vielleicht fragen, wie er damit umgehen soll – sofern für ihn das Ganze unter dem Vorzeichen des christlichen Glaubens steht. Die zahlreichen Berührungspunkte von Bibel und Koran, die sich als Gemeinsamkeiten und Unterschiede erweisen, haben viele Fragen aufgeworfen, von denen einige, wie die nach der Christologie, grundsätzlicher Natur sind. Die neuralgischen Punkte sind bereits genannt und besprochen worden; auf drei von ihnen, die für den christlich-muslimischen Dialog besondere Bedeutung haben, ist nochmals einzugehen.

Zunächst war das Ziel dieser Publikation, unter der Devise »Wissen statt Ignoranz« Kenntnisse über den Islam und den Koran zu vermitteln, um die Religion der Muslime besser verstehen zu können. Zuerst muss man wissen, was der andere denkt, in welcher Religionswelt er sich bewegt und was in seiner heiligen Schrift steht, bevor man sein Verhalten, seine Lebensart, die Motive seines Handelns einschätzen und angemessen beurteilen kann. Denn es gilt: Was man kennt, ist nicht mehr fremd und macht keine Angst mehr. Nur der Wissende kann selbst urteilen und differenzieren, und wer Bescheid weiß, kann nicht manipuliert werden! Das sind für das Zusammenleben mit Menschen anderer Kulturen und Religionen entscheidende Voraussetzungen.

Es bleiben aber Glaubensfragen, die sich umso nachdrücklicher stellen, je intensiver der Glaube und die Religionswelt des anderen zur Kenntnis genommen werden. Im Fall von Bibel und Koran sind das vor allem die Gottesfrage, die Frage nach der christlichen Identität und die Einstellung zu Mohammed.

2. Die Gottesfrage

Nach den Zeugnissen von Bibel und Koran gibt es nur einen einzigen Gott, neben dem kein anderer Platz hat, und der ist *von Ewigkeit zu Ewigkeit* (Psalm 90,2). Das ändert aber nichts an der Unterschiedlichkeit des Gottes- und Offenbarungsverständnisses im Judentum, Christentum und Islam. Als Stichworte brauchen nur die Christologien des Neuen Testaments und die Trinitätsvorstellungen genannt zu werden. Andererseits liegt es allein in der Souveränität des lebendigen Gottes, sich zu offenbaren, wann und wo er will! Es ist allein seine Sache, sich seinen Geschöpfen je und dann zuzuwenden, sie zu segnen, aber auch zu strafen, ihnen Wegweisung zu geben und ihnen Boten zu schicken. Die angesprochenen Menschen erfahren dies zu ihrer Zeit, in ihrer Geschichte und halten fest, was Gott zu ihnen geredet hat – sowohl im Gedächtnis als auch in »Büchern«. So gesehen ist Gottes Selbstkundgabe in seinen Offenbarungen durch die Zeiten einerseits unbegrenzt, andererseits geschichtlich fixiert und begrenzt, so wie das auch in der islamischen Unterscheidung zwischen dem himmlischen Urbuch und den im Koran enthaltenen Offenbarungen zum Ausdruck kommt (vgl. S. 82–83). Angewendet auf die drei monotheistischen Religionen Judentum, Christentum und Islam heißt das: Man muss sie sowohl in ihrer Kontinuität als auch in ihrer Diskontinuität betrachten. Das sollte den Gläubigen dieser drei Religionen bewusst sein, wenn sie von der Besonderheit und Einmaligkeit ihres jeweiligen Glaubens ausgehen. Das wiederum bedeutet: Trotz ihrer Überzeugung, den rechten Glauben zu vertreten, sollten sie alles vermeiden, was die Gläubigen der jeweils anderen Religion aus Gottes Heilshandeln ausgrenzt. Gerade hier kann sich die geforderte Akzeptanz im Umgang mit den Gläubigen der anderen Religionen bewähren. Das ist zwar ein Balanceakt, aber der universale Anspruch einer Religion muss nicht notwendigerweise der anderen Religion ihren Platz in der uns verborgenen Heilsökonomie Gottes streitig machen. Hier gilt: Allahu akbar! Gott ist größer!

Dieser religionstheologische Ansatz will dazu verhelfen, die Unterschiede zwischen Bibel und Koran nüchtern zu betrachten und die Differenzen auszuhalten, sich auf den anderen Gläubigen und seine (geschichtlich verortete und gewachsene) Religion einzulassen, ohne ihn zu verketzern und ohne sich selbst etwas zu vergeben. Wer die heiligen Schriften der Juden, Christen und Muslime liest, zwar immer mit einem Vorverständnis, aber möglichst unbefangen und ohne Vorurteile, wird bald merken, dass sie nicht nur Weisungen für bestimmte Zeiten und Menschen enthalten, sondern auch zeitlose Grundwahrheiten. Warum sollten sie sich also in dieser Hinsicht nicht gegenseitig bestätigen und befruchten? Sie bewegen sich auf ihrer eigenen Bahn und kreisen doch um dieselbe Sonne!

3. Das Christusereignis

Das Spezifische und Unaufgebbare des christlichen Glaubens liegt in dem Bekenntnis zu Jesus Christus, dem gekreuzigten und auferstandenen Herrn. In ihm hat sich Gott in der »Mitte der Zeit« selbst geoffenbart (*und das Wort ward Fleisch und wohnte unter uns,* Joh 1,14). Dieses Christusereignis ist nach dem Zeugnis des Neuen Testaments *ein für alle Mal* gültig (Heb 7,27; 9,12; 10,10; Röm 6,10), und insofern ist es universal. Der christliche Glaube sieht darin eine einzigartige Zuwendung Gottes in seiner heilenden, versöhnenden Liebe zu den Menschen. An diesem Heilsereignis dürfen und sollen alle Menschen durch das Wirken des Heiligen Geistes teilhaben. Diese Botschaft von Christi Wort und Werk, von Versöhnung und Vergebung, ist daher allen Menschen mitzuteilen. Das ist der missionarische Auftrag der Christen. Dabei ist freilich zu bedenken, dass *der Geist weht, wo er will* (Joh 3,8) und somit Gottes Geist und Liebe, wie sie in Jesus Christus wirksam waren und sind, auch in anderen Religionen zugegen sein können (vgl. Epilog 2.!). Das ist ein Grund mehr, den anderen Religionen und ihren Gläubigen aufgeschlossen – was nicht heißt unkritisch – zu begegnen. Es bedeutet aber keine Relativierung des christlichen Glaubens, dessen Zentrum das Christusereignis ist und bleibt.

Im Blick auf den Islam ist bei allen Unterschieden auch und gerade in der Christologie nicht zu vergessen, dass der Koran ein beachtenswertes Zeugnis für Jesus ist. Immerhin bezeugt er Jesus als auserwählten Propheten, Gesandten und Gesalbten Gottes, als Lehrer und ethisches Vorbild, als Bestätiger der Tora und Mahner zum Gottesgehorsam und als den von Gott Erhöhten. So teilen Christen und Muslime trotz ihrer unterschiedlichen Christologie die Hochschätzung Jesu als eines von Gott erwählten und mit besonderen Gaben und Vollmachten ausgestatteten Menschen – und das ist nicht wenig angesichts zweier konkurrierender Heilslehren und Weltreligionen! Es darf bei alledem jedoch nicht übersehen werden, dass für den christlichen Glauben nicht nur die Person, sondern auch und nicht zuletzt die Botschaft Jesu, wie sie in der Bergpredigt (Mt 5–7) und in den Gleichnissen zum Ausdruck kommt, von zentraler Bedeutung ist.

4. War Mohammed ein Prophet?

Muslime erwarten von Christen, dass sie Mohammed als Propheten anerkennen (vgl. S. 89), und es gibt auch christliche Stimmen, die das fordern. Aus religionsgeschichtlicher Sicht fällt das nicht schwer – warum sollte zu den zahlreichen Propheten und Prophetinnen nicht auch und gerade Mohammed gerechnet werden? Aber ist das auch vom christlichen Selbstverständnis her möglich? Dazu ist zu sagen: Zweifellos war Mohammed ein gewaltiger Gerichtsprediger, der sich aufgrund seiner Gotteserfahrungen von Gott berufen wusste, die Menschen *zur Umkehr zu rufen und auf den ›geraden Weg‹ zu führen, und er war ein Zeuge Jesu* (siehe oben). Nach Aussage von Sure 5,19 ist Mohammed auch zu den Schriftbesitzern gesandt, damit diese in der Zeit, wo keine Propheten zu ihnen gekommen sind, nicht sagen können, *zu uns ist kein Freudenbote und kein Warner* (mehr) *gekommen* (vgl. Sure 5,15f.). Die Sendung bzw. der Anspruch Mohammeds bezieht sich also auch auf die Juden und Christen. Was er ihnen zu sagen hat, steht im Koran, der nach muslimischer Überzeugung insgesamt und ohne Abstriche Gottes authentische und letztgültige Offenbarung ist (vgl. S. 86–87). Wenn nun Christen Mohammed nicht nur als eine prophetische Gestalt, sondern als *Siegel der Propheten* (Sure 33,40) und Übermittler der letztgültigen Wahrheit anerkennen würden, müssten sie zugleich den Koran als verbindlich ansehen und sich dementsprechend von zentralen Aussagen der Bibel distanzieren. Damit würden sie aber ihr Selbstverständnis preisgeben. Sie wären dann nicht mehr Christen, sondern Muslime!

Andererseits gibt es aber auch keinen Grund, Mohammed als »Pseudopropheten« zu bezeichnen. Seine charismatische Persönlichkeit verdient vielmehr allen Respekt, und die von ihm übermittelte Botschaft des Koran hat mit dem biblisch-christlichen Glauben nicht nur vieles gemeinsam. Sie stellt an die Christen auch kritische Fragen, die diese bedenken sollten, was zur Vertiefung ihres Glaubens beitragen kann.

5. »Behaltet das Gute!« (1. Thess 5,21)

Dreimal fordert das Neue Testament auf, alles zu prüfen, wobei der erste Johannesbrief keinen Zweifel daran lässt, dass dies vom christlichen Selbstverständnis, vom Christusereignis her zu geschehen hat (1. Joh 4,1f.). Prüfen heißt aber nicht nur festzustellen, wo sich die Geister scheiden, sondern auch, *was dem Herrn gefällt*, und das ist *Güte, Gerechtigkeit und Wahrheit* (Eph 5,9-10).

Prüft alles, und behaltet das Gute! (1. Thess 5,21). Das gilt auch für den interreligiösen Dialog und den Vergleich von Bibel und Koran. Was »gut« ist und der Verständigung und dem Frieden unter den Menschen dient, hat Gott die Menschen auf vielerlei Weise wissen lassen. Daran können sie sich gemeinsam halten, auch wenn sie verschiedene Wege gehen.

Es ist dir gesagt, Mensch,
was gut ist und was der Herr von dir fordert,
nämlich: Gerechtigkeit und Liebe üben
und in Ehrfurcht den Weg gehen
mit deinem Gott.
(Micha 6,8)

Wetteifert nun nach dem Guten!
(Sure 5,48)

LITERATUR in Auswahl

Der Koran. Aus dem Arabischen übersetzt von Max Henning. 5. Aufl. Stuttgart 1996. (Von dieser Übersetzung gibt es zahlreiche Ausgaben und Auflagen von verschiedenen Bearbeitern, u.a. von K. Rudolph, A. Schimmel, M. W. Hofmann).

Der Koran. Übersetzung von Adel-Theodor Khoury unter Mitwirkung von Muhammad Salim Abdullah. Gütersloh 1987. 4. Aufl. 2007.

Der Koran. Übersetzung von Rudi Paret. 10. Aufl. Stuttgart/Berlin/ Köln/ Mainz 2007.

Der Koran. Kommentar und Konkordanz von Rudi Paret. 7. Aufl. Stuttgart/Berlin/Köln/Mainz 2005.

Der Koran in der Übersetzung von Friedrich Rückert, hg. von Hartmut Bobzin. Würzburg 1995. 3. Auflage 2000.

Der Koran. Die Heilige Schrift des Islam in deutscher Übertragung von Ahmad von Denffer. 5. Aufl. Islamabad/München 1998.

Der Koran. Übersetzt und eingeleitet von Hans Zirker. Darmstadt 2003; 2. Aufl. 2007.

Die Religion in Geschichte und Gegenwart. Handwörterbuch für Theologie und Religionswissenschaft, hg. von Kurt Galling. 3. Aufl. Tübingen 1957–1965.

Theologische Realenzyklopädie, hg. von G. Müller, Bd XVI, Artikel Islam, S. 315-358. Berlin/New York 1987.

Handwörterbuch des Islam, hg. von A. J. Wensinck und J. H. Kramers. Leiden 1941, 1976.

Lexikon der islamischen Welt, hg. von K. Kreiser und R. Wielandt. überarb. Ausgabe. Stuttgart 1992.

Islam-Lexikon. Geschichte, Ideen, Gestalten, hg. von A.-Th. Khoury, L. Hagemann, P. Heine. Freiburg/Basel/Wien 1991; Neuausgabe 2006.

Ammann, Ludwig: Die Geburt des Islam. Historische Innovation durch Offenbarung. 2. Aufl. Göttingen 2001.

Arkoun, Mohammed: Der Islam. Annäherung an eine Religion, Heidelberg 1999.

Balić, Smail: Ruf vom Minarett. 3. Aufl. Hamburg 1984.

Bauschke, Martin: Jesus – Stein des Anstoßes. Die Christologie des Korans und die deutschsprachige Theologie, Köln/Weimar/Wien 2000.

ders.: Jesus im Koran. Köln/Weimar/Wien 2001; Erftstadt 2007.

Beltz, Walter: Sehnsucht nach dem Paradies. Mythologie des Korans. 4. Aufl. Berlin 1989.

Bobzin, Hartmut: Der Koran. Eine Einführung, München 1999; 6. Auflage 2007.

ders.: Mohammed. München 2000; 3. Aufl. 2006.

Bouman, Johan: Gott und Mensch im Koran. 2. Aufl. Darmstadt 1989.

ders.: Der Koran und die Juden. Die Geschichte einer Tragödie. Darmstadt 1990.

ders.: Das Wort vom Kreuz und das Bekenntnis zu Allah. Die Grundlehren des Korans als nachbiblische Religion, Frankfurt/M. 1980.

Buhl, Frants: Das Leben Muhammeds. 3. Aufl. Darmstadt 1961.

Busse, Heribert: Die theologischen Beziehungen des Islams zu Judentum und Christentum. 2. Aufl. Darmstadt 1991.

Endreß, Gerhard: Der Islam. Eine Einführung in seine Geschichte, 3. Aufl. München 1997.

de Epalza, Mikel: Jesus zwischen Juden, Christen und Muslimen. Interreligiöses Zusammenleben auf der Iberischen Halbinsel (6.–17. Jh.), hg. von R. Kirste, Frankfurt/M. 2002.

Fauzi, Silke: Tacheles. Islam in Deutschland – An den Grenzen der Toleranz? Hannover 2003.

Haarmann, Maria (Hg.): Der Islam. Ein Lesebuch, München 1992; 3. Aufl. 2002.

Hagemann, Ludwig: Christentum contra Islam. Eine Geschichte gescheiterter Beziehungen, Darmstadt 1999.

ders.: Propheten – Zeugen des Glaubens. Koranische und biblische Deutungen, 2. Aufl. Würzburg/Altenberge 1993.

Halm, Heinz: Der Islam. Geschichte und Gegenwart. München 2000; 5. Aufl. 2004.

Khoury, Adel-Theodor: Einführung in die Grundlagen des Islams. 3. Aufl. Würzburg/Altenberge 1993.

ders.: Der Glaube des Islams. 2. Aufl. Leipzig 1985.

ders.: Der Islam – sein Glaube, seine Lebensordnung, sein Anspruch. 3. Aufl. Freiburg/Basel/Wien 1995.

Klarheit und gute Nachbarschaft. Christen und Muslime in Deutschland. Eine Handreichung des Rates der EKD. EKD-Texte 86, 2006.

Küng, Hans: Josef van Ess: Christentum und Weltreligionen. Bd 1: Islam. 3. Aufl. Gütersloh 1991 (GTB 779); Neuausgabe München 1994.

ders.: Der Islam. Geschichte, Gegenwart, Zukunft, München 2007.

Leuze, Reinhard: Christentum und Islam. Tübingen 1994.

Riße, Günter: »Gott ist Christus, der Sohn der Maria«. Eine Studie zum Christusbild im Koran, Bonn 1989.

Schedl, Claus: Muhammad und Jesus. Wien/Freiburg/Basel 1978.

Schimmel, Annemarie: Jesus und Maria in der islamischen Mystik. München 1996.

dies.: Mystische Dimensionen des Islam. Aalen 1979; Frankfurt/M./ Leipzig 1995.

dies.: Die Religion des Islam. Eine Einführung, Stuttgart 1990; 2001.

Schumann, Olaf: Der Christus der Muslime. 2. Aufl. Gütersloh 1988.

Strolz, Walter: Heilswege der Weltreligionen. Bd 1: Christliche Begegnung mit Judentum und Islam. Freiburg/Basel/Wien 1984; 2. Aufl. 1989.

Thyen, Johann-Dietrich: Bibel und Koran. Eine Synopse gemeinsamer Überlieferungen, 3. Aufl. Köln/Weimar/Wien 2000.

Was jeder vom Islam wissen muss. Hg. vom Luth. Kirchenamt der

VELKD und Kirchenamt der EKD, 7. Aufl. Gütersloh 2007. (GTB 786).

Watt, W. Montgomery, A.T. Welch, M. Marmura, A. Schimmel u.a.: Der Islam I-III. Stuttgart/Berlin/Köln 1980–90 (Die Religionen der Menschheit 25,1-3).

Zirker, Hans: Christentum und Islam. Düsseldorf 1989; 2. Aufl. 1992.

ders.: Der Koran. Zugänge und Lesarten, Darmstadt 1999; 2. Aufl. 2007.

Zusammenleben mit Muslimen in Deutschland. Hg. vom Rat der Ev. Kirche in Deutschland, Gütersloh 2000.

Quellennachweise

Seite 16: Kalligraphie aus: A. Schimmel, Rumi, Eugen Diederichs Verlag Düsseldorf/Köln, 1978, Seite 151

Seite 98: Kalligraphie Herkunft unbekannt

Seite 151: Basmala aus: A. Schimmel, Rumi, a.a.O., Seite 6

Seite 158: Die Schöpfungsgeschichte nach der Biblia Hebraica

Seite 227: arabische Koranausgabe, ohne Orts- und Jahresangabe

Seite 228: Faksimile aus dem Codex Vaticanus, Deutscher Text: Einheitsübersetzung (leicht verändert)

Seite 254: Christus Pantokrator, Daphni, Griechenland, um 1100

REGISTER – Namen und Sachen in Auswahl

Namen und Begriffe, die besonders häufig vorkommen, wie Bibel, Buch, Christen, Christentum, christlicher Glaube, glauben, gläubig, Glaubende, Gläubige, Gott, Islam, islamische Religion, Jesus, Jesus Christus, Juden, Judentum, jüdisch, Koran, Mohammed, Muslim, Neues Testament, Offenbarung und Prophet(en) wurden nicht in das Register aufgenommen.

Brennpunkt Bibel

„Brennpunkt Bibel“ erschließt die Bibel auf unkomplizierte Weise und macht deutlich, wie aktuell sie noch heute ist. Gut lesbar und allgemein verständlich geschrieben, vermitteln alle Bände fundierte Sachinformationen zur Bibel.

Band 1

Gottes unbekanntes Buch

Ein Wegweiser durch die Bibel

Diese Bibelkunde ist in Bibelkursen für Interessierte ohne biblisch-kirchliche Tradition vielfach erprobt. Sie führt spannend und informativ in sämtliche Bücher der Bibel ein: Übersichten geben Einblick in den Aufbau und den Inhalt der Bibel. In Brennpunkten werden aktuelle Themen exemplarisch vertieft. Als Beigaben kommen Worterklärungen, Zeittafeln und Landkarten hinzu. Moderne Zeichnungen von Rosemarie und Karl Vollmer geben Denkanstöße.
Autorinnen und Autoren: Petra Birke, Raimund Hoenen, Päivi Luttenberger, Walter Martin Rehahn, Franziska Riebesel, Ute Rührdanz, Wolfgang Triebler, Peter Welten

184 Seiten, ISBN 978-3-438-06033-4

Band 2

Die Ursprünge der kirchlichen Feste

Ostern, Himmelfahrt, Pfingsten, Weihnachten und ihre biblischen Grundlagen

Ostern, Himmelfahrt, Pfingsten, Weihnachten – an den großen kirchlichen Festen wird deutlich, wie stark unsere Kultur von der Bibel geprägt ist. Viele Menschen wissen aber nur noch wenig über die ursprüngliche Bedeutung der Feste.

In diesem Band finden Sie alles Wissenswerte über die biblischen Hintergründe der vier wichtigsten christlichen Feste. Ein besonderes Augenmerk liegt auf aktuellen Diskussionen wie der Frage, ob Jesu Grab wirklich leer war oder ob Jesus tatsächlich von einer Jungfrau geboren wurde. Mit vielen Fotos, Landkarten und Grafiken.
Der Autor, Dr. Jens Herzer, ist Professor für Neues Testament an der Universität Leipzig.

168 Seiten, ISBN 978-3-438-06034-1

Band 3

Was nicht in der Bibel steht

Apokryphe Schriften des frühen Christentums

Geheime Evangelien, eine zweite Apostelgeschichte, unbekannte Anweisungen für das Gemeindeleben aus neutestamentlicher Zeit? Viele Texte, die Ereignisse um Jesus und Begebenheiten aus der frühen Christenheit schildern, wurden aus unterschiedlichen Gründen nicht in das Neue Testament aufgenommen. Sie vermitteln oft überraschende Einblicke in die aufregende Frühzeit des Christentums.
In diesem Band finden Sie eine Auswahl wichtiger Texte aus der Zeit bis zum Ende des 2. Jahrhunderts n.Chr. in Neuübersetzung und mit einer sachkundigen Erklärung.
Der Autor, Dr. Uwe-Karsten Plisch, ist ausgewiesener Spezialist für außerbiblische Texte der frühen Christenheit (2./3. Jh. n.Chr.).

176 Seiten, ISBN 978-3-438-06036-5